utb 2833

Eine Arbeitsgemeinschaft der Verlage

Böhlau Verlag · Wien · Köln · Weimar
Verlag Barbara Budrich · Opladen · Toronto
facultas · Wien
Wilhelm Fink · Paderborn
Narr Francke Attempto Verlag / expert verlag · Tübingen
Haupt Verlag · Bern
Verlag Julius Klinkhardt · Bad Heilbrunn
Mohr Siebeck · Tübingen
Ernst Reinhardt Verlag · München
Ferdinand Schöningh · Paderborn
transcript Verlag · Bielefeld
Eugen Ulmer Verlag · Stuttgart
UVK Verlag · München
Vandenhoeck & Ruprecht · Göttingen
Waxmann · Münster · New York
wbv Publikation · Bielefeld

basics

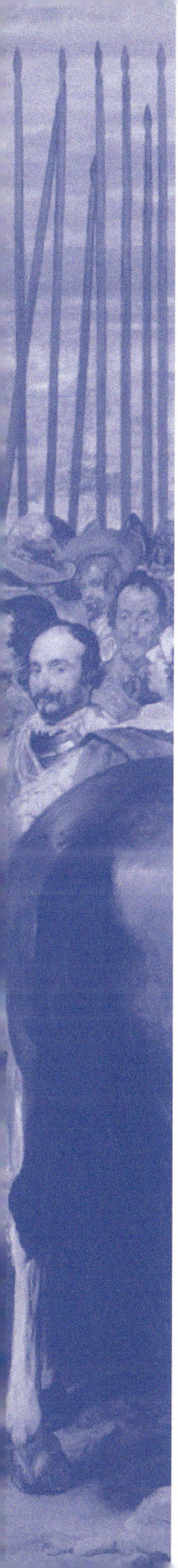

Karl Vocelka

Frühe Neuzeit

1500–1800

3., aktualisierte Auflage

UVK Verlag · München

Der Autor
Karl Vocelka ist Professor im Ruhestand für Geschichte der Neuzeit an der Universität Wien.

Umschlagmotiv: Die Übergabe von Breda im spanisch-niederländischen Krieg, 1625: Justin von Nassau übergibt die Schlüssel der Festung Breda an den spanischen General Ambrosio Spinola. Gemälde von Diego Velazquez (1599–1660), Öl auf Leinwand, Madrid, Museo del Prado. Foto: akg-images / Joseph Martin

Bibliografische Information der Deutschen Nationalbibliothek
Die Deutsche Nationalbibliothek verzeichnet diese Publikation in der Deutschen Nationalbibliografie; detaillierte bibliografische Daten sind im Internet über http://dnb.d-nb.de abrufbar.

1. Auflage 2013
2., überarbeitete Auflage 2017
3., aktualisierte Auflage 2020

Bildredaktion: form & inhalt verlagsservice,
Martin H. Bredol, Marburg
Satz: schreiberVIS, büro für gestaltung, Seeheim
CPI Books GmbH, Leck

Narr Francke Attempto Verlag + Co. KG
Dischingerweg 5 · 72070 Tübingen
info@narr.de
www.narr.de

UTB-Band Nr. 2833
ISBN 978-3-8252-5304-2 (Print)
ISBN 978-3-8385-5304-7 (ePDF)

Inhalt

Inhalt

Vorwort

Die meisten Studierenden des Faches Geschichte geben als Schwerpunkt ihres Interesses zunächst die Zeitgeschichte an, der natürlich auch in den Schulen größte Bedeutung zukommt. Erfreulich viele entdecken aber im Laufe ihres Studiums die Faszination der Frühen Neuzeit, die sie in eine andere, mit unserer vertrauten Welt nicht identische Sphäre der Vergangenheit einführt, und sie erkennen, dass der methodische Fortschritt der Geschichtswissenschaften im deutschen Sprachraum in den letzten Jahrzehnten (in anderen Teilen Europas schon viel früher) auf dem Gebiet der Frühneuzeitforschung stattgefunden hat. In dieser Epoche gibt es (im Gegensatz zu den einzelnen Zeitabschnitten des Mittelalters) schon ausreichende Quellenbestände, die moderne Fragestellungen ermöglichen. Auch die Interdisziplinarität der Frühneuzeitforschung ist sehr präsent, die Einbeziehung materieller und bildlicher Quellen bietet durch die Ästhetik der Kunstobjekte einen faszinierenden Zugang, wie er etwa in Ausstellungen gut vermittelt wird.

Die Bezüge zur Gegenwart können bei einer näheren Beschäftigung mit der Frühen Neuzeit leicht hergestellt werden: Der Beginn der Neuzeit ist für die Entdeckung der Welt mit all ihren kolonialen und postkolonialen Folgen ein unübersehbarer Ausgangspunkt, und auch die vielzitierte „Globalisierung" hat dort ihre Wurzeln. Die konfessionelle Prägung des deutschen Sprachraumes im 16. Jahrhundert ist ebenfalls für die Gegenwart von Bedeutung, denn die unsichtbaren Grenzen der Konfessionalisierung sind heute noch erkennbar. Aufbauend auf dieser konfessionellen Verteilung des 16. Jahrhunderts hat das 17. Jahrhundert im Süden deutlich katholische Spuren sowohl in den Gebäuden als auch bei der Mentalität der Menschen hinterlassen, während im protestantischen oder kalvinischen Norden und Westen Europas die Aufklärung stärker rezipiert wurde und eine Blüte im 18. Jahrhundert erreichte. Dieses 18. Jahrhundert stellt sich als eine spannende Wendezeit der europäischen Geschichte dar, das Ende des feudalen Systems Alteuropas und die weiterlebende religiöse und magische Prägung der Zeit davor sind eng miteinander verwoben.

Das Buch ist als Arbeitshilfe geplant und geschrieben, in deren Zentrum die Frage stehen muss „Was ist wesentlich an der Geschichte von 1500 bis 1800?". Das sind sicherlich die wichtigsten Eckpunkte der Ereignisgeschichte, aber auch die Strukturen in Wirtschaft und Gesellschaft. Allerdings entsteht ein Bild der Zeit nicht isoliert, wie es der traditionelle Geschichtsunterricht vorgab, sondern im Herstellen der Zusammenhänge zwischen den Fakten – ein Bild, das nicht von einer

„Megatheorie“, aber vom gegenwärtigen, theoriegeleiteten Forschungsstand bestimmt ist. Im Vordergrund steht der Versuch, die Geschichte Europas in der Frühen Neuzeit klar und einfach zu erklären, aber auch das notwendige Fachvokabular zu vermitteln.

In dieses Buch sind 40 Jahre Erfahrung in der Lehre in internationalen Kursen, für amerikanische Studenten in unterschiedlichsten Programmen und an der Universität Wien eingeflossen. Vielen Anregungen von Studentinnen und Studenten, aber auch von vielen Kolleginnen und Kollegen im Laufe dieser Jahrzehnte bin ich verpflichtet.

Mein Dank gilt meinem lieben Kollegen Michael Huter, der mir den UVK als Verlag für dieses Buch empfohlen hat und ganz besonders meiner Lektorin Frau Uta Preimesser, die das Buch – wie es in unserer Welt möglich und üblich ist – auschließlich über mail-Verkehr hervorragend und perfekt betreut hat.

Als einer der „Allrounder“ im Fach Geschichte kehre ich mit diesem Buch wieder zu meinen Wurzeln in der Frühen Neuzeit zurück, die ich nie ganz verlassen habe.

Mein besonderer Dank gilt selbstverständlich auch meiner Frau Michaela, die mich in meiner Arbeit immer unterstützt hat, und den Kindern, die gelegentlich auf mich verzichten mussten, weil ich am Computer saß.

Es ist zu hoffen, dass dieses Buch sich dem alten Grundsatz der frühneuzeitlichen französischen Literatur, ein Werk solle „plaire et instruire“ („erfreuen und belehren“) wenigstens teilweise annähern kann.

Wien, im Juli 2013 Karl Vocelka

Wann war die Frühe Neuzeit? | 1

Überblick

Die weit verbreitete, traditionelle Gliederung der Geschichte in drei Epochen teilt sie in die Perioden: Antike, Mittelalter und Neuzeit. Diese Dreiteilung wurzelt in der Ideenwelt des Humanismus und der Renaissance. Auf die idealisierte Antike folgte das „finstere Mittelalter" – ein Begriff, der sich im populären Umgang mit Geschichte, trotz der Bemühungen der Mediävisten, bis heute gehalten hat – und dann die Neuzeit, die sich an der als hell und positiv gesehenen Antike orientiert. Für die ersten drei Jahrhunderte der Neuzeit hat sich die Bezeichnung Frühe Neuzeit eingebürgert.

Nicht nur das Geschichtsbild des Mittelalters war von religiösen Vorstellungen geprägt, auch in weiten Teilen der Frühen Neuzeit blieben religiöse Deutungsmuster der Geschichte relevant, die Entwicklung menschlichen Handelns und menschlicher Gesellschaft wird im Rahmen der Heilsgeschichte, die von der Schöpfung bis zum Jüngsten Gericht dauert, eingeordnet. Viele der religiösen Bewegungen der Frühen Neuzeit etwa sind chiliastisch, das heißt auf das Ende der Welt, das man als unmittelbar bevorstehend dachte, ausgerichtet (→ vgl. Kap. 7.5).

Eine der für die Begriffsbildung wichtigen **SÄKULAREN** Deutungen der Geschichte und ihrer Epochen war auf dieser Dreiteilung der Geschichte aufgebaut. Der Historiker Christoph Keller aus Halle, der sich **Christophorus Cellarius** (1638–1707) nannte, bestimmte in seiner *Historia universalis* 1702 die drei Perioden der Geschichte als Antike, Mittelalter und Neuzeit. Dieses Schema ist im Großen und Ganzen bis heute gültig. Die Vorstellung, dass auf das Mittelalter eine Neuzeit folgte, ist schon älter als das Werk von Cellarius, der deutsche Begriff „Neuzeit" hingegen findet sich erst seit dem 19. Jahrhundert.

SÄKULAR bedeutet weltlich, profan, alles was nicht der Kirche, sondern den Laien zugehört.

Lange Zeit bildeten Periodisierungsdebatten einen überdimensionalen Bestandteil der Geschichte und auch der meisten historischen Vorlesungen. Vor allem die Frage, wie sehr eine Periodisierung der Geschichte universale Geltung haben könnte, beschäftigte die Historikerinnen und Historiker.

Heute ist den meisten Menschen, die sich professionell mit Geschichte beschäftigten, klar, dass die „allgemein anerkannte“ Aufteilung der Geschichte nur für Europa und keineswegs global gilt. Auch die Legitimität der Periodisierung wird heute – und sei es nur aus praktischen Gründen – allgemein akzeptiert, obwohl natürlich auch Kontinuitäten über die Epochen hinweg bestehen. Es wäre naiv zu denken, dass sich alle Lebensbereiche der Menschen, die historisch gewachsen sind, mit einer Epochengrenze plötzlich wandeln. Diese Vorstellung ist noch absurder, wenn man ein Einzelereignis (z.B. die Landung von Kolumbus in der „Neuen Welt“) zur Epochengrenze erklärt.

LONGUE DURÉE (lange Dauer), gesellschaftliche, politische und wirtschaftliche Verhältnisse, die sich nur langsam ändern. Der Begriff kommt aus der Annales-Schule.

Die aus der französischen Annales Schule (→ vgl. Kap. 3) stammende Vorstellung der **LONGUE DURÉE**, der langen Dauer sagt, dass viele wirtschaftliche, geistige und gesellschaftliche Phänomene weit über die traditionellen Epochengrenzen hinweg Kontinuität haben. So änderten sich z.B. die Lebensverhältnisse der europäischen Bauern seit dem Mittelalter wenig, erst die Befreiung der Bauern aus den verschiedenen Formen der Grundherrschaft im 18. und 19. Jahrhundert und die Mechanisierung der Landwirtschaft im 19. und 20. Jahrhundert haben hier entscheidende Veränderungen bewirkt.

Der Begriff der „Neuzeit“ umfasste ursprünglich die gesamte Geschichte seit etwa 1500 bis zur jeweiligen Gegenwart. In anderen Wissenschaftskulturen, vor allem im angelsächsischen und romanischen Bereich bildete sich bald eine Teilung der Neuzeit in zwei Teile heraus. Der erste Teil umfasst die Zeit von ca. 1500 bis zur Französischen Revolution und wird englisch ***modern history*** oder französisch *histoire moderne*, italienisch *storia moderna* und spanisch *historia moderna* genannt. Zeitraum und auch viele Elemente der Inhaltsbestimmung entsprechen genau unserem Begriff der *Frühen Neuzeit*. Angelsächsische und romanische Historikerinnen und Historiker lassen mit der Französischen Revolution von 1789 die *contemporary history* (französisch *histoire contemporaine*, italienisch *storia contemporanea*, spanisch *historia contemporanea* oder *edad contemporanea)* beginnen. Im Deutschen würde das den Epochen der „späten Neuzeit“ (oder des **LANGEN 19. JAHRHUNDERTS**) und der Zeitgeschichte (die ein Spezifikum des deutschen Sprachraumes ist) entsprechen.

LANGES 19. JAHRHUNDERT umfasst die Zeit von der Französischen Revolution 1789 bis zum Ende des Ersten Weltkrieges 1918.

Für den Beginn der Frühen Neuzeit (und damit auch der Neuzeit in ihrer Gesamtheit) gibt es viele Daten, die man als Startpunkt einer neuen Epoche der Geschichte ansehen kann, die allesamt in der Zeit um 1500 liegen. Daher umschreibt man den Anfang der (Frühen) Neuzeit oft mit der Formulierung „um 1500“.

Info

Mögliche Daten für den Beginn der Neuzeit

RECONQUISTA
Spanisch und portugiesisch für Rückeroberung. Bezeichnet die Eroberung der im Mittelalter arabisch beherrschten Gebiete auf der Pyrenäenhalbinsel durch die christlichen Staaten.

- Von den Ereignissen, die den Beginn der Frühen Neuzeit markieren sollen, werden am häufigsten genannt:
  1453 die Osmanen erobern Byzanz (Konstantinopel, Istanbul)
  1492 „Entdeckung" Amerikas durch Christoph Kolumbus
  1517 Thesenanschlag durch Martin Luther (1483–1546).
  Für einige Regionen bzw. Staaten werden auch andere Ereignisse hervorgehoben:
  1485 Der letzte englische König aus der Dynastie der Plantagenet, Richard III., fällt in der Schlacht von Bosworth, die frühneuzeitliche Tudor Monarchie beginnt (für England)
  1492 Ende der **RECONQUISTA** in Spanien mit der Eroberung der letzten arabischen Bastion in Granada (für Spanien)
  1494 Feldzug Frankreichs in Italien und Beginn des französisch-habsburgischen Dauerkonfliktes (für Frankreich und die Habsburger)
  1495 Reichsreform (für das Heilige Römische Reich)
  1526 Schlacht bei Mohács (für die Entstehung der Habsburgermonarchie)

Zur Datierung der Frühen Neuzeit werden von der Forschung häufig konkrete Einzelereignisse ausgewählt, die zugleich mit langfristigen einschneidenden Entwicklungen verbunden sind. Beispielsweise der Thesenanschlag Luthers und die davon ausgehende stärkere religiöse Differenzierung und Aufgliederung Europas markieren sowohl ein Ereignis als auch einen Prozess, der in seiner Langzeitwirkung große geistige Veränderungen mit sich gebracht hat. Ein nicht genau datierbares Ereignis (um die Mitte des 15. Jahrhunderts), die Erfindung des Buchdrucks mit beweglichen Lettern, durch **Gutenberg** (eigentlich Johannes Gensfleisch, 1400–1468) löste eine Medienrevolution aus, die in ihrer Wirkung durchaus mit derjenigen der letzten Jahrzehnte (EDV, Internet, Facebook etc.) zu vergleichen ist (→ vgl. Kap. 7.2). Die **GUTENBERG-GALAXIS** war eine wichtige Voraussetzung für den Erfolg der Reformation, da die Verbreitung der neuen Ideen viel rascher auf einer breiten Basis erfolgen konnte. Auch für die Nachrichtenpolitik in Europa (Flugblätter und später Zeitungen), für die Verbreitung von Neuigkeiten über die Geschichte der Entdeckungen, für die Wissenschaftsgeschichte oder für die Formierung und Bürokratisierung des neuzeitlichen Staates ist die Drucktechnik nicht wegzudenken.

GUTENBERG-GALAXIS
Der Begriff von Marshall McLuhan bezeichnet die Welt nach der Erfindung des Buchdrucks, die vom Buch als Leitmedium geprägt ist.

Frei machen muss man sich von der Vorstellung, dass die neuen Ideen oder die Veränderungen durch Ereignisse wie die „Entdeckung" der Neuen Welt oder die Reformation in ganz Europa gleichmäßig Widerhall fanden. In einem der mächtigsten Staaten der Frühen Neuzeit, dem Osmanischen Reich, setzte sich der Buchdruck nicht durch, die

„Entdeckung" der beiden Amerikas spielte für die atlantischen Staaten eine größere Rolle als für die Binnenstaaten Europas und die Reformation wirkte sich auf den Süden, Osten und Südosten Europas kaum aus – um nur einige wenige Beispiele anzudeuten.

Noch viele andere Einwände für die Allgemeingültigkeit der Periodisierung können geltend gemacht werden, die vor allem die unterschiedlichen Entwicklungen in den europäischen Regionen und eine Ungleichzeitigkeit der Entwicklungen aufzeigen. Dennoch herrscht in der Forschung weitgehend Konsens darüber, dass um 1500 eine neue Epoche, eben die Neuzeit begann.

Nicht alle Historikerinnen und Historiker teilen diese Einschätzung, sodass auf die wichtigsten **Gegenmodelle dieser Periodisierung** zumindest hingewiesen werden soll. In der marxistischen Geschichtsauffassung spricht man vom Zeitalter des **FEUDALISMUS**, das die Epoche vom 14. Jahrhundert bis zur Französischen Revolution umfasst, die Zeit um 1500 spielt als Epochengrenze keine Rolle.

FEUDALISMUS Lehenswesen. War zunächst vorwiegend auf das Mittelalter bezogen. Im Marxismus eine wesentliche Vorstufe des Kapitalismus.

Andere, nicht marxistische Historiker wie der Pole **Oskar Halecki** (1891 – 1973), von dem die Zeit vom 8. bis zum 18. Jahrhundert „europäisches Zeitalter" genannt wurde, haben weitere alternative Periodisierungsmodelle erarbeitet, ferner **Dietrich Gerhard** (1896 – 1985), der die Zeit vom 12. bis ins 18. Jahrhundert als „Alteuropa" bezeichnete und schließlich **Erich Hassinger** (1907 – 1992) und andere, die *das Werden des neuzeitlichen Europa* zwischen 1300 und 1600 ansetzten. Die Vorstellung, dass **spätes Mittelalter und Frühe Neuzeit eine Epoche** bilden, war vor allem in den 1970er Jahren sehr populär, viele Lehrkanzeln an deutschen Universitäten trugen diese Bezeichnung und auch die seit 1974 erscheinende wichtige *Zeitschrift für Historische Forschung. Vierteljahresschrift zur Erforschung des Spätmittelalters und der Frühen Neuzeit* ist Ausdruck dieser Auffassung.

Ist der Beginn der Frühen Neuzeit im Fach nicht konsensuell, so stimmen die meisten Fachvertreterinnen und Fachvertreter über das **Ende der Frühen Neuzeit** überein. Die Französische Revolution 1789 betraf zwar „nur" Frankreich, doch kennzeichnen die Errungenschaften der Revolution (z.B. Aufhebung der feudalen Abhängigkeit der Bauern, Ruf nach Verfassung, Verkündung der Menschenrechte) das Ende eines Zeitalters. Die Ideen der französischen Revolution verbreiteten sich europaweit (z.B. mit der Einführung des modernen *Code civile*) durch Napoléon Bonaparte (1769 – 1821), der große Teile Europas beherrschte.

Alternativ zu 1789 werden auch andere Daten für das Ende der Frühen Neuzeit genannt, es sei nur das Jahr 1806 für die Auflösung des Heiligen Römischen Reiches oder der Wiener Kongress 1814/15 mit seiner Neuordnung Europas genannt. Häufig wird daher in Parallele zum

Beginn der Frühen Neuzeit für ihr Ende die Bezeichnung „um 1800“ gewählt.

Der Begriff **Frühe Neuzeit** ist im Gegensatz zum Begriff Neuzeit ein relativer junger Fachterminus der Geschichtsforschung, der erst in den 1960er und 1970er Jahren öfter verwendet wurde, sich aber heute – weit über die Fachgrenzen der Geschichte hinaus – als Bezeichnung für eine Epoche durchgesetzt hat.

Dieser Geschichte der Frühen Neuzeit von 1500 bis 1800 ist dieser Band gewidmet, der einen Überblick der europäischen Geschichte im globalen Kontext und mit einer besonderen Berücksichtigung des deutschen Sprachraumes bzw. Mitteleuropas geben will.

Aufgaben zum Selbsttest

- Welche Daten sind für Beginn und Ende der Frühen Neuzeit maßgeblich?
- Welche Probleme stellen sich für eine universale Gültigkeit von Periodisierungen?
- Überlegen Sie an Hand der Daten, die den Beginn der Neuzeit markieren, welche großen Ideen in der Geschichte der Frühen Neuzeit eine Rolle spielen könnten?

Literatur

Christian Jaser/Ute Lotz-Heumann/Matthias Pohlig, **Alteuropa – Vormoderne – Neue Zeit**. Leistungen und Grenzen alternativer Periodisierungskonzepte für die europäische Geschichte (Zeitschrift für Historische Forschung Beiheft 46), Berlin 2012.

Ilja Mieck, **Periodisierung und Terminologie der Frühen Neuzeit**. Zur Diskussion der beiden letzten Jahrzehnte, in: Geschichte in Wissenschaft und Unterricht 19 (1968), S. 357–373.

Helmut Neuhaus (Hg.), **Die Frühe Neuzeit als Epoche** (Historische Zeitschrift Beiheft 49), München 2009.

Johan Hendrik Jacob van der Pot, **Sinndeutung und Periodisierung der Geschichte**. Eine systematische Übersicht der Theorien und Auffassungen, Leiden u. a. 1999.

Stephan Skalweit, **Der Beginn der Neuzeit** (Erträge der Forschung 178), Darmstadt 1982.

Warum studiert man die Frühe Neuzeit?

2

Überblick

Viele Studienanfängerinnen und Studienanfänger, aber auch viele an Geschichte interessierte Laien, denken beim Fach Geschichte in erster Linie an die Zeitgeschichte, die auch in den Medien und im Schulunterricht sicherlich eine überproportionale Bedeutung hat. Damit soll nun keineswegs die Wichtigkeit der Beschäftigung mit der Geschichte des letzten Jahrhunderts – insbesondere im deutschen Sprachraum – herabgesetzt werden, aber in einem ernsthaften Studium der Geschichte müssen auch andere Zeiträume Beachtung finden. Ein Argument der eher konservativen Art könnte sein, dass man den Bildungsanspruch auf eine ausgewogene Beschäftigung mit der Geschichte von der Vorgeschichte bis heute in den Mittelpunkt stellt, etwas das in Anbetracht der großen Stofffülle heute weder von Schulen noch von Universitäten wirklich geleistet werden kann.

Interessanterweise scheint die Geschichte des Mittelalters sehr im Bewusstsein der Menschen verankert zu sein, wie viele gut verkaufte Publikationen zeigen. Der praktische Umgang mit diesem Thema ist in lokalen (Ritter)-Festlichkeiten, in Filmen und in der Beschäftigung mit einzelnen Fragen (wie z.B. der Medizin von Hildegard von Bingen) deutlich sichtbar. Auch die oft sensationell aufgemachten Ergebnisse der Archäologie und die Beschäftigung mit der Urgeschichte werden vor allem von den interessierten Laien gerne aufgenommen.

Die Frühe Neuzeit hingegen ist weniger populär, obgleich man auch für diese Epoche einige sehr erfolgreiche Bücher und Filme nennen kann.

Info

Populäre Bücher und Filme zur Frühen Neuzeit

▶ Viele Romane und Filme beschäftigen sich mit „großen" Einzelpersönlichkeiten der Frühen Neuzeit, wie etwa die Romane von Stefan Zweig (1881–1942), „Maria Stuart", „Marie Antoinette", „Magellan, der Mann und seine Tat", „Amerigo, Geschichte eines historischen Irrtums"; von Lion Feuchtwanger (1884–1985) „Goya oder der arge Weg der Erkenntnis" (auch verfilmt 1971) oder von Leo Perutz (1882–1957) „Nachts unter der steinernen Brücke", eine Geschichte aus dem Prag Rudolfs II. Weitere Klassiker sind Alexandre Dumas' (1802–1870) Romane „Die drei Musketiere" und „Der Mann mit der eisernen Maske", die schon mehrfach verfilmt wurden.
Von den vielen neueren Romanen seien exemplarisch nur einige genannt: Patrick Süskinds „Das Parfum" über die Welt der Gerüche spielt im Paris des 18. Jahrhunderts; Tilman Röhrig schreibt vor allem für ein junges Publikum, z. B. „Wir sind das Salz von Florenz"; Matthias Gerwald hat viele historische Romane verfasst, darunter „Die sterbende Sonne" über den Astronomen Tycho Brahe; Judith Merkle Riley greift mit dem Roman „ Die Hexe von Paris" ein zentrales Thema der Frühen Neuzeit auf und Tracy Chevalier war mit „Das Mädchen mit den Perlenohrringen" über Jan Vermeer van Delft erfolgreich, das Buch wurde 2003 auch verfilmt. Weiters sind Kriminalromane in dieser Zeit angesiedelt, wie z. B. Oliver Pötzschs „Die Henkerstochter und der schwarze Mönch" u. v. a.
Berühmte **Filme** und Klassiker sind „Königin Christine" (1933) über die schwedische Königin Christina mit Greta Garbo in der Hauptrolle; „Iwan der Schreckliche" (1944) von Sergei Eisenstein über die Jugend dieses russischen Zaren; „Michelangelo – Inferno und Ekstase" (1965) von Carol Reed oder „1492 – Die Eroberung des Paradieses" (1992) von Ridley Scott.
Die englische Geschichte des 16. Jahrhunderts bot und bietet reichlich Filmstoff, darunter „Königin für tausend Tage" (1969) über Anne Boleyn, die Ehefrau Heinrichs VIII., von Charles Jarot; „Elizabeth – Das goldene Königreich" über Elisabeth I. und den Konflikt mit Spanien oder „Die Schwester der Königin" über die beiden Boleyn Schwestern Mary und Anne (beide 2007).
Auch andere Frauen fanden Beachtung, etwa Johanna die Wahnsinnige im Film „Juana la Loca" (2001) mit Pilar Lopez de Ayala oder die so genannte Blutgräfin Elisabeth Báthory in den Filmen „Bathory" (2008) und „Die Gräfin" (2009).
Der sehr erfolgreiche Film „Amadeus" (1984) von Miloš Forman über Antonio Salieri und Wolfgang Amadé Mozart spiegelt die Atmosphäre der Zeit ganz exzellent. Weg von der Geschichte bedeutender Menschen führt „Die Wiederkehr des Martin Guerre" des französischen Regisseurs Daniel Vigne aus dem Jahr 1982. Beraterin dieses Filmes war die bedeutende Frühneuzeithistorikerin Natalie Zemon Davis.

Mehr Information unter
http://de.wikipedia.org/wiki/Liste_von_geschichtsbezogenen_Filmen_und_Serien

Was ist aber der Wert für die Studentin, den Studenten des Faches Geschichte, sich mit der Frühen Neuzeit zu beschäftigen, abgesehen von der Tatsache, dass sie Bestandteil der meisten Studienpläne des Faches Geschichte ist?
Zwei Gesichtspunkte lassen sich herausarbeiten:
Einerseits die Tatsache, dass die Frühe Neuzeit große Unterschiede zu unserer eigenen Lebenswelt aufweist, also etwas **„Anderes", „Fremdes"** verkörpert.

Der bekannte englische Historiker **Peter Burke** (geb.1937) hat in einem Interview vor einem Vierteljahrhundert folgenden Ratschlag gegeben: „Was meinen Ratschlag für Studenten betrifft, so ist der einzige Punkt, auf den ich bei Studienplänen wirklich bestehen möchte, dass jeder Geschichtsstudent die moderne Welt, die Welt des 20. Jahrhunderts, und daneben eine weit zurückliegende Epoche studieren muss. Was das betrifft, würde ich aber unsere Epoche [die Frühe Neuzeit] als wichtige Alternative zum Mittelalter betrachten, oder aber das Mittelalter als Alternative zu unserer Epoche. Wichtig ist nur, dass die Studenten ein Gefühl für kulturelle Distanz bekommen, die beim Studium einer vorindustriellen Gesellschaft notwendig ist, sei es eine chinesische oder japanische, sei es eine aus unserem Bereich vor 500 oder 1000 Jahren. Aber es ist einfach wichtig und lehrreich, den Leuten ein Verständnis für eine wirklich andersgeartete Kultur zu vermitteln. Es bringt die eigene Welt in die richtige Perspektive."

Wichtige Erkenntnispotentiale liegen also in der Dichotomie zwischen Vormoderne und Moderne, in der Erkenntnis der Andersartigkeit der Frühen Neuzeit gegenüber unserem heutigen Denken.

Eine andere Form der Annäherung an die Frühe Neuzeit ist die **Suche nach dem Wurzelgeflecht der Moderne**. Die Welt, in der wir leben, ist wesentlich durch die *contemporary history*, also die Epoche von der Französischen Revolution bis heute geprägt. Phänomene wie die Industrialisierung, die Ausbildung einer bürgerlichen Gesellschaft mit ihren „modernen" Kommunikationsstrukturen, das Aufblühen der Wissenschaften, insbesondere der Natur- und Ingenieurwissenschaften, die Explosion des Wissens, die **POLITISCHE PARTIZIPATION** der Bevölkerung, die Verfassungen, die Menschenrechte, die Parteien mit ihren unterschiedlichen Ideologien etc. sind Entwicklungen, die vor allem im 19. und 20. Jahrhundert spielen. Dennoch muss man bei der Erklärung von Phänomenen der Gegenwart oft auf die Frühe Neuzeit zurückgreifen. In dieser Zeit begannen viele Entwicklungen, die bis heute Kontinuität haben: der Kolonialismus und seine Folgen begann mit der „Entdeckung" der beiden Amerikas, dadurch setzte auch die heute viel beschworene **GLOBALISIERUNG** und Europäisierung der Welt ein. Auch der **KULTURTRANSFER** zwischen den

POLITISCHE PARTIZIPATION Teilhabe der Bürgerinnen und Bürger des Staates an den politischen Entscheidungsprozessen.

GLOBALISIERUNG meint die zunehmende weltweite Verflechtung in Wirtschaft, Politik, Kultur und Kommunikation und bezieht sich meist auf die Gegenwart.

Unter **KULTURTRANSFER** versteht man den Prozess der Übernahme kultureller Phänomene zwischen verschiedenen Kulturen, wobei nicht die Einseitigkeit der Übernahme betont wird, sondern die Wechselbeziehung der Kulturen.

XENOPHOBIE Fremdenfeindlichkeit.

EXOTISMUS Beeinflussung der (europäischen) Kultur durch „Fremdes", meist Elemente von außereuropäischen Kulturen.

Kontinenten, die Wahrnehmung anderer Kulturen im Negativen (**XENOPHOBIE**) und im Positiven (**EXOTISMUS**) haben ihre Wurzeln in der Frühen Neuzeit. Die späte Phase der Frühen Neuzeit legt auch in den Ideen der europäischen Aufklärung die Grundlagen zu Werten, die seit der Französischen Revolution teilweise verwirklicht, teilweise brutal unterdrückt werden und gerade deshalb einen Kernbereich des „Lernens aus der Geschichte" bilden: Toleranz und Menschenrechte.

Literatur

Peter Burke: **Abgrenzungsprobleme der Frühen Neuzeit**, in: Frühneuzeit-Info 1 (1990), S. 13–16, Zitat S. 15 f. (vgl. auch http://www.univie.ac.at/Neuzeit/burke.htm).

Birgit Emich, **Geschichte der Frühen Neuzeit (1500–1800) studieren**, München 2. Auflage 2019.

Grundlegende Paradigmen und zentrale Begriffe der Frühneuzeitforschung

3

Überblick

Die Zeit der Auffassung der Geschichte als POSITIVISTISCHE Ereignisgeschichte, eine Erzählung über Schlachten und Friedensschlüsse, „große Herrscher" und siegreiche Feldherren ist vorbei, die methodischen Veränderungen des Faches werden deutlich sichtbar. Wirtschaftliche, soziale, GENDERSPEZIFISCHE, kultur- und MENTALITÄTSGESCHICHTLICHE Fragestellungen bilden heute die Haupttrends des Faches.

POSITIVISMUS Erkenntnistheoretische philosophische Richtung, die in der Geschichtswissenschaft jede Interpretation vermeidet und sich oft auf faktenreiche Darstellungen und Texteditionen beschränkt.

Viele der Neuerungen sind von der Frühneuzeitforschung ausgegangen. Ein wesentlicher Grund dafür war die bevorzugte Beschäftigung mit dieser Epoche durch die **Annales-Schule**, die wiederum während der letzten Jahrzehnte in den Forschungsdebatten um Methodologie und Praxis der Geschichtswissenschaft intensiv rezipiert wurde.

GENDER bezeichnet die soziale oder psychologische Seite des Geschlechts im Unterschied zum biologischen Geschlecht (*sex*). Da im Deutschen „Geschlecht" beides bedeutet, übernahm man den englischen Terminus.

Die Ergebnisse der Neuorientierung der Frühneuzeit-Forschung der letzten Jahrzehnte trugen auch essentiell zur Charakterisierung der Periode bei. Einige solcher Begriffe oder Paradigmen sollen hier vorgestellt werden.

Betrachtet man den Beginn der Frühen Neuzeit, vor allem das 16. Jahrhundert, so spricht man von einer Verdichtung des modernen Staates. Schon seit dem späten Mittelalter hatten die Herrscher zunehmend ihr Steuer-und Gewaltmonopol durchgesetzt, was im 16. Jahrhundert zur Ausbildung der „Hyperinstitution des modernen Staates" (Wolfgang Reinhard) führte. Eine weitere Verdichtung erfuhr der Staat durch eine für die Entwicklung des Machtstaates notwendige Bürokratisierung. Die bürokratisch organisierte Verwaltung entwickelte sich besonders ausgeprägt im Absolutismus in Frankreich, wo eine Art Vorläufer des modernen Nationalstaates entstand. Der Grundsatz *un roi,*

MENTALITÄT Die nicht individuellen Denk- und Verhaltensweisen einer Person oder einer sozialen Gruppe (eines Kollektivs).

Info

Die Annales-Schule ► Eine Gruppe französischer Historiker hat sich seit den späten 1920er Jahren mit neuen Zugängen der Geschichte zugewandt und über mehrere Generationen hinweg eine Schule gebildet. Wirtschaftliche und gesellschaftliche Verhältnisse, quantifizierbare Quellen, die über längere Zeiträume existieren (so genannte *serielle Quellen*), die Betonung der *longue durée*, die systematische Analyse von bildlichen Quellen, die *Geschichte ohne Menschen* (Klima-und Umweltgeschichte), aber auch mentalitätsgeschichtliche Fragestellungen charakterisieren diese „Schule der französischen Sozialgeschichte", die nach der von ihnen herausgegebenen Zeitschrift *Annales d'histoire économique et sociale* (heute unter dem Titel *Annales. Histoire. Sciences sociales*) auch Annales-Schule genannt wird. Bedeutende Vertreter sind Marc Bloch (1886–1944), Lucien Febvre (1878–1956), Fernand Braudel (1902–1985), Philippe Ariès (1914–1984), Jacques Le Goff (1924–2014), Emmanuel Le Roy Ladurie (geb. 1929) oder Georges Duby (1919–1996). Seit den 1970er Jahren wurde die Annales-Schule im deutschen Sprachraum rezipiert. Die Forschungen dieser Gruppe sind stark auf das Mittelalter und die Frühe Neuzeit ausgerichtet.

une loi, une foi (ein König, ein Recht, ein Glaube) umschreibt diesen Staat sehr gut. Ähnliche Entwicklungen sind auch in deutschen Territorialstaaten innerhalb des Heiligen Römischen Reiches, in dem sich seit dem späten Mittelalter eine Territorialisierung bemerkbar machte, zu sehen. Der **KAMERALISMUS** stärkte die Macht des Herrschers und führte auch zu einem verbesserten Zugriff auf die Untertanen.

KAMERALISMUS ist eine Variante des Merkantilismus, der Wirtschaftsdoktrin des Absolutismus, die versuchte, die Staatseinnahmen zu vermehren (Export der Güter aus Manufakturen und Einschränkung von Importen). Die finanziellen Mittel wurden vor allem für das Militär und die Repräsentation des Herrschers genutzt.

Da die konfessionelle Spaltung durch die Reformation ein wesentliches Merkmal der Frühen Neuzeit darstellt, kam der Frage der Religion immer große Bedeutung bei der Charakterisierung des Zeitalters zu. Lange Zeit war die Interpretation entweder vom Katholizismus oder vom Protestantismus geprägt und führte zu unterschiedlichen Darstellungen und Wertungen. Das **PARADIGMA** der **Konfessionalisierung** ist eine Theorie über Kirche, Staat und Gesellschaft nach der Reformation, welche die beiden deutschen Historiker **Wolfgang Reinhard** (geb. 1937) und **Heinz Schilling** (geb. 1942) Ende der 1970er Jahre unabhängig voneinander entwickelten. Die konfessionelle Vereinheitlichung von Territorien konnte auch mit dem Modernisierungsparadigma verbunden werden, weil die Konfessionalisierung wesentlich zur Gestaltung des modernen Staates beitrug.

Unter **PARADIGMA** versteht man bestimmte wissenschaftliche Denkweisen oder Denkmuster, die oft zu einer Art von Weltanschauung werden, die alles zu erklären scheinen.

Heinz Schilling unterschied vier Phasen dieses Prozesses, eine vorkonfessionelle bis in die 1570er Jahre, dann eine Phase der konfessionellen Konfrontation und der „Zweiten Reformation" (die Etablierung des Calvinismus im Reich) sowie schließlich den Höhepunkt der Konfessionalisierung zwischen den 1580er bis 1620er Jahren. Seinen Abschluss fand der Prozess im Westfälischen Frieden 1648 (dieses Ende ist in letzter Zeit ebenfalls hinterfragt worden). Das Konfessionalisierungsparadigma ersetzte das alte Begriffspaar Reformation und Gegenreformation und machte klar, dass diese Prozesse zeitgleich abliefen. Viele Phänomene (etwa die regionale Verteilung von Katholiken und Protestanten in Deutschland) sind Auswirkungen der Konfessionalisierung. Die moderne Forschung konnte aber auch den Zusammenhang zwischen der Verfestigung konfessioneller Kirchenstrukturen und der Verdichtung der wachsenden Gewalt des Staates aufzeigen.

Als Reaktion auf die **ETATISTISCHE** Sicht der Konfessionalisierung (also nur von der Ebene des Staates her) forderte z.B. **Heinrich Richard Schmidt** (geb. 1952) auch eine Sicht von unten, also aus der Perspektive der Gemeinden und Städte. Damit schloss er an ein anderes fruchtbares Paradigma der Frühneuzeitforschung, den **Kommunalismus**, an. **Peter Blickle** (geb. 1938) hat den Prozess der Entwicklung von Gemeinden in der städtischen und ländlichen Gesellschaft im späten Mittelalter und der Frühen Neuzeit im Heiligen Römischen Reich als besonders wichtig für verschiedene Phänomene (Bauerkrieg und andere soziale Revolten, Konfessionalisierung) gesehen. Damit wird der Geschichte aus der Perspektive des Staates und der Herrschenden eine Geschichte *„von unten“* entgegengesetzt.

ETATISTISCH bezeichnet die Anschauung, dass der Staat die überragende Rolle im wirtschaftlichen und sozialen Leben spielt.

Ein anderes viel diskutiertes Konzept der Frühneuzeitforschung ist der Begriff der **Sozialdisziplinierung**, der eine disziplinierende Beeinflussung der Bevölkerung durch Staat und Kirche beschreibt, deren Wirkung den Menschen der Neuzeit formte.

Der Begriff „Fundamentaldisziplinierung“ wurde von **Gerhard Oestreich** (1910–1978) eingeführt und beschreibt langfristige Transformationsprozesse der Gesellschaft. In der Forschung wurde das Paradigma der Sozialdisziplinierung mit dem der Konfessionalisierung verknüpft.

Der Begriff der Sozialdisziplinierung spielt auch in der Diskussion um die Idee des **Absolutismus** – ein Begriff, der vor zwei Jahrzehnten heftig in Diskussion geriet – eine Rolle. In diesem Zusammenhang wird meist auch ein anderes wirkmächtiges Konzept angeführt, die **höfische Gesellschaft**, die auf die Arbeiten von **Norbert Elias** (1897–1990) zurückgeht. Elias beschreibt an Hand des französischen Hofes unter Ludwig XIV. (1638–1715) die „Verhöflichung des Adels“, der an den Hof gezogen und damit seiner lokalen Macht beraubt wird. Die Beschäftigung des Adeligen durch die ständige Konkurrenz mit seinen Standesgenossen hat auch große kulturelle Folgen (Schlossbau, Feste, Kunstförderung etc.). Elias meint, dass es in Frankreich gelungen war, die Konkurrenz der alten Adelsschicht und des neuen, durch Bildung aufgestiegenen Bürgertums für den Ausbau der Macht des Königs zu nutzen. Diese

Grundvorstellung der höfischen Gesellschaft wurde auch am Beispiel anderer europäischer Höfe untersucht.

Zweifellos haben **Humanismus und Renaissance** das Weltbild der Menschen und ihren Umgang mit Natur und Wissen dramatisch verändert. In der Frühen Neuzeit fand etwas statt, was die Voraussetzung für die Etablierung der modernen Naturwissenschaften (Astronomie, Medizin, Physik, Chemie und Biologie) darstellt. Große Wissenschaftler wie die Astronomen Nicolaus Kopernikus (1473–1543), Tycho Brahe (1546–1601), Johannes Kepler (1571–1630) oder die Philosophen, Mathematiker und Naturwissenschaftler Galileo Galilei (1564–1642), René Descartes (1596–1650), Isaac Newton (1643–1727) und Gottfried Wilhelm Leibniz (1646–1716) wirkten in der Frühen Neuzeit. Auch viele der weniger bekannten Wissenschaftler, wie die Mediziner Andreas Vesalius (1514–1564) und William Harvey (1578–1657) oder die Botaniker Leonhart Fuchs (1501–1566), Otto Brunfels (1488–1534), Hieronymus Bock (1498–1554) und Carl von Linné (1707–1778) leisteten auf ihrem Gebiet Bahnbrechendes. Der Prozess der *Scientific Revolution* beschleunigte sich vor allem im 17. Jahrhundert und erreichte im 18. Jahrhundert seinen Höhepunkt (→ vgl. Kap. 8.9).

HELIOZENTRISCH Das heliozentrische Weltbild geht von der heute wissenschaftlich gesicherten Annahme aus, dass die Planeten und auch die Erde sich um die Sonne bewegen. Davor war das geozentrische Weltbild, das die Erde im Mittelpunkt des Universums sah, allgemein verbreitet.

Das **HELIOZENTRISCHE** Weltbild, die Beobachtung der Natur, das Studium des menschlichen Körpers in der Anatomie, das naturwissenschaftliche Experiment, die Erforschung und Systematisierung der Botanik, die beherrschende Stellung der Mathematik in den Naturwissenschaften und der Einfluss der durch Pierre de Fermat (1601–1665) entwickelten Wahrscheinlichkeitsrechnung auf die Sozialwissenschaften markieren einige solcher Meilensteine dieses Fortschrittes.

Ein anderes wesentliches Thema der Frühneuzeitforschung war und ist das **Auseinanderdriften von Elitenkultur und Volkskultur,** das in den Studien von **Peter Burke** und **Robert Muchembled** (geb. 1944) thematisiert wurde. Einen wesentlichen Anteil an diesem kulturellen Phänomen hat natürlich die steigende Bedeutung der Schriftlichkeit. Ein spezielles auch mit der Frauen- und Geschlechtergeschichte verbundenes Forschungsfeld hat ebenfalls mit der Differenz der Volks- und der Elitenkultur zu tun, nämlich die **Hexenforschung**. An diesem Thema können viele der modernen Zugänge der Geschichte (Mentalitätsgeschichte der Vorurteile, Sozialgeschichte der Außenseiter, soziale Netzwerke, Vorstellungen von Magie und „Aberglauben", klimatische und wirtschaftliche Krisen etc.) miteinander verbunden und in Bezug gebracht werden.

Literatur

Mit den etwas ausführlicheren Literaturhinweisen werden auch einige der immer wieder kehrenden „Standardwerke" oder „Klassiker" der Frühneuzeitforschung zusammengestellt.

Ronald G. Asch/Heinz Duchhardt, **Der Absolutismus – ein Mythos?** Strukturwandel monarchischer Herrschaft in West- und Mitteleuropa (ca. 1550–1700) (Münstersche historische Forschungen 9), Köln-Wien 1996.

Wolfgang Behringer, **Hexen**. Glaube, Verfolgung, Vermarktung, München 5. Auflage 2009.

Peter Blickle, **Kommunalismus**, Skizzen einer gesellschaftlichen Organisationsform, 2 Bde., München 2000.

Peter Burke, **Helden, Schurken, Narren**. Europäische Volkskultur in der Frühen Neuzeit, München 1985.

Norbert Elias, **Die höfische Gesellschaft**. Untersuchungen zur Soziologie des Königtums und der höfischen Aristokratie, Frankfurt am Main 9. Auflage 1999.

Carlo Ginzburg, **Der Käse und die Würmer**. Die Welt eines Müllers um 1600, Berlin 6. Auflage 2007.

Robert Muchembled, **Kultur des Volkes – Kultur der Eliten**. Die Geschichte einer erfolgreichen Verdrängung, Stuttgart 2. Auflage 1984.

Gerhard Oestreich, **Geist und Gestalt des frühmodernen Staates**. Ausgewählte Aufsätze, Berlin 1969.

Wolfgang Reinhard, **Sozialdisziplinierung – Konfessionalisierung – Modernisierung**. Ein historiographischer Diskurs, in: Nada Boškovska Leimgruber (Hg.), Die Frühe Neuzeit in der Geschichtswissenschaft. Forschungstendenzen und Forschungserträge, Paderborn-München-Wien-Zürich 1997, S. 39–55.

Wolfgang Reinhard, **Gegenreformation als Modernisierung?** Prolegomena einer Theorie des konfessionellen Zeitalters, in: Archiv für Reformationsgeschichte 68 (1977), S. 226–251.

Heinz Schilling (Hg.), **Die Reformierte Konfessionalisierung in Deutschland – Das Problem der „Zweiten Reformation"**, Gütersloh 1986.

Heinrich Richard Schmidt, **Sozialdisziplinierung?** Ein Plädoyer für das Ende des Etatismus in der Konfessionalisierungsforschung, in: Historische Zeitschrift 265 (1997), S. 639–682.

Heinrich Richard Schmidt, **Konfessionalisierung im 16. Jahrhundert** (Enzyklopädie Deutscher Geschichte 12), München 1992.

Winfried Schulze, **Gerhard Oestreichs Begriff „Sozialdisziplinierung in der Frühen Neuzeit"**, in: Zeitschrift für historische Forschung 14 (1987), S. 265–302.

Europa um 1500 | 4

Überblick

Europa war ab dem Ende des Mittelalters und während der gesamten Epoche der Frühen Neuzeit von Erbmonarchien beherrscht, die häufig Vorläufer späterer Nationalstaaten waren. Wenige Ausnahmen sind erwähnenswert. In der Schweiz war durch das Bündnis der Urkantone Uri, Schwyz und Unterwalden 1291 die Alte Eidgenossenschaft entstanden, die sich bis zum Beginn des 16. Jahrhunderts entsprechend ausdehnte. Bis 1648 gehörte die Schweiz offiziell zum Heiligen Römischen Reich. Das Herrschaftssystem war nicht „demokratisch" im modernen Sinn, also auf der Volkssouveränität beruhend, aber dennoch ein Gegenmodell zur monarchischen Staatsform. Ähnliche stark **OLIGARCHISCHE** Regierungsformen, die teilweise antike Vorbilder aufnahmen, waren auch Venedig (die *Repubblica Serenissima di San Marco*) oder das heute noch als eigenständiges Staatsgebilde bestehende San Marino.

Die Mehrzahl der Monarchien waren Erbmonarchien, doch bestanden in den geistlichen Territorien (z.B. dem Kirchenstaat), aber auch im Heiligen Römischen Reich Wahlmonarchien, die allerdings nicht auf einem breiten oder gar „allgemeinen" Wahlrecht basierten.

OLIGARCHIE Das aus dem Griechischen stammende Wort bezeichnet die Herrschaft von wenigen, einer klar definierten, aus sich selbst legitimierten Oberschicht.

Die europäische Staatenwelt | 4.1

Die Entwicklung der europäischen Staaten im späten Mittelalter hatte im Westen und Norden Europas dazu geführt, dass sich hier Staaten, die zum Teil noch heute existieren, gebildet hatten. Auf den **britischen Inseln** war England tonangebend, das sich unter der Herrschaft der Familie Tudor (nach den Rosenkriegen zwischen den Häusern Lancaster und York 1455 bis 1485) stabilisiert hatte. Die mittelalterlichen Versuche der Engländer, Teile Frankreichs zu erwerben, waren nach dem Ende des

Hundertjährigen Krieges von 1337 bis 1453 kaum mehr von Bedeutung. Ein verspäteter Versuch Heinrichs VIII. (1491–1547) im Jahr 1513 brachte keine dauerhaften Eroberungen, führte aber zu einem Einfall Jakobs IV. von Schottland (1473–1513) im Norden Englands. Schottland blieb politisch unabhängig und war auch in den konfessionellen Auseinandersetzungen des 16. Jahrhunderts ein Bündnispartner gegen England.

In Irland bestand zwar eine englische Oberhoheit, allerdings war im Mittelalter das Interesse der englischen Könige mehr auf Frankreich als auf die irische Insel gerichtet. Noch um 1700 war nur ein Teil Irlands wirklich unter der Kontrolle der Engländer, viele kleine lokale Machtzentren blieben noch von Bedeutung. Doch unter Heinrich VII. (1447–1509) aus dem Hause Tudor verstärkte sich das Interesse an Irland und die Herrschaft über dieses Land wurde straffer.

Abb. 1

Europa im 15. Jahrhundert

In **Frankreich** hatte sich nach den Wirren des späten Mittelalters im Krieg gegen England und Burgund (zum Aufstieg Burgunds → vgl. Kap. 4.5) die Lage des Staates unter dem Hause Valois konsolidiert. Mit der Erwerbung Burgunds durch die Habsburger 1477 entstand ein Dauerkonflikt zwischen Frankreich und den Habsburgern (in Österreich und Spanien), der die französische Politik der Frühen Neuzeit beherrschte. Ein guter Teil dieser Auseinandersetzungen fand in Italien statt, das zum häufigen Kriegsschauplatz der Frühen Neuzeit wurde.

Auf der **iberischen Halbinsel** war die Besetzung des Südens durch die Araber (Mauren) 1492 beendet. Die so genannte *Reconquista* endete mit der Eroberung der letzten Bastion der Araber in Granada 1492. Schon davor war 1469 durch die Heirat Isabellas I. von Kastilien (1451–1504) mit Ferdinand II. von Aragón (1452–1516) der Grundstein für die **Einigung Spaniens** gelegt

Info

Großbritannien

▶ Häufig werden in unserem Sprachgebrauch *englisch* und *britisch* gleichrangig verwendet. Schottische oder walisische Historikerinnen und Historiker würden dem nicht zustimmen. England ist ein Teil der britischen Insel, **Wales** wurde im Laufe des Mittelalters eingegliedert, seit 1409 trägt der englische Thronfolger den Titel *Prince of Wales* (Fürst – nicht Prinz – von Wales). Erst mit dem *Act of Union* 1536 bildet Wales einen Teil des englischen Königreiches, 1541 wurde auch Irland endgültig der englischen Krone unterstellt. **Schottland** war unabhängig. Als der schottische König Jakob VI. im Jahre 1603 als Jakob I. König von England wurde, vereinte er die beiden Länder, doch erst mit dem *Act of Union* 1707 wurden Schottland und England zum Königreich **Großbritannien** vereinigt. Mit einem anderen *Act of Union* 1800 vereinigte sich das Königreich Großbritannien mit Irland zum Vereinigten Königreich von Großbritannien und Irland.

worden. Papst Alexander VI. Borgia (1431–1503) verlieh dem königlichen Ehepaar 1496 den Titel *katholische Könige*. Die Erben des vereinten Spanien wurden die Habsburger, die für zwei Jahrhunderte Spanien beherrschten. Mit der „Entdeckung“ Amerikas wurde Spanien zur ersten Kolonialmacht Europas und bis zur Mitte des 17. Jahrhunderts eine der wirtschaftlich und politisch führenden Mächte Europas.

Schon Mitte des 13. Jahrhunderts hatte **Portugal** noch unter der Dynastie der Burgunder die Reconquista vollendet, Ende des 14. Jahrhundert kam die Dynastie Avis an die Macht. Trotz der Kleinheit und wirtschaftlichen Schwäche des Landes stieg Portugal durch die „Entdeckungs- und Kolonialpolitik“ zu einer der führenden Handels- und Kolonialmächte der Frühen Neuzeit auf. 1580 bis 1640 war das Land nach dem Aussterben der Dynastie Avis mit Spanien vereint.

Die **skandinavischen Länder** waren im Jahre 1389 unter der Herrschaft der dänischen Königin zusammengefasst worden, 1397 wurde Erich von Pommern (um 1382–1459) zum König von Dänemark, Schweden und Norwegen gekrönt, die in der Kalmarer Union, die bis 1523 existierte, vereinigt wurden. Zu Dänemark gehörte in dieser Zeit auch Island. Mit dem Aufruhr von Gustav Wasa (1496–1560) in Schweden zerbrach die Vereinigung der Länder. Schweden, zu dem auch Finnland gehörte, wurde unter der Dynastie der Wasa zur führenden Macht in der Ostsee.

Ein am Beginn der Neuzeit mächtiger Staat war **Polen** mit Litauen, die beiden Staaten waren seit 1386 in einer Personalunion unter der Dynastie der Jagiełłonen verbunden. König Kasimir II. (1427–1492), der auch Großfürst von Litauen war, heiratete eine Habsburgerin und bekräftigte dadurch seine Ansprüche auf Ungarn und Böhmen. Da die jagiełłonische

Familie viele Söhne hatte, ging von diesem Staatsgebilde eine große Kraft der Expansion aus, einer von Kasimirs Söhnen Władysław II. (1456–1516) erwarb die Kronen von **Böhmen und Ungarn**.

Die Jagiełłonen beherrschten um 1500 einen Großteil Ostmitteleuropas und stellten damit einen gewichtigen Machtfaktor dar, allerdings hatten die von ihnen beherrschten Gebiete wenig inneren Zusammenhalt.

Rundum waren sie von zunehmend gefährlichen Gegnern umgeben. Die Auseinandersetzungen mit dem **Staat des Deutschen Ritterordens in Preußen** beherrschte die Geschichte des Mittelalters, nach der Schlacht bei Tannenberg 1410 begann aber der Abstieg des Deutschordensstaates. 1525 änderte sich die Rechtsstellung dieses Territoriums, als Albrecht von Hohenzollern (1490–1568), Hochmeister des Deutschen Ordens, das Land säkularisierte und das neue Herzogtum Preußen der polnischen Lehenshoheit unterstellte.

Im Osten und Süden des Herrschaftsgebietes der Jagiełłonen nahmen die Auseinandersetzungen mit dem moskowitschen Staat und dem expansiven Osmanischen Reich zu und hinderten die Entwicklung Polens zu einer Großmacht.

Das **Großfürstentum Moskau** gewann unter der über 40 Jahre währenden Regierung des Großfürsten Iwan III. (1440–1505) eine Reihe von angrenzenden Territorien vor allem im Kampf gegen Livland dazu (*Sammlung der Länder*) und befreite das Land endgültig von der Herrschaft der Goldenen Horde (Tataren). Nach der Eroberung Konstantinopels durch die Osmanen 1453 und dem Ende des byzantinischen Reiches heiratete er Zoe (Sofija, um 1448–1503), die Nichte des letzten byzantinischen Kaisers, und führte ohne Krönung den Titel Zar (ebenso wie Kaiser von lat. Caesar abgeleitet) und führte den Doppeladler als Symbol. Nach seinem Tod wurde dann um 1510 die **Theorie des Dritten Roms** entwickelt, nach der sich der russische Zar als Nachfolger des oströmischen Kaisers definierte.

Eine der wichtigen Mächte Europas der Frühen Neuzeit war damit im Entstehen.

Die restlichen Bereiche: Das Heilige Römische Reich, Italien und das Osmanische Reich werden in den folgenden Kapiteln behandelt.

Literatur

Zur Geschichte der Frühen Neuzeit allgemein

Michael Erbe, **Frühe Neuzeit**, Stuttgart 2007.
Anette Völker-Rasor (Hg.), Oldenbourg Geschichte Lehrbuch – **Frühe Neuzeit**, München 3. Auflage 2010.

4.2 | Das Heilige Römische Reich in der Neuzeit

Das Heilige Römische Reich, dessen Gründung ins frühe Mittelalter zurückgeht (*renovatio imperii* unter Karl dem Großen, der Weihnachten 800 vom Papst zum Kaiser gekrönt wurde), entwickelte sich im späten Mittelalter zu einer Wahlmonarchie. Gleichzeitig gewannen die großen Territorien des Reiches (Brandenburg, Pfalz, Bayern, Österreich etc.) zunehmend an Gewicht und wurden eigenständige Machtfaktoren. Man spricht von einer **Territorialisierung** des Reiches.

Sieben Kurfürsten, drei geistliche (die Erzbischöfe von Mainz, Köln und Trier) und vier weltliche (Pfalz, Brandenburg, Sachsen und Böhmen) wählten den Herrscher.

Info

Kurfürsten

▶ Die Zahl der **Kurfürsten** veränderte sich im Laufe der Frühen Neuzeit einige Male. Im Dreißigjährigen Krieg verlor der Kurfürst von der Pfalz, ein Calviner, diese Würde an den katholischen bayrischen Herzog. Im Westfälischen Frieden erhielt Pfalz aber wieder eine Kurfürstenwürde, sodass es jetzt acht Kurfürsten gab. 1692 wurde Braunschweig-Lüneburg (Hannover) Kurfürstentum, 1777 fielen die bayrische und die pfälzische Kur durch einen Erbfall zusammen, sodass sich die Zahl wieder auf acht reduzierte. Kurz vor dem Ende des Heiligen Römischen Reiches wurden noch weitere Kurfürstentümer geschaffen (Salzburg, Württemberg, Baden und Hessen-Kassel), die allerdings nie an einer Wahl teilnehmen konnten, da das Reich schon 1806 aufgelöst wurde.

Dieser von den Kurfürsten gewählte Herrscher war zunächst König und musste nach Rom ziehen, um sich dort vom Papst zum Kaiser krönen zu lassen. Der gewählte und gekrönte König hatte dieselben Rechte wie der Kaiser mit einer Ausnahme: Der Kaiser konnte zu Lebzeiten einen römisch-deutschen König wählen lassen, der bei seinem Tod automatisch die Nachfolge antrat. Das förderte die Kontinuität des Verbleibs der Herrscherwürde in einer Familie. Daher war das Interesse der römisch-deutschen Könige gegeben, sich nach Rom zu begeben, um Kaiser zu werden.

Am Beginn der Neuzeit änderte sich das. Maximilian I. (1459–1519) konnte auf dem Zug nach Rom das Territorium Venedigs, mit dem er im Kriege stand, nicht durchqueren und erklärte sich 1508 in Trient zum „erwählten römischen Kaiser". Damit wurde in der Folge die Krönung in Rom obsolet, nur mehr ein Habsburger, Karl V. (1500–1558) wurde vom Papst – allerdings nicht in Rom, sondern in Bologna – 1530 gekrönt.

Im Gegensatz zur Wahlmonarchie in Polen haben die Habsburger allerdings seit 1438 bis 1740 stets den Herrscher gestellt. Durch

Abb. 2

Quaternionenadler, Holzschnitt von Hans Burgkmair der Ältere 1510. Auf dem Reichsadler werden die Wappen ausgewählter Stände des Reiches in Vierergruppen – daher der Name – dargestellt

das Aussterben der Habsburger im Mannesstamm kam es zu einem kurzen Intermezzo des Kaisertums eines Wittelsbachers (Karl VII. 1697–1745, Kaiser von 1742–1745), dann folgte der Ehemann der Habsburgerin Maria Theresia (1717–1780), Franz Stephan von Lothringen (1708–1765), als Kaiser Franz I. von 1745–1765 und auf ihn folgten noch drei Angehörige der „neuen“ Dynastie Habsburg-Lothringen (→ vgl. S. 190), Joseph II. (1741–1790), Leopold II. (1747–1792) und Franz II. (1768–1835) bis zum Ende des Heiligen Römischen Reiches 1806.

Der Kaiser allein war aber nicht das Reich, sondern in frühneuzeitlichen Quellen sprach man von „Kaiser und Reich“, das heißt die Stände spielten eine bedeutende Rolle in der politischen Struktur des Staates.

Das Heilige Römische Reich bestand im Laufe seiner Geschichte aus über 500 kleineren und größeren Territorien. Die **REICHSMATRIKEL** von

REICHSMATRIKEL verzeichnet alle unmittelbaren Reichsstände des Hlg. Römischen Reiches, wobei die Zahl der Truppen, die sie zu stellen hatten oder die entsprechenden finanziellen Leistungen angeführt wurden.

PRÄLAT Würdenträger der katholischen Kirche (Bischof, Abt).

BALLEI Provinz eines Ritterordens (z. B. Deutscher Ritterorden).

PROPOSITION Die vom Kaiser vorgeschlagene Tagesordnung des Reichstages.

REICHSABSCHIED Dieses am Ende eines Reichstages vom Kaiser verlesene Dokument fasste alle beschlossenen Bestimmungen, die damit zum Reichsrecht wurden, zusammen.

KURIE Eine sozial definierte Gruppe auf dem Landtag oder Reichstag, die gemeinsam abstimmt.

KURIATSSTIMME Stimme einer Kurie, die am Reichstag oder auf dem Landtag nur geschlossen abgegeben werden konnte.

KONSENSPRINZIP Danach werden Entscheidungen (auf Grund von Kompromissen) ohne Gegenstimmen getroffen, es ist das Gegenteil des Mehrheitsprinzips.

1521 führt sieben Kurfürsten, 50 Erzbischöfe und Bischöfe, 31 weltliche Fürsten, 65 **PRÄLATEN**, 14 Äbtissinnen, vier **BALLEIEN**, 130 Ritter und Herren und 85 Reichsstädte an.

Die Vertretung der Stände war der **Reichstag**, der bis 1663 in unregelmäßigen Sitzungen tagte, er war im Prinzip eine Zusammenkunft der Fürsten und anderer Vertreter der Reichsstände, während dann der „Immerwährende Reichstag" eine Versammlung von Gesandten war.

Die Sitzungen des Reichstags wurden mit einer **PROPOSITION** des Kaisers (einer Art Tagesordnung) eröffnet, die dann von den Ständen abgewandelt und in den Kurien beraten wurde. Der Reichstag endete mit dem **REICHSABSCHIED**, der Gesetzeskraft hatte.

Seit 1489 bildeten drei **KURIEN** den Reichstag: Der Kurfürstenrat unter der Leitung des Erzkanzlers des Reiches, des Erzbischofs von Mainz; der Reichsfürstenrat, in dem die weltlichen und geistlichen Fürsten des Reiches als **VIRILISTEN** saßen und der Städterat, in dem 51 Städte, gegliedert in die rheinische und die schwäbische Bank, saßen. Neben den persönlich am Reichstag vertretenen Ständen gab es auch solche, die durch eine so genannte **KURIATSSTIMME** eine größere Gruppe repräsentierten.

Die Beschlussfindung war sehr kompliziert, da jede Kurie für sich verhandelte und auch ein Konsens mit dem Kaiser hergestellt werden musste. Als Folge der Glaubensspaltung bildeten sich ab 1653 das *Corpus Evangelicorum* und das *Corpus Catholicorum*, die nach dem **KONSENSPRINZIP** entscheiden mussten. Die Akten der Reichstage sind eine wichtige Quelle der Geschichte und werden seit dem 19. Jahrhundert ediert.

Die etwa 40 Reichstage der Frühen Neuzeit fanden in verschiedenen Reichsstädten statt: Augsburg, Nürnberg, Regensburg, Worms und Speyer waren die bevorzugten Orte. Der immerwährende Reichstag hatte von 1663–1806 seinen Sitz in Regensburg. Versuche am Beginn des 16. Jahrhunderts, eine „Regierung" des Reiches (das Reichsregiment) durchzusetzen, scheiterten.

Für die regionale Organisation des Reiches waren die **Reichskreise** wichtig. Am Beginn der Neuzeit gab es sechs Reichskreise (Franken, Bayern, Schwaben, Oberrhein, Niederrhein, Westfalen), ab 1512 dann noch vier weitere (Österreich, Burgund, Obersachsen, Kurrhein).

Ferdinand I. (1503–1563) hatte noch als Erzherzog von Österreich 1527 eine Hofstaatsordnung durchgesetzt und damit Behörden geschaffen, die dann später zu den wichtigsten Institutionen des Kaisers wurden. Zunächst waren es vier zentrale Instanzen: der Geheime Rat als oberste Beratungsbehörde, der Hofrat (als Reichsgericht), die Hofkammer (zuständig für die Finanzen) und die Hofkanzlei oder Reichskanzlei unter der Leitung des Erzkanzlers des Reiches, dem Kurfürsten von Mainz (bzw. seinem Vertreter dem Reichsvizekanzler). Die Funktionen der anderen geistlichen Kurfürsten als Kanzler für Italien und Burgund spielten in der Neuzeit kaum eine Rolle. Die weltlichen Kurfürsten übten zeremoniell bei der Krönung ihre **ERZÄMTER** (Sachsen = Marschall, Pfalz = Kämmerer, Brandenburg = Truchsess und Böhmen = Schenk) aus, spielten allerdings in der Verwaltung des Reiches keine entscheidende Rolle. Nur zwischen dem Tod eines Kaisers und der Neuwahl übte der Kurfürst von der Pfalz (und teilweise auch der von Sachsen oder Bayern) das **REICHSVIKARIAT** aus.

ERZÄMTER waren die höchsten Ämter zunächst bei Hof, später im Reich, die mit zeremoniellen Funktionen verknüpft waren. Nach der Erzämtertheorie waren die Inhaber dieser Ämter Kurfürsten.

REICHSVIKAR Der Reichsvikar führte in der Zeit zwischen dem Tod des Kaisers und der Wahl bzw. Krönung seines Nachfolgers die laufenden Geschäfte.

Die oberste **Gerichtsbarkeit** des Reiches lag beim Kaiser. Wurde man von einem Territorialgericht verurteilt, konnte man an das Reich appellieren, außer der betreffende Territorialfürst hatte ein Privilegium *de non appellando*. Das 1495 gegründete Reichskammergericht hatte seinen Sitz zuerst in Frankfurt am Main und dann – mit mehreren Zwischenstufen – schließlich in Wetzlar.

Im späten Mittelalter hatten die größeren Territorien des Reiches, in denen ebenfalls Dynastien wie die Wittelsbacher in Bayern, die Hohenzollern in Brandenburg, die Wettiner in Sachsen etc. herrschten, einen bedeutende Stellung in der Politik inne. Das Reich war keineswegs ein dem modernen Staat vergleichbares Gebilde, eher ein Konglomerat mehr oder minder eigenständiger kleiner Staaten, die formell durch die Regentschaft des Kaisers zusammengehalten wurden.

Aufgaben zum Selbsttest

- Suchen Sie unter http://de.wikipedia.org/wiki/Liste_der_Territorien_im_Heiligen_Römischen_Reich das Territorium Ihrer Heimatgemeinde oder Ihres Universitätsstandortes und versuchen sie dessen Stellung im Reich zu klären.
- Welche Verwaltungsstruktur hatte das Heilige Römische Reich? Wann sind entscheidende Einschnitte in der Entwicklung des Reiches zu sehen?

Literatur

Peter Claus Hartmann, **Das Heilige Römische Reich deutscher Nation in der Neuzeit 1486–1806**, Stuttgart 2005.

Klaus Herbers/Helmut Neuhaus, **Das Heilige Römische Reich**. Ein Überblick, Köln-Wien u.a. 2010.

Helmut Neuhaus, **Das Reich in der Frühen Neuzeit** (Enzyklopädie Deutscher Geschichte 42), München 2. Auflage 2003.

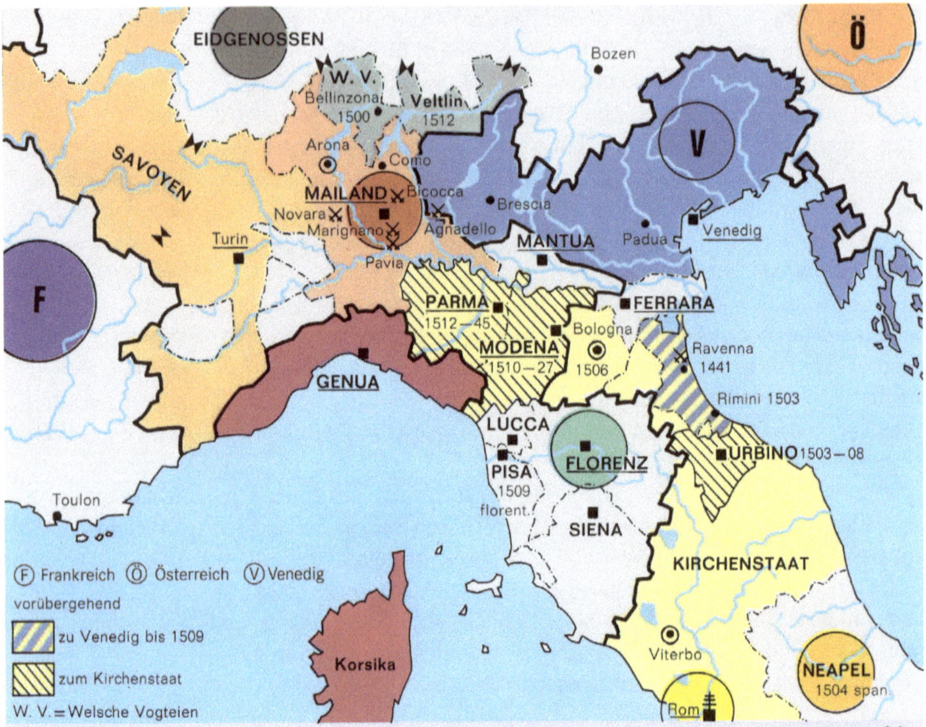

Abb. 3

Italien um 1500

Italien am Beginn der Neuzeit

4.3

Die Apenninenhalbinsel war seit dem Ende der Antike in verschiedene kleinere und größere Staaten zerfallen, zwischen denen ein Gleichgewicht herrschte, das heißt es gab keinen dominierenden Staat.

Info

Prinzip des Gleichgewichts

Der Begriff **Gleichgewicht** war ein Zentralbegriff der Frühen Neuzeit und auch weit über diese hinaus. Er entstand ursprünglich im spätmittelalterlichen Italien, wo dieses Gleichgewicht *(bilancia)* der Idee der **HEGEMONIE**, also der Vorherrschaft einer bestimmten Macht gegenüberstand. Die Metapher für dieses Gleichgewicht ist die Waage, in deren Schalen die Zusammenschlüsse von Staaten verschiedener Größe und Stärke sich „die Waage halten" oder „im Gleichgewicht sind".
Später wurde dieses Prinzip auf die europäische Politik angewandt, und man versuchte die zu große Machtstellung eines einzelnen Staates durch Bündnisse zu verhindern. Solche Versuche eine Hegemonie in Europa zu gewinnen, waren vor allem unter Kaiser Karl V. und König Ludwig XIV. von Frankreich nahe an der Verwirklichung.
Auch nach der Frühen Neuzeit blieb dieser Begriff des Gleichgewichts in der politischen Sprache erhalten, so sprach man im 20. Jahrhundert angesichts der Aufrüstung der Supermächte vom „Gleichgewicht des Schreckens".

HEGEMONIE Vorherrschaft eines Staates in politischer, wirtschaftlicher und kultureller Hinsicht.

Im Süden der Halbinsel war nach komplizierten politischen Verhältnissen im späten Mittelalter – in denen **Sizilien und das Königreich Neapel** teils vereint, teils getrennt waren – ein Kampf zwischen Frankreich und Spanien um dieses Gebiet entstanden. Der französische König Karl VIII. (1470–1498) reklamierte das Territorium für sich, nach einem Krieg von 1501–1504 ging es an König Ferdinand V. von Aragón und Sizilien (1452–1516).

Der zweite große Feudalstaat, der die Mitte Italiens einnahm, war der **Kirchenstaat** (**PATRIMONIUM PETRI**), technisch gesprochen eine Wahlmonarchie, weil die Päpste ja durch das jeweilige **KONKLAVE** gewählt wurden. Dieser Staat geht auf die umstrittene Pippinsche Schenkung des frühen Mittelalters zurück, deren ursprünglicher Umfang erst im 15. Jahrhundert mit der Erwerbung Parmas, Modenas, Bolognas, der Romagna und Perugias erreicht wurde.

Im späten Mittelalter hatten sich neben den größeren Feudalstaaten auch **Stadtherrschaften** (*Signorien*) gebildet, die meist auch das umliegende Land beherrschten. Die jeweiligen Diktatoren bildeten Dynastien, die oft längere Zeit überlebten. Einflussreich waren die Medici in Florenz, die Este in Ferrara, die Gonzaga in Mantua, die Montefeltre in Urbino, oder

PATRIMONIUM PETRI (Vermögen des Apostels Petrus) entstand im frühen Mittelalter aus der Pippinschen Schenkung. Der Kirchenstaat als weltlicher Herrschaftsbereich der Päpste bestand bis 1870.

KONKLAVE Versammlung der Kardinäle der römisch-katholischen Kirche, um einen neuen Papst zu wählen.

die Malatesta in Rimini, die alle neben ihrer politischen auch eine große kulturelle Bedeutung hatten. Die Residenzen waren Zentren der Renaissancekunst, die in Konkurrenz zueinander ein bedeutendes Mäzenatentum der Kunst entwickelten.

Der Norden Italiens gehörte theoretisch als Lehen zum Heiligen Römischen Reich, allerdings war der Einfluss des Kaisers eher gering. Das Haus Savoyen, das Gebiete in Frankreich beherrschte, hatte auch reichen Besitz in **Piemont** in Oberitalien mit dem Zentrum in Turin. Eine strategische Schlüsselposition nahm das Herzogtum **Mailand** unter den Sforza ein, es war daher von den Habsburgern und den Franzosen besonders umkämpft. Wirtschaftlich, aber auch kulturell sehr wichtig waren die beiden großen Hafenstädte Genua und Venedig. **Genua**, das von den Konflikten verschiedener Adelsgeschlechter (vor allem Doria und Spinola) geschüttelt wurde, unterlag in seinen Handelsbestrebungen Venedig, das zur führenden Macht im Mittelmeer aufstieg.

Der Inselstaat **Venedig** hatte seit dem Beginn des 15. Jahrhunderts Gebiete am Festland erworben (die so genannte *Terra ferma*). Die wichtigste Einkommensquelle der Stadt war der Handel mit der Levante, was Venedig zur Drehscheibe des Handels mit Luxusgütern in Europa machte. Auch in der Diplomatie, die sehr fortschrittlich war, waren die Venezianer sehr tüchtig und hatten eines der besten Informationsnetzwerke im Europa der Frühen Neuzeit.

DOGE Das Wort ist abgeleitet von lateinisch dux (Anführer) und bezeichnet das gewählte Staatsoberhaupt der Republik Venedig.

PROKURATOR war in Venedig der Verwalter des Vermögens der Republik.

Einzigartig war die Verfassung Venedigs, die von der Schließung des Großen Rates 1297 bis zum Ende der Republik 1797 im Wesentlichen gleich blieb. Die größten Teile der Bevölkerung waren von der Macht ausgeschlossen, es war eine oligarchische Herrschaft des Adels, die auf einer Ausbalancierung der Interessen beruhte. Alle Ämter wie **DOGE** oder **PROKURATOR** wurden nur auf kurze Zeit vergeben und kontrollierten sich gegenseitig. Der große Rat, in dem eine festgelegte Gruppe von Adeligen vertreten war, wählte den Dogen, aber auch andere Funktionäre der Stadt sowie die Botschafter und Oberbefehlshaber der Marine.

Info

Wahl des Dogen

QUORUM Die festgelegte Zahl der Stimmberechtigten, die für eine gültige Abstimmung erforderlich waren.

▶ Die **Wahl des Dogen** folgte einem eigenartigen Ritual. Jedes Mitglied des großen Rates konnte gewählt werden und deponierte eine Loskugel in der Wahlurne. Auf dem Markusplatz wurde dann ein etwa zehnjähriger Knabe ausgewählt, der aus der Urne 30 Loskugeln zog, die durch Los auf 9 reduziert wurde. Diese 9 wählten 40, die dann wieder durch Los auf 12 reduziert wurden. Diese 12 wählten nun 25, die wieder durch Los auf 9 reduziert wurden. Diese wählten 45, die wieder durch Los auf 11 reduziert wurden. Diese 11 wählten 41, die nun endlich den Dogen zur Billigung durch den Großen Rat nominierten. Das **QUORUM** für die Wahl waren 25 Stimmen.

Literatur

Werner Goez, **Grundzüge der Geschichte Italiens in Mittelalter und Renaissance**, Darmstadt 3. Auflage 1988.
Rudolf Lill, **Geschichte Italiens in der Neuzeit**, Darmstadt 4. Auflage 1988.
Volker Reinhardt, **Die Renaissance in Italien.** Geschichte und Kultur, München 2012.
Volker Reinhardt, **Geschichte Italiens.** Von der Spätantike bis zur Gegenwart, München 4. Auflage 2011.

4.4 Das Osmanische Reich als Bedrohung Europas

Der mächtigste und gefürchtetste Staat der Frühen Neuzeit in Europa war das Osmanische Reich. Entstanden war dieser Staat gegen Ende des 13. Jahrhunderts aus der kleinen Kernzelle des Siedlungsgebietes des islamisierten Stammes der Türken in Anatolien. Der Führer dieses Stammes, Osman I. (1258–1326), nannte sich Sultan und begründete eine bis 1922 regierende Dynastie. Die Bezeichnung „Türke" gewann erst im 19. Jahrhundert im Osmanischen Reich eine positive Bedeutung. Heute sollte man, wenn man von der Frühen Neuzeit spricht, den Begriff *Osmanen*, nicht *Türken* verwenden, obwohl es natürlich eingebürgerte Begriffe gibt, die immer noch gebraucht werden (Türkenkriege, Türkenbelagerung etc.). Im Laufe des Mittelalters breitete sich dieses Reich in Kleinasien und auf den Balkan aus.

Zwei Elemente bestimmten den langfristigen Erfolg des Osmanischen Reiches:

1. Die Dynamik des Islam, die zu einer Eroberungs- und Missionierungspolitik führte.
2. Die Staatsorganisation (Armee und Verwaltung), die dem Staat eine große Festigkeit verlieh.

Die Idee des Heiligen Krieges (Djihad oder Dschihad) gegen die „Ungläubigen" konnte sehr gut für die Expansion eingesetzt werden. Das wachsende Gebiet wurde allerdings auch sehr gekonnt verwaltet. Ein wesentliches Mittel der Ergänzung der osmanischen Oberschicht war die so genannte **Knabenlese**. Dabei wurden auf dem Balkan christliche Kinder als „Zins" gesammelt und in Istanbul zu fanatischen Muslimen erzogen. In dieser Doppelstrategie beraubte man die unterworfenen Balkanvölker potentieller Eliten und schuf mit der so genannten *Devşirme-Klasse* eine völlig vom Sultan abhängige Gruppe von Untertanen. Aus dieser Klasse wurden die gefürchteten *Janitscharen* (eine Infanterietruppe) und die Verwaltung (bis zum Großwesir) rekrutiert. Die Angehörigen der Devşirme-Klasse waren „Sklaven des Sultans" und durften ursprünglich auch nicht heiraten, sodass nur die Tüchtigkeit entscheidend war.

Der Aufstieg des Osmanischen Reiches (1453 – 1683)

- Osmanisches Reich bis 1453
- Eroberungen 1453 – 1512
- Eroberungen Sultan Selims I. (1512 – 1520)
- Eroberungen Sultan Suleimans I. (1520 – 1566)
- Eroberungen (1566 – 1683)

Bandkolorite stehen in Europa für tributäre Fürstentümer, in Asien für Gebietsverluste.

- persische Eroberungen
- Hauptverkehrswege

Abb. 4

Das Osmanische Reich

Info

Der Aufstieg des Osmanischen Reiches

- 1354 Eroberung von Gallipoli (Fußfassen in Europa)
- 1361 Einnahme von Adrianopel, der zweitgrößten byzantinischen Stadt
- 1389 Schlacht auf dem Amselfeld (Vernichtung des serbischen Reiches)
- 1402 Die Mogolen besiegen in der Schlacht bei Ankara die Osmanen
- 1453 Eroberung der Stadt Konstantinopel (Ende des Byzantinischen Reiches)
- 1514 Schlacht von Tschaldiran, Sultan Selim I. (1470–1520) gewinnt Ostanatolien von den persischen Safawiden
- 1516/17 Sultan Selim I. erobert Syrien, Nord-Mesopotamien, Ägypten und die Heiligen Stätten Mekka und Medina
- 1521 Sultan Süleyman erobert Belgrad
- 1522 Die Johanniter auf Rhodos kapitulieren
- 1526 Schlacht bei Mohács gegen Ungarn
- 1529 Erste Belagerung Wiens durch die Osmanen

Die Lehensleute des Sultans (Inhaber der *Timare*) mussten die Kavallerie (*Sipahis*) stellen, daneben gab es eine sehr fortschrittliche Artillerie (mit oft aus dem Westen stammenden Spezialisten). Diese stehende Armee war den europäischen Staaten weit überlegen. Um die Gegner zu verängstigen, setzte man auch noch irreguläre Truppen auf Beutebasis ein, die Tataren, genannt *Akınçı* (oft auch „Renner und Brenner“), die Dörfer überfielen, Vieh und Frauen, Kinder und junge Männer, die als Sklaven geeignet waren, wegschleppten und die Häuser anzündeten. Diese Truppen prägten das Bild der grausamen „Türken“, die man auch religiös als „Erbfeinde der Christenheit“ hasste, entscheidend.

Aufgaben zum Selbsttest

- Vergleichen Sie das gesellschaftliche System des Osmanischen Reiches mit dem des „Westens“. Wo liegen die wesentlichen Unterschiede? Wodurch konnte das Osmanische Reich in der Frühen Neuzeit so mächtig sein?

Literatur

Suraiya Faroqhi, **Geschichte des Osmanischen Reiches,** München 7. Auflage 2018.
Klaus Kreiser, **Der Osmanische Staat 1300–1922** (Oldenbourg Grundriss der Geschichte 30), München 2. Auflage 2008.
Josef Matuz, **Das Osmanische Reich.** Grundlinien seiner Geschichte, Darmstadt 4. Auflage 2006.

4.5 | Der Aufstieg der Habsburger

Die Habsburger stammen ursprünglich aus der Schweiz, wo im Kanton Aargau auch die namengebende „Habichtsburg“ liegt. Sie hatten ausgedehnten Streubesitz in Süddeutschland bis ins Elsass. Auch in ihren sozialen Netzwerken waren sie sehr verflochten mit den großen Familien des Reiches, zu denen in mehreren Generationen Ehebeziehungen bestanden. Als Rudolf I. (1218–1291) daher 1273 zum Herrscher im Heiligen Römischen Reich gewählt wurde, war er keineswegs der „arme Graf“, wie sein Gegenspieler der böhmische König Přemysl Ottokar (1232–1278) verbreiten ließ. Mit dieser Wahl begann der Aufstieg der Habsburger, die sich 1282 in den „österreichischen Ländern“ (dem heutigen Osten Österreichs), wo die Dynastie der Babenberger kurz zuvor ausgestorben war, festsetzten. Dieses Gebiet sollte bis 1918 das Zentrum der habsburgischen Herrschaft in Mitteleuropa bleiben.

Im späten Mittelalter war diese Dynastie – europäisch gesehen – nur von geringer Bedeutung, die Herrschaftsteilungen schwächten ihre Macht und im Reich standen sie in Konkurrenz zu anderen großen Familien und konnten bis in die Mitte des 15. Jahrhunderts nur selten Herrscher des Reiches stellen.

Eine Wende trat 1438 ein, als der Habsburger Albrecht II. (1397–1439), der durch seine Ehe mit der Tochter des Luxemburgers Sigismund (1368–1437) Böhmen und Ungarn gewonnen hatte, zum römisch-deutschen König gewählt wurde. Er starb zwar sehr jung, aber von da an wurden die Habsburger regelmäßig zu Herrschern im Heiligen Römischen Reich gewählt. Böhmen und Ungarn gingen für seinen Nachfolger im Reich Kaiser Friedrich III. (1415–1493), der 1452 in Rom vom Papst zum Kaiser gekrönt wurde, zwar verloren, waren aber weiterhin Ziel der habsburgischen Expansions- und **Heiratspolitik**. In den Jahrzehnten um 1500 wurde eine Reihe von Ehen geschlossen, durch die das Haus Habsburg seine Besitzungen in Europa erheblich vermehrte und zu einer Großmacht der Zeit aufstieg.

Der oft zitierte Spruch *Bella gerant alii, tu felix Austria nube, nam que Mars aliis, dat tibi regna Venus* (andere mögen Kriege führen, Du glückliches Österreich heirate. Denn was anderen der Gott Mars gibt, gibt Dir die Herrschaft der Venus) wurde geradezu zu einem Motto der habsburgischen Politik.

1477 heiratete der Sohn Friedrichs III., Maximilian I., Maria von Burgund (1457–1482). Durch diese Heirat erwarben die Habsburger **Burgund**, ein Staatsgebilde, das in den heutigen Benelux-Staaten und in Frankreich situiert war. Dieses war entstanden durch die Herrschaftsbildung einer Seitenlinie des französischen Königshauses der Valois, sie waren mit einem Teil ihrer Besitzungen von Frankreich, mit einem anderen Teil vom Kaiser des Reiches lehensabhängig. Der letzte Herzog, Karl der Kühne (1433–1477), hatte versucht die „oberen und die niederen Lande" durch die Erwerbung Lothringens zu verbinden und das Staatsgebilde zu einem Königtum zu machen. Dadurch kam er in Gegnerschaft zur Schweizerischen Eidgenossenschaft, was ihn mit den Habsburgern zusammenführte.

Maria starb schon nach kurzer Ehe und hinterließ mit Philipp dem Schönen (1478–1506) einen Erben. Maximilian I. gelang es das burgundische Erbe gegen die Ansprüche Frankreichs zu verteidigen. Durch die Erwerbung Burgunds geriet die Familie Habsburg auch in einen langwierigen Konflikt mit Frankreich (der letztlich bis ins 18. Jahrhundert anhielt).

Burgund war ein wirtschaftlich und kulturell sehr entwickeltes Land und wurde dadurch für die Habsburger sehr wichtig, die sich durch diese Erwerbung außerdem im Westen Europas festsetzten. Auch der heute noch bestehende Familienorden des Hauses Habsburg, der Orden vom Goldenen Vlies, und eine neue Art der Hofverwaltung und des Zeremoniells (daraus entwickelte sich das strenge spanische Hofzeremoniell) wurden aus Burgund übernommen.

Die zweite erfolgreiche Ehe, die **spanische Doppelhochzeit** zwischen Philipp dem Schönen und Johanna von Kastilien und Aragón (1479–1555) sowie gleichzeitig zwischen Juan von Kastilien und Aragón (1478–1497) und der Habsburgerin Margarethe (1480–1530) entstand aus diesem Kontext der Zusammenarbeit gegen Frankreich in Italien. Außerdem hoben sich bei einer solchen Doppelhochzeit die Mitgiftforderungen gegenseitig auf, was dem stets in Finanznöten befindlichen Maximilian sehr recht war. Verbunden war die Eheschließung mit gegenseitigen Erbverträgen und durch einige für die Habsburger günstige Todesfälle – vor allem Infant Juan starb sehr jung – konnte die habsburgische Dynastie das Erbe in Spanien und seinen Nebenländern (Teile Italiens, Neue Welt) antreten.

Die beiden Söhne Philipps und Juanas – Karl (als spanischer König Carlos I., als Kaiser Karl V.) und Ferdinand I. – gründeten die beiden Linien der Habsburger in Spanien und Österreich. Durch die Festsetzung der Habsburger in Spanien verstärkte sich der Konflikt mit Frankreich, das sich an allen Seiten von habsburgischen Territorien umgeben sah. Die Kämpfe in Italien sind – neben der Expansionspolitik der Staaten – auch unter diesem Gesichtspunkt zu sehen.

Maximilian I. hatte nicht nur die spanische Hochzeit eingefädelt, sondern 1515 in Wien auch mit seinem Nachbarn, König Władysław II. (1456–1516) aus der polnischen Dynastie der Jagiełłonen eine weitere **Doppelhochzeit mit dem König von Böhmen und Ungarn** vereinbart. Der Sohn Władysławs, der junge Ludwig II. (1506–1526) wurde mit der Enkelin Maximilians, der Habsburgerin Maria (1505–1558) verheiratet und Maximilian selbst „heiratete" stellvertretend für einen seiner Enkel Ludwigs Schwester Anna Jagiełło (1503–1547). In diesen Heiratsvertrag stieg später (1521) Ferdinand I. ein.

Info

Kämpfe der Habsburger mit Frankreich in Italien

- 1493 Im Vertrag von Senlis bestätigt Frankreich Maximilian I. das burgundische Erbe
- 1494 Der französische König Karl VIII. rückt in Italien ein
- 1495 Gegen die französische Expansionspolitik bildet sich die Liga von Venedig (Mailand, Venedig, Papst, Spanien und Maximilian I.)
- 1496 Doppelhochzeit der Habsburger mit Spanien
- 1500 Vertrag von Granada über die Aufteilung Süditaliens zwischen Frankreich und Spanien
- 1500 Ludwig XII. von Frankreich erobert Mailand
- 1504 Vertrag von Blois, Unteritalien fällt an Spanien
- 1508 Liga von Cambrai zwischen Papst, Venedig, Spanien, den Eidgenossen, England und Maximilian I.
- 1511 Gründung der Heiligen Liga zur Befreiung Italiens
- 1515 Sieg König Franz I. von Frankreich bei Marignano über die Eidgenossen
- 1516 Vertrag von Noyon zwischen Frankreich und Spanien

Als Ludwig in der Schlacht von Mohács gegen die Osmanen 1526 starb, beanspruchte Ferdinand dessen Erbe. Zwar konnte er Böhmen relativ problemlos an sich bringen, in Ungarn kam es zu einer Doppelwahl, einem Bürgerkrieg und einem Einmischen der Osmanen, was langfristig zu einer Dreiteilung Ungarns führte. Erst Ende des 17. Jahrhunderts, nach fast zwei Jahrhunderten Kleinkrieg konnte ganz Ungarn (im alten Sinn umfasste das auch die heutige Slowakei, Teile Rumäniens, Kroatien und Teile Serbiens und Österreichs) von den Habsburgern erworben werden. Damit kam man dem so genannten „Aufstieg zur Großmacht" näher.

Durch den Konflikt mit Ungarn hatte man aber einen anderen langfristigen Gegner auf den Plan gerufen, das Osmanische Reich; die Auseinandersetzungen mit diesem mächtigen Staat prägten die Geschichte Mitteleuropas für lange Zeit.

Aufgaben zum Selbsttest

- In welchen europäischen Ländern von heute waren die Habsburger an der Herrschaft?
- Wie ist das Klischee, dass die Habsburger ihre Territorien „erheiratet" haben, zu erklären?

Literatur

Arno Strohmeyer, **Die Habsburger Reiche 1555–1740**. Herrschaft, Gesellschaft, Politik, Darmstadt 2012.

Brigitte Vacha (Hg.), **Die Habsburger**. Eine europäische Familiengeschichte, Graz-Wien u. a. 1992.

Karl Vocelka, **„Tu felix Austria nube". Die Europäisierung der habsburgischen Großmachtpolitik**, in: Klaus Herbers/Florian Schuller (Hg.), Europa im 15. Jahrhundert. Herbst des Mittelalters – Frühling der Neuzeit? Regensburg 2012, S. 204–212.

Karl Vocelka, **Die Familien Habsburg und Habsburg-Lothringen**. Politik – Kultur – Mentalität, Wien-Köln-Weimar 2010.

Europa und die Welt an der Zeitenwende

5

Überblick

Gebildete Europäer wussten im Mittelalter von zwei Kontinenten außerhalb Europas, allerdings im Detail nur etwas über den Nordrand Afrikas und den Vorderen Orient am asiatischen Kontinent. Durch die Mönchsreisen des Mittelalters erfuhr man allerdings auch einiges über Ostasien. Am bekanntesten ist vielleicht das Buch *Il Milione* des venezianischen Kaufmanns Marco Polo (um 1254–1324), bei dem die Wissenschaftler aber Zweifel hegen, ob er wirklich alle Orte besucht hat, von denen er schreibt. Das Wissen über die fernen Länder Ostasiens, aus denen man Waren wie Gewürze, Porzellan oder Seide bezog, veranlasste die Europäer den Zwischenhandel auszuschalten und selbst mit diesen Ländern in Kontakt zu treten. Die Gebildeten wussten auch schon im Mittelalter, dass die Erde keine Scheibe, sondern eine Kugel ist, deren Größe man allerdings nicht richtig einschätzte. Der Globus des Nürnberger Tuchhändlers Martin Behaim (1459–1507) aus dem Jahr 1492 bezeugt diese Vorstellungen seiner Zeit.

Neu entwickelte oder verbesserte Messgeräte (**ASTROLABIUM**, **QUADRANT**) für die Orientierung auf dem Meer, der Kompass und neue Schiffsformen lieferten die technischen Möglichkeiten für die „Entdeckungen“ der Frühen Neuzeit. Das Wort Entdeckungen spiegelt zugleich den **EUROZENTRISMUS** in der Beurteilungsperspektive, zumal die neu „entdeckten“ beiden Amerikas ebenso wie der Osten Asiens eigenständige und sehr hochstehende Kulturen entwickelt hatten.

ASTROLABIUM Scheibenförmiges astronomisches Instrument, das die Sterne und die Jahresbahn der Sonne darstellt. Man kann damit die Position der Sterne ablesen und die Himmelsrichtung sowie die Uhrzeit bestimmen.

QUADRANT Astronomisches Gerät, mit dem die Höhenwinkel und Positionen der Gestirne bestimmt wurden.

EUROZENTRISMUS Die Beurteilung anderer Kulturen aus dem Blickwinkel Europas, das als Zentrum des Denkens und der Werte angesehen wird.

Die „Entdeckungsfahrten“ am Beginn der Neuzeit

5.1

Die ersten Versuche, Ostasien direkt zu erreichen und damit den Ostindien-Handel selbst in die Hand zu nehmen, gingen vom portugiesischen König Heinrich dem Seefahrer (1394–1460) aus. Die Vorgehensweise der

Abb. 5

Die spanisch-portugiesischen Entdeckungsreisen und der frühe Kolonialismus

Indischer Ozean
Pazifischer Ozean
Pelze
Seide
Vasco da Gama 1497/98
Covilham 1488/90
Drake 1577/80
Magellan 1521
Rodriguez u. Legazpi 1564/65
Rodriguez u. Espinoza 1565
Mendaña 1567/69
Mendaña u. Quiros 1595/96
Villalobos 1542/44
de la Torre 1544/45
Franz Xaver 1549/51
Franz Xaver 1545
Franz Xaver 1546
Pinto 1543
Pinto 1546
Mascarenhas 1517
Perestrello 1514/16
Diogo Lopez de Sequeira 1509/10
Antonio d'Abreu 1511
Ortiz de Retes 1545
N. Conti 1419/44
Nikitin 1466/73
Covilham 1491/92
Covilham 1483
Diogo Diaz 1500
Pedro Mascarenhas 1513
Suaraz 1506
1522 port.
1511 port.
Willoughby 1553
Barents 1596
Burrough 1556
Jermak 1581/84
Nordl. Wendekreis
Äquator
Südl. Wendekreis
© Westermann
Winkels Tripelprojektion
(Nachbildung verboten)
Reisen
hundert
See- und Landreisen:
Spanier
Portugiesen
Italiener
Russen
Engländer
Deutsche
Reise des Jesuiten Franz Xaver, des Apostels von Indien
Cabral 1500 Namen der Seefahrer und Entdecker mit Jahresangabe des Unternehmens

Abb. 6

Weltkarte Waldseemüller 1507

Portugiesen war verhältnismäßig konservativ, sie segelten entlang der Küste Afrikas nach Süden und erhofften sich, mit der Umsegelung dieses Kontinents einen Weg nach Ostasien zu finden.

Mit jeder Seemeile gelangte man weiter in den Süden, umschiffte 1434 das gefährliche Kap Bojador, erreichte 1456 die Kapverdischen Inseln und 1472 den Golf von Guinea und begann hier einen gewinnbringenden Sklavenhandel. Unter König Johann II. von Portugal (1455–1495) wurden diese Reisen fortgesetzt und 1487/88 erreichte Bartolomeu Diaz (um 1451–1500) die Südspitze Afrikas. Der nächste große Schritt war die Umsegelung des Kaps der Guten Hoffnung durch Vasco da Gama (1469–1524), der bis Indien vordrang.

Ganz anders war der Plan, den der vermutlich aus Genua stammende **Christoph Kolumbus** oder Christophoro Colombo (1451–1506) verfolgte. Er wollte immer nach Westen auf das offene Meer hinaus fahren, um somit Ostasien zu erreichen. Nach langen Versuchen gelang es ihm nach dem Fall von Granada die katholischen Könige Ferdinand und Isabella von seinem Projekt zur überzeugen. Er wurde zum Admiral des Ozeanischen Meeres und zum Vizekönig und Gouverneur aller von ihm entdeckten Gebiete ernannt und brach am 3. August 1492 mit drei Schiffen (*Santa Maria, Niña* und *Pinta*) von Spanien aus auf und landete am 12. Oktober (heute ist der Columbus Day oder Día de la Raza ein Feiertag in den meisten Staaten der beiden Amerikas) auf der Insel Guanahani (Bahamas), die er *San Salvador* taufte. Kolumbus war sich nicht bewusst, dass er eine „Neue Welt“, den amerikanischen Doppelkontinent, entdeckt hatte, sondern glaubte, in Asien zu sein, was sich in Bezeichnungen wie „Indianer“ für die **INDIGENE** Bevölkerung oder Westindien für die Inseln der Karibik spiegelt. Die neu entdeckten Gebiete wurden nicht nach ihrem „Entdecker“ Kolumbus benannt, sondern nach dem Florentiner Amerigo Vespucci (1452/54–1512), der die Küste Südamerikas „entdeckte“. Der Deutsche Martin Waldseemüller (um 1470–1520) verwendete diesen Begriff erstmals auf seiner Weltkarte.

INDIGEN heißt eingeboren, gemeint sind in unserem Zusammenhang jene Völker (oft auch Ureinwohner genannt), die durch die Eroberung und Kolonisation marginalisiert wurden.

Viele andere Fahrten vermehrten das Wissen um die beiden Amerikas. Sicherlich eine der wichtigsten „Entdeckungen“ war die Fahrt von Pedro Álvarez Cabral (um 1467–um 1526), der 1500 an der **Küste Brasiliens** landete und dieses Land, das östlich der Tordesillas-Linie (→ vgl. S. 51) lag, für Portugal in Besitz nahm. Daher wird in diesem einzigen Land Lateinamerikas bis heute Portugiesisch und nicht Spanisch gesprochen. Ein weniger wirtschaftlich als intellektuell wichtiges Ereignis war die erste Weltumseglung durch den Portugiesen in spanischen Diensten Ferdinand Magellan oder Fernão de Magalhães (1480–1521), durch die man die Kugelgestalt der Erde empirisch bewiesen hatte. Die Umsegelung des Globus war durch die Entdeckung der Magellanstraße an der Südspitze Amerikas möglich.

Die Konkurrenz zwischen Spanien und Portugal endete 1580, als die spanischen Habsburger nach dem Aussterben der Dynastie Avis die Herrschaft über Portugal übernahmen, die erst 1640 mit dem Aufstand des Herzogs von Braganza, der als Johann IV. (1604–1656) der Begründer einer neuen portugiesischen Dynastie wurde, endete.

Aufgaben zum Selbsttest

- Problematisieren Sie den Begriff „Entdeckungen“.
- Welche „Entdecker“ waren für die Kenntnis der Welt besonders wichtig?

Literatur

Francisco Bethencourt (Hg.), **Portuguese Oceanic Expansion**, 1400–1800, Cambridge 2007.
Urs Bitterli, **Die Entdeckung Amerikas**, Von Kolumbus bis Alexander von Humboldt, München 4. Auflage 2006.
Günther Hamann, **Der Eintritt der südlichen Hemisphäre in die europäische Geschichte**. Die Erschließung des Afrikaweges nach Asien vom Zeitalter Heinrichs des Seefahrers bis zu Vasco da Gama, Wien-Graz 1968.
Fernand Salentiny, **Die Gewürzroute**, Die Entdeckung des Seewegs nach Asien. Portugals Aufstieg zur ersten europäischen See- und Handelsmacht, Köln 1991.

5.2 | Früher Kolonialismus und die Europäisierung der beiden Amerikas

Die **Folgen der Entdeckung** und kolonialen Erschließung der beiden Amerikas waren gewaltig. Für die indigene Bevölkerung der Neuen Welt bedeutete es eine bis an die Ausrottung gehende Reduzierung der Bevölkerungszahlen. Aus Europa mitgebrachte Krankheiten wie die Pocken und der Typhus waren für die „Indianer" tödlich und große Teile der Urbewohner (bis zu 75 Prozent) starben.

Ein wesentliches und sehr vielschichtiges Phänomen ist der Kulturtransfer zwischen den Kontinenten. Vordergründig weiß man, dass Pflanzen und Tiere aus der Neuen Welt (z.B. Kartoffel, Kürbis, Mais, Paprika, Tomaten, Avocados und Bohnen, Truthahn) nach Europa kamen. Aber das ist nur ein Teil des großen botanischen Austausches zwischen den neuen Kontinenten, Europa, Asien und Afrika. Nutzpflanzen wie die Bananen, Dattelpalmen, verschiedene Gewürze, Kaffee und Zuckerohr kamen aus Asien in die Neue Welt, von dort fanden Kartoffeln, Mais, Tabak, Vanille, Ananas, Kautschuk und Avocados ihren Weg nach Asien. Asien transferierte andererseits Bananen, Gewürze, Tee und Kaffee nach Afrika, das aus Amerika Pflanzen wie Ananas, Maniok, Vanille, Kakao und Avocados bekam, der europäische Kontinent lieferte dann noch den Ölbaum, die Zitrusfrüchte und den Weinstock in die Neue Welt. Auch bei den Tieren war der Austausch ähnlich groß, vor allem Pferd, Rind und Schaf gediehen in den beiden Amerikas sehr gut.

| **Abb. 7**

Transkontinentaler Pflanzenaustausch

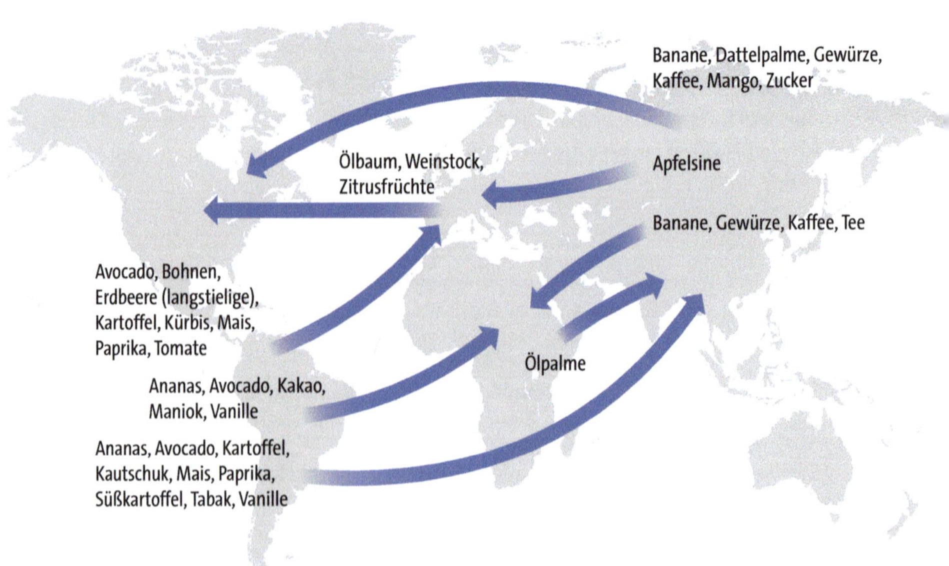

Wirtschaftlich besonders produktiv waren Baumwolle und Zuckerrohr, aber auch Tabak, die in der **PLANTAGENWIRTSCHAFT** der Karibik und in Amerika gute Erträge brachten. Die Karibik war lange Zeit der wichtigste Produzent von Zucker (den man erst im 19. Jahrhundert auch aus Zuckerrüben gewinnen konnte) und Rum (Zuckerrohrschnaps).

PLANTAGEN sind landwirtschaftliche Großbetriebe, die durch billige Arbeitskräfte, oft Sklaven bewirtschaftet werden.

Einen gewaltigen Einfluss auf die indigene Bevölkerung bewirkte die **Missionierung und Zwangschristianisierung**. Schon im Mittelalter waren die Portugiesen vom Papst ermächtigt worden, Asien zu christianisieren, woraus sie auch ein Handelsmonopol ableiteten. Papst Alexander VI. Borgia (1431 – 1503) legte mit dem Vertrag von Tordesillas 1494 eine Grenze zwischen dem Einflussbereich Spaniens und Portugals fest (etwa 38° westlicher Breite). Die Weltmission wurde von den Orden, besonders den Franziskanern und Jesuiten getragen. Symbolgestalt der Weltmission des Jesuitenordens ist der Ordensheilige Franz Xaver (1506 – 1552), der in China, in Südostasien und in Japan wirkte.

Auch im Hinblick auf die **Gründung von Kolonien** verhielten sich Portugiesen und Spanier sehr unterschiedlich. Die Hauptinteressen der Portugiesen lagen im Handel mit Asien, weniger im Erwerb von Siedlungs-Kolonien. Von Ceylon bis Japan reichte das Netz der portugiesischen Stützpunkte, in denen nur einige Tausend Portugiesen lebten, die aber den Handel mit Gewürzen und Baumwolle abwickelten, mit dem enorme Gewinne erzielt werden konnten. Der lange Weg (40.000 km) von Europa nach Asien wurde in eineinhalb Jahren zurückgelegt, die Schiffe wurden von Piloten (die auch aus anderen Nationen stammten) geführt, deren *Roteiros* (geheime Logbücher) die Überlegenheit der Portugiesen begründeten. Leider sind diese wichtigen Quellen beim großen Erdbeben in Lissabon 1755 vernichtet worden.

Die Spanier hingegen erwarben einige Jahrzehnte nach der ersten Reise von Kolumbus große Gebiete in Süd- und Mittelamerika. Diese Eroberung des Festlandes erfolgte durch so genannte **KONQUISTADOREN**, brutale Abenteurer, die von der Gier nach Gold getrieben wurden. Hernán Cortés (1485 – 1547) versuchte mit ca. 500 Spaniern sein Glück in Mexiko und marschierte – verbündet mit einheimischen Stämmen – zur Hauptstadt des Aztekenreiches Tenochtitlán. Der Herrscher der Azteken Montezuma II. (um 1465 – 1520) bereitete ihnen einen freundlichen Empfang, wurde aber letztlich umgebracht. Die Gier nach Gold und anderen Schätzen sowie die brutale Durchsetzung des Christentums vernichteten die hochstehende Kultur. Viele Azteken wurden brutal hingeschlachtet. Cortés wurde 1522 Gouverneur dieses Gebietes, das Neu-Spanien genannt wurde. Die **Ausbeutung der Ressourcen** des Landes ging bis zum Ende der Kolonialherrschaft weiter.

KONQUISTADOREN Eroberer der neu entdeckten Länder in Lateinamerika, die mit großer Brutalität vorgingen.

Ähnlich ging auch die Eroberung des Inkareiches in Peru vor sich. Francisco Pizarro (1476/1478 – 1541) eroberte mit nur 180 Mann – die Konflikte des Inkaherrschers Atahualpa (um 1500 – 1533) mit seinem Bruder ausnützend – das Reich und gründete Neu-Kastilien. Der letzte Inkaherrscher Atahualpa ließ sich taufen, wurde aber dennoch hingerichtet.

Von diesen ersten Eroberungen ausgehend, dehnten die Spanier ihre Macht und ihr Kolonialgebiet nach Kalifornien und Florida sowie Südamerika aus. Etwa 220 000 Spanier, vorwiegend Männer, gingen in die Neue Welt, dazu kamen die stetig steigenden Zahlen von schwarzen Sklaven, die als Arbeitskräfte auf den Plantagen (zunächst vor allem Zuckerrohrplantagen) eingesetzt wurden. Der Dominikaner Bartolomé de Las Casas (1484/85 – 1566) versuchte die Indios vor der brutalen Behandlung zu schützen und erwirkte entsprechende Gesetze. Eine Folge davon war die Einfuhr afrikanischer Sklaven.

Sklaverei gab es in verschiedenen Teilen der Welt schon lange davor, nicht nur in der Antike, sondern auch im Mittelalter. Diese Fragen sind allerdings ebenso wie der innerafrikanische Sklavenhandel (geschätzt 10 bis 15 Millionen Opfer) oder der orientalische Sklavenhandel (Schätzungen zwischen 6 und 17 Millionen Opfern) wenig erforscht. Durch die Nachfrage von billigen Arbeitskräften in Lateinamerika begann 1526 ein reger Handel mit schwarzen Sklavinnen und Sklaven. Charakteristisch war der so genannte **Dreieckshandel**, der seinen Höhepunkt zwischen 1680 und 1807 erreichte. Europäische Schiffe segelten mit vielfältigen Waren im Oktober nach Afrika (Küste zwischen Kamerun und Liberia), wo man die Waren bei einheimischen Händlern gegen Sklaven (aus der Sierra Leone, Ghana, Nigeria und dem Kongo) tauschte. Im Dezember überquerten die Schiffe den Atlantik, verkauften in der Karibik die Sklaven und luden dann Zucker, Rum und Baumwolle. Im April des nächsten Jahres segelten sie nach Europa und verkauften die Waren dort mit großem Gewinn. Zwei Drittel der Slaven arbeiteten auf den Zuckerrohrplantagen. Die Sterblichkeitsraten bei der Überfuhr schätzt man auf ein Siebentel, insgesamt wurden 12 bis 15 Millionen Afrikaner in die beiden Amerikas verschleppt.

In Mittel-und Südamerika (Lateinamerika) vermischten sich die indigene Bevölkerung (Indios), die Schwarzen und die Europäer langfristig stärker als das in den nordamerikanischen Kolonien der Fall war.

Der wichtigste Gewinn, den Spanien aus den Kolonien zog, war aber die **Einfuhr von Edelmetallen**, vor allem Gold und Silber.

1545 begann man in Potosí (Bolivien) Silber abzubauen, wenig später auch in Zapatecas (Mexiko); die Stadt Potosí entwickelte sich um 1600 mit 120 000 bis 150 000 Einwohnern kurzfristig zu einer der größten Städte der Welt.

Abb. 8

Der europäische Seehandel im Weltmaßstab gesehen, in den Jahren 1500 und 1775

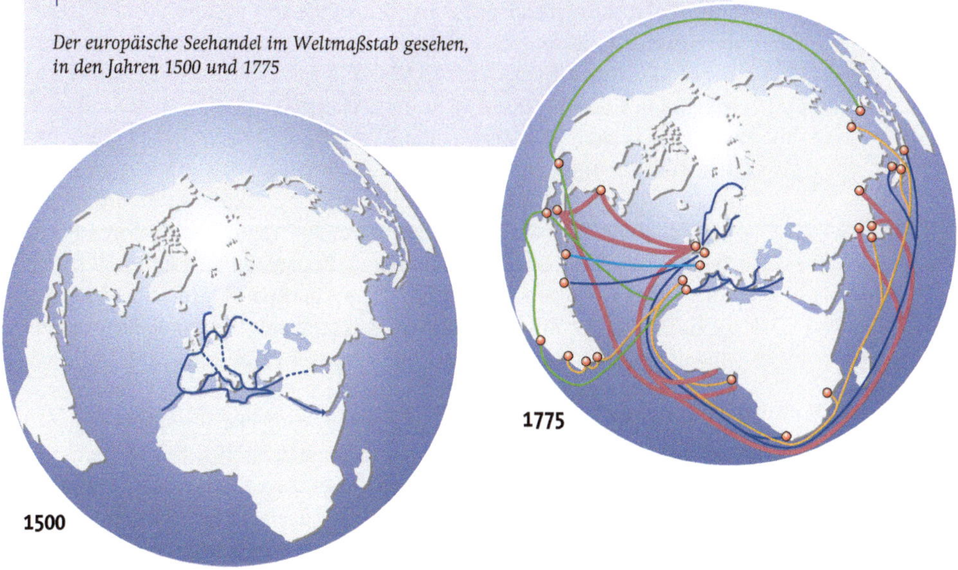

Die gewaltigen Silbermengen (bis zu 270 000 kg im Jahr), die nach Europa kamen (viele Schiffsladungen versanken auch im Atlantik) werden immer wieder für die **Preisrevolution** des späten 16. Jahrhunderts verantwortlich gemacht.

Mit einer gegenüber Spanien und Portugal großen Verspätung nahmen auch andere Mächte im Westen Europas Einfluss auf den Welthandel und wurden zu Kolonialmächten. In den Niederlanden war es die 1602 gegründete *Vereinigte Niederländische Ostindien Kompanie*, die vor allem in Indonesien Stützpunkte anlegte (Batavia, heute Jakarta).

Die beiden großen Kolonialmächte, die in der Frühen Neuzeit, aber auch in weiterer Folge im langen 19. Jahrhundert in Konkurrenz zuei-

Info

Preisrevolution

▶ Im 16. Jahrhundert kam es zu einer gewaltigen Preiserhöhung vor allem bei Nahrungsmitteln, teilweise auf das Drei- bis Vierfache, was die Bevölkerung hart traf. Bei der Erklärung dieses Phänomens standen lange Zeit die großen Silbermengen aus der Neuen Welt im Mittelpunkt. Daneben waren auch die so genannten Münzverschlechterungen (Fürsten prägten Münzen mit einem geringeren Silbergehalt und profitierten davon) und die höhere Produktion von Edelmetallen in Europa in Diskussion. Heute sehen Forscherinnen und Forscher die Ursache vor allem in der erhöhten Umlaufgeschwindigkeit des Geldes, die sich steigernd auf das Preisniveau auswirkte.

nander standen, waren **Frankreich und England** bzw. Großbritannien. Die Franzosen setzten sich zunächst in Kanada fest, wo sie Gebiete erwarben, die als Neufrankreich bezeichnet wurden, auch im Süden des nordamerikanischen Kontinents (Louisiana) war der Einfluss Frankreichs stark. Am Ende des Siebenjährigen Krieges (1756–1763), auf Englisch auch *French and Indian War* genannt, verloren die Franzosen diese Gebiete an Großbritannien.

Die frühen englischen Seefahrer und „Entdecker" waren der Piraterie nahe, wie etwa Francis Drake (um 1540–1596), der auch spanische Schiffe plünderte. Eine erste territoriale Festsetzung in Nordamerika erfolgte durch Walter Raleigh (1552/1554–1619) in Virginia, das nach der „jungfräulichen" Königin Elisabeth von England (1533–1603), der *Virgin Queen*, benannt wurde. Immer mehr Siedler kamen ins Land, die auch Krankheiten mitbrachten, durch die die indigene Bevölkerung (*Native Americans* oder *First People*) stark dezimiert wurde. Berühmt sind die 1620 auf der *Mayflower* nach Amerika gekommenen **PURITANISCHEN** *Pilgrim fathers.* Gleichzeitig mit den weißen Siedlern kamen auch schwarze Sklaven (*African Americans*) ins Land. Im Laufe des 17. und 18. Jahrhunderts entstanden die 13 britischen Kolonien an der Ostküste, die zur Keimzelle der späteren USA wurden.

PURITANER Sammelname für verschiedene religiöse Richtungen, die eine weitreichende Reformation unter dem starken Einfluss des Kalvinismus vertreten.

England spielte auch im Asienhandel eine zunehmende Rolle, 1600 wurde die Ostindienkompanie gegründet, die Stützpunkte in Indien anlegte, von denen aus man Handel betrieb. Im Gegensatz zu Nordamerika wurde Indien nicht zu einer Siedlerkolonie. Auch in Indien war Frankreich der Konkurrent Großbritanniens, erst der Sieg bei Plassey 1757 machte klar, dass Großbritannien in der Zukunft die Führungsrolle einnehmen würde. Ende des 18. Jahrhunderts erfolgte dann auch die erste zaghafte Besiedlung Australiens von England aus (Sträflingskolonien) und später auch die Neuseelands.

Aufgaben zum Selbsttest

- Welches unterschiedliche Verhalten zeigten die Spanier und Portugiesen in Bezug auf Entdeckungsfahrten?
- Welche anderen europäischen Mächte waren am Kolonialismus der Frühen Neuzeit beteiligt?

Literatur

Urs Bitterli, **Alte Welt – neue Welt**. Formen des europäisch-überseeischen Kulturkontakts vom 15. bis zum 18. Jahrhundert, München 1992.
Asmut Brückmann, **Die europäische Expansion**. Kolonialismus und Imperialismus 1492–1918, Stuttgart 1993.
Friedrich Edelmayer (Hg.), **Die Neue Welt**. Süd- und Nordamerika in ihrer kolonialen Epoche (Edition Weltregionen 3), Wien 2001.
Herbert S. Klein, **The Atlantic Slave Trade**, Cambridge 2. Auflage 2010.
Jochen Meissner/Ulrich Mücke/Klaus Weber, **Schwarzes Amerika**. Eine Geschichte der Sklaverei, München 2008.
Harm Mögenburg/Heinz-Peter Rauckes, **Sklaverei und Dreieckshandel**. Menschen als Ware, Frankfurt am Main 1988.
Jürgen Osterhammel, **Kolonialismus**. Geschichte – Formen – Folgen, München 8. Auflage 2017.
Renate Pieper, **Die Preisrevolution in Spanien** (1500–1640). Neuere Forschungsergebnisse (Beiträge zur Wirtschafts- und Sozialgeschichte 31), Stuttgart 1985.
Wolfgang Reinhard, **Kleine Geschichte des Kolonialismus**, Stuttgart 2. Auflage 2008.
James Walvin, **A Short History of Slavery**, London 2007.
Reinhard Wendt, **Vom Kolonialismus zur Globalisierung**. Europa und die Welt seit 1500, Paderborn 2. Auflage 2016.
Michael Zeuske, **Sklaven und Sklaverei in den Welten des Atlantiks 1400–1940**. Umrisse, Anfänge, Akteure, Vergleichsfelder und Bibliographien (Sklaverei und Postemanzipation 1), Berlin 2006.

Herrscher – Stände – Untertanen | 6

Wirtschaftliche und soziale Strukturen Europas im Vergleich | 6.1

Überblick

Die Periode der Frühen Neuzeit war wirtschaftlich von der Primärproduktion geprägt, ein überwiegender Teil der Bevölkerung war in der Land- und Forstwirtschaft beschäftigt. Auch die Primärproduktion der Montanindustrie spielt eine Rolle, allerdings waren hier weitaus weniger Menschen tätig.

Die Städte der Frühen Neuzeit waren verhältnismäßig klein, aber sozial als eigenständige Gebilde unterschiedlicher Art von den agrarischen Umgebungen deutlich unterschieden.

Einige Sonderbereiche bilden die Welt des Hofes mit dem Adel, aber auch den Hofbediensteten und Beamten; die Kirche, deren Priester, Mönche und Nonnen einen gegenüber heute relativ großen Bevölkerungsanteil umfasste; die Universitäten, die einen eigenen Rechtsbereich darstellten, und die Juden, die in verschiedenen Teilen Europas unter sehr unterschiedlichen, aber meist ungünstigen Bedingungen lebten.

Gegen Ende der Frühen Neuzeit begann „die Moderne" mit ihren ersten Erscheinungsformen, durch die Protoindustrialisierung entstanden Vorläufer des neuen Bürgertums (BOURGEOISIE) und der Lohnarbeiter (PROLETARIAT).

BOURGEOISIE Französisch für „Bürgertum", wurde und wird in der marxistischen Theorie für das neue, am Kapitalismus orientierte Bürgertum verwendet.

PROLETARIAT Ursprünglich marxistische Bezeichnung für die lohnabhängigen Arbeiter in der Industrialisierung.

Bevölkerungsentwicklung | 6.1.1

Das Interesse der Obrigkeiten der Frühen Neuzeit an **DEMOGRAPHISCHEN** Fragen war bis ins 18. Jahrhundert hinein gering. Erst in der Zeit des Aufgeklärten Absolutismus begann die Zahl der Bevölkerung (Steuerzahler, Rekruten) eine praktische Bedeutung anzunehmen. Das statistische Zeitalter begann, die ersten Volkszählungen wurden durchgeführt. Für die

DEMOGRAPHIE Beschäftigung mit der Entwicklung der Bevölkerungszahlen.

Zeit davor gibt es nur einzelne Quellen wie Häuserzählungen, Steuerlisten oder Kommunikantenlisten, die man methodisch sehr kompliziert auf eine Gesamtbevölkerung hochrechnen kann. Auch die Auswertung der Tauf-, Heirats- und Sterbebücher (*family reconstruction*) beim Studium einzelner Orte (*parish studies*) bringt verwertbare Ergebnisse. Aber letztlich muss man klar sagen, dass alle Angaben von **Bevölkerungszahlen** für die Frühe Neuzeit nicht auf einer entsprechenden statistischen Quellenbasis beruhen, sondern intelligente Schätzungen sind.

Man schätzt die Bevölkerung Europas vor der großen Pestepidemie 1348/49 auf ca. 80 Millionen Menschen. Die Epidemie forderte ca. 15 Millionen Todesopfer. Am Beginn der Neuzeit war dieser Bevölkerungsverlust wieder aufgeholt, die Weltbevölkerung dieser Zeit wird auf 425 Millionen geschätzt, von denen rund ein Viertel in Europa lebte. Am Ende der Frühen Neuzeit um 1800 schätzt man die Weltbevölkerung auf 900 Millionen, die Europas auf 200 Millionen.

Das Bevölkerungswachstum war krisenanfällig, **Seuchen** und Kriege, aber auch klimatische Katastrophen führten immer wieder regional zu großen Bevölkerungsverlusten. Die schlimmste Seuche war zweifellos die Pest, die seit der Mitte des 14. Jahrhunderts in Europa **ENDEMISCH** war. Bei ihrer – nicht völlig geklärten – Verbreitung spielten Ratten und Flöhe eine wesentliche Rolle, sie forderte in Städten durch die Enge und Schmutzigkeit dieser Ballungsräume mehr Opfer als auf dem Lande.

ENDEMISCH nennt man das immer wieder gehäufte, aber räumlich begrenzte Auftreten einer Krankheit.

Kleinere Pestwellen sind oft mit Kriegen im Zusammenhang zu sehen, weil die Soldaten die Seuche verbreiteten (wie z.B. im Dreißigjährigen Krieg). Eine berühmte Pest war die von London 1665, nicht zuletzt durch die Tatsache, dass Daniel Defoe (1660–1731) ihr in seinem *Journal of the Plague Year* ein literarisches Denkmal setzte.

Die größten Pestepidemien in Mitteleuropa waren 1679/80 und 1713, eine der letzten in Europa in Marseille 1720 und 1786. Wieso die Pest dann erlosch, ist nicht völlig geklärt, eine Veränderung der Rattenpopulation wird häufig als Erklärung angeführt. Schon früh hatte man Maßnahmen gegen die Pest gesetzt, in Venedig errichtete man schon im Mittelalter eine Quarantänestation auf der Insel Santa Maria di Nazareth (genannt Lazaretto), wo Neuankömmlinge 40 Tage verweilen mussten. Unsere Begriffe Lazarett und Quarantäne (von italienisch quaranta = vierzig) leiten sich davon ab.

PESTKORDON Die frühere Militärgrenze gegen das Osmanische Reich wurde von Seiten der Habsburgermonarchie seit 1728 in ein Quarantänegebiet umgewandelt, das ein Eindringen der Pest aus dem Osmanischen Reich verhindern sollte.

Wirkungsvoll gegen die Pest war dann im 18. Jahrhundert der **PESTKORDON** in der Habsburgermonarchie gegenüber dem Osmanischen Reich nach dem Frieden von Passarowitz 1718, der die Einschleppung der Seuche aus dem Osten Europas verhinderte.

Vergleichsweise weniger gravierend für die Bevölkerungsentwicklung waren Krankheiten wie die Syphilis, die vor allem von Soldaten im Krieg

Abb. 9

Votivbild, Österreich 1775

(z.B. Dreißigjähriger Krieg) verbreitet wurde, oder die Ruhr, die Cholera, Typhus und Malaria. Eine nicht unbedingt tödlich endende Krankheit waren die Pocken, die aber viele Menschen blind oder mit schrecklichen Narben zurück ließ. Vor der Pest konnte man fliehen, die Pocken dagegen erreichten alle Bevölkerungsteile und auch viele Angehörige von Dynastien wurden ihr Opfer. Die im 18. Jahrhundert durchgeführte Pockenimpfung bedeutete einen zentralen Modernisierungsschub für das Gesundheitswesen.

Das **langsame Wachstum der Bevölkerung** erklärt sich aber – neben den Seuchen und Krankheiten – auch aus anderen Faktoren, von denen die hohe, allgegenwärtige Kindersterblichkeit im Vordergrund steht. Die

Lebenserwartung bei der Geburt war gering, sie lag im 16. Jahrhundert bei 18–21 Jahren, im 18. Jahrhundert bei ca. 32 Jahren. Etwa ein Drittel der Kinder starb vor der Erreichung des ersten Lebensjahrs, ein weiteres Viertel vor dem fünften Lebensjahr. Hatte man Kindheit und Jugend überstanden, wuchs natürlich (statistisch gesehen) die Lebenserwartung. Dennoch kann man feststellen, dass die frühneuzeitliche Gesellschaft eine jugendliche Gesellschaft war. Der Anteil der Menschen mit einem Alter bis 14 Jahre war mit ca. einem Drittel sehr hoch. Auch am Alter der führenden Politiker kann man diese „Jugendlichkeit" der Gesellschaft festmachen. Diese statistischen Zahlen sollen aber nicht darüber hinwegtäuschen, dass viele Menschen der Frühen Neuzeit ein höheres Alter erreichten und auch lange in ihrem Lebensbereich eine führende Rolle zu spielen imstande waren.

Hinzu kam noch ein zweiter Faktor: In weiten Teilen Europas (westlich der Linie St. Petersburg Triest) herrschte das vom britisch-ungarischen Historiker John Hajnal (1924–2008) erforschte *European Pattern of marriage*, das die Eheschließung an ein Einkommen und einen eigenen Hausstand band. Daher war in diesem Bereich Europas ein großer Teil der Menschen (bis zu 30 Prozent) vom Heiraten ausgeschlossen. Dies bremste das Bevölkerungswachstum, wenngleich die Rate der unehelichen Geburten und „ledigen Kinder" hoch war, da die Sexualität der Betroffenen nur „illegal" ausgeübt werden konnte.

Trotz der fehlenden Mittel der Empfängnisverhütung (**coitus interruptus** war die verbreitetste Methode) war die Zahl der Kinder pro Ehe durch lange Stillzeiten, häufige Tot- und Fehlgeburten etc. gering.

Erst ab 1750 setzte ein dynamisches Bevölkerungswachstum ein, das viele Ursachen hat: Erweiterung des Nahrungsmittelspielraums durch die Verbesserung der Landwirtschaft, bessere Hygiene und medizinisches Wissen, Zugang neuer Schichten zur Ehe und damit zur legitimen Fortpflanzung. Grund für diese rechtlichen Veränderungen war auch eine erhöhte Nachfrage nach Arbeitskräften auf dem Arbeitsmarkt der Protoindustrialisierung und noch stärker der Industrialisierung. Diese Bevölkerungsentwicklung begann früh in Westeuropa und breitete sich dann mit Verzögerung nach Osten zu aus.

Aufgaben zum Selbsttest

- Welche Gründe gibt es für die langsame Bevölkerungsentwicklung der Frühen Neuzeit?
- Welche Rolle spielen dabei Seuchen und welche die selbstbestimmten Faktoren (Heiratsverhalten, Sexualität, Ernährung etc.) der Gesellschaft?

Literatur

Carlo M. Cipolla, **Bevölkerungsgeschichte Europas.** Mittelalter bis Neuzeit, München 1971.
John Hajnal, **European Marriage Patterns in Perspective**, in: David Victor Glass/D. E. C. Eversley (Hg.), Population in History. Essays in Historical Demography, London 1974, S. 101–143.
William H. MacNeill, **Seuchen machen Geschichte**. Geißeln der Völker, München 1978.
Christian Pfister, **Bevölkerungsgeschichte und historische Demographie 1500–1800** (Enzyklopädie deutscher Geschichte 28), München 2. Auflage 2007.
Manfred Vasold, **Pest, Not und schwere Plagen**. Seuchen und Epidemien vom Mittelalter bis heute, München 1991.

Die feudale Welt | 6.1.2

Ähnlich wie das Mittelalter war die frühneuzeitliche Gesellschaft eine feudale **Gesellschaft,** die **geburtsständisch geprägt** war, das heißt man wurde in einen Stand hineingeboren und verblieb meist darin, die soziale Mobilität und Möglichkeit des Aufstieges war gering. Eine gewisse Chance aufzusteigen bot die Kirche, obwohl auch in dieser Institution die Spitzenpositionen weitgehend dem Adel vorbehalten waren.

Die landwirtschaftliche Produktion, die den Hauptsektor der Wirtschaft der Frühen Neuzeit ausmachte, war in Europa keineswegs einheitlich, sondern stark von Landschaftsformen, klimatischen Zonen und natürlich auch von der jeweiligen Rechtssituation der Bauern ab-

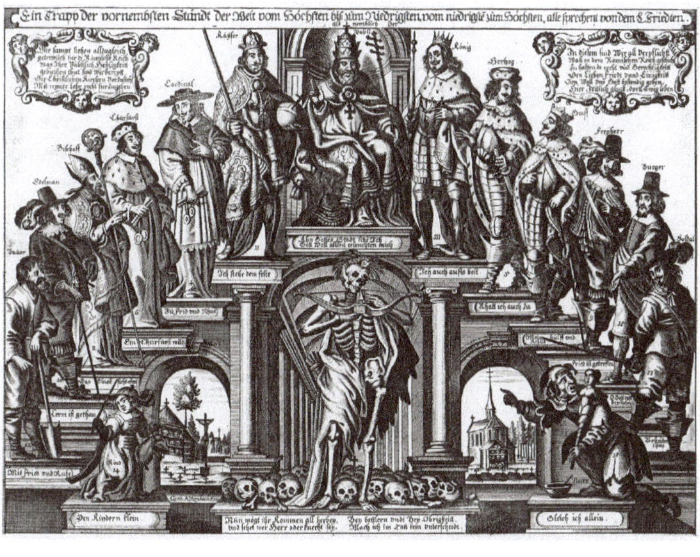

Abb. 10

Ständehierarchie Kupferstich von Gerhard Altzenbach (vor 1609–nach 1672) auf einem Kölner Flugblatt, Mitte 17. Jahrhundert

KLEINE EISZEIT bezeichnet eine lange Periode eines kühlen Klimas vom beginnenden 15. bis ins 19. Jahrhundert.

hängig. Dazu kamen auch noch zeitliche Unterschiede der jeweiligen Verhältnisse. Zwar wurde die gesamte Frühe Neuzeit von der Periode der so genannten **KLEINEN EISZEIT** (ca. 1300–1880) bestimmt, doch waren die Zeiträume von 1570 bis 1630 und dann wieder von 1675 bis 1715 besonders folgenschwer und die geringe landwirtschaftliche Produktion führte zu Krisen, die sich auch auf viele andere Lebensbereiche auswirkten.

Die **Landwirtschaft** der Frühen Neuzeit war stark auf den Pflanzenbau ausgerichtet, im Gegensatz zu heute machte die Viehzucht nur etwa ein Drittel der Produktion aus. Kühe waren mager und häufig unfruchtbar, die Milchleistung lag bei ca. 1000 Liter im Jahr, also ca. ein Sechstel der heutigen Produktion. Auch die Ernteerträge der Pflanzenproduktion waren gering und erst am Ende der Frühen Neuzeit veränderte sich das zum Positiven. Die **agrarische Revolution** des späten 18. Jahrhunderts war eine wichtige Voraussetzung für die wirtschaftlichen und gesellschaftlichen Veränderungen des industriellen Zeitalters. Stallfütterung und damit vermehrter Dünger, höhere Ernteerträge, neue Früchte (Kartoffel, Mais) und das Einkreuzen höherwertiger Rinderrassen erweiterten den Nahrungsmittelspielraum sowohl qualitativ als auch quantitativ, ermöglichten eine demographische Revolution (großes Bevölkerungswachstum) und legten damit die Grundlagen für die industrielle Revolution.

Die agrarische Produktion der Frühen Neuzeit hat die Forschung versucht in zwei Zonen einzuteilen (obwohl diese Kategorien schwierig zu definieren sind): Östlich der Elbe gab es die Gutsherrschaft und westlich davon die Grundherrschaft.

Die **Gutsherrschaften** waren charakterisiert durch einen hohen Anteil der Eigenwirtschaft der Gutsherren und durch den sehr intensiven Getreideanbau. Die erwirtschafteten Überschüsse wurden in den Westen Europas exportiert. Das Beispiel Deutschlands zeigt diese strukturellen Unterschiede deutlich, während der Westen stark urbanisiert war, lebten im Osten nur 15 Prozent der Bevölkerung in Städten.

Sozial waren die Gutsherrschaften durch die Leibeigenschaft charakterisiert, die auch in Russland und Ostmitteleuropa eine große Rolle spielte. Die Feststellung des Unterschiedes zwischen untertänigen Bauern und Leibeigenen ist oft schwierig, da fließende Übergänge bestehen. Die Abgrenzung zur Sklaverei ist rechtlich leichter, da Leibeigene keine handelsfähige Ware darstellten, in den realen Lebenssituationen war der Unterschied nicht immer eindeutig. Neben der im späten Mittelalter zunehmend stärkeren Abhängigkeit der Bauern vom Grundherrn, entstand ab dem 16. Jahrhundert vor allem in den ostelbischen Gebieten und in Polen, Böhmen und Ungarn die so genannte „Zweite

Leibeigenschaft". Um die Einkommen aus den Gütern zu erhöhen, gingen viele Grundherrn zur Eigenwirtschaft über, es kam teilweise zum „Bauernlegen", das heißt, man zog Bauerngüter, bei denen es keine Besitzer mehr gab, an sich und bewirtschaftete sie mit Hilfe von Robot- oder Fronarbeit. Auch dieser Begriff der „zweiten Leibeigenschaft" ist in der Forschung umstritten. Im Sinne eines frühen Merkantilismus versuchten auch die Grundherren westlich der Elbe durch Eigenwirtschaft (Brauereien, Fischteiche, Hopfenanbau, frühe Porzellan- und Glasmanufakturen, Mühlen, Sägewerke etc.) ihre Einkommen zu erhöhen, was ebenfalls zu einer höheren Belastung der Bauern mit Robotdiensten führte.

In der **Grundherrschaft** im Gebiet westlich der Elbe gab es ebenfalls keine einheitliche Rechtsstellung der Bauern, es waren viele Spielarten der wirtschaftlichen Abhängigkeit verbreitet und es war ein großer Unterschied, ob man *Freistiftbauer* war, der jederzeit seinen Hof verlieren konnte, oder durch das Erbrecht abgesichert war. Die rechtliche Abhängigkeit war drückend, der Grundherr war in den meisten Fällen auch Richter, außer in **BLUTGERICHTSANGELEGENHEITEN**.

Die wirtschaftliche Lage der Mehrzahl der Bauern war schlecht, sie lebten an der Armutsgrenze und ihr Lebensmittelspielraum war so eng, dass eine Missernte, wie sie häufig durch klimatische Bedingungen eintrat, die bäuerliche Familie mit dem Hungertod bedrohte. Nebeneinkommen konnten durch verschiedene Dienstleistungen und Heimarbeit im Zuge des Verlagswesens, bei dem allerdings schlimme Auswüchse von Ausbeutung existierten, geschaffen werden. Die Höfe waren weitgehend **AUTARK** und erzeugten fast alles, was zum Leben notwendig war, selbst. Die vorherrschende landwirtschaftliche Nutzung der Flächen in großen Teilen Europas war die Dreifelderwirtschaft, bei der abwechselnd Sommer- und Wintergetreide angebaut wurde und immer ein Drittel der Felder brach lag.

In einigen Gebieten Europas kam es zu Sonderentwicklungen, so spielte in England die Umwandlung des Ackerlandes in Weide eine große Rolle, die ab 1660 intensiviert wurde, da der Wollertrag der Schafe gewinnbringend war. Die Adeligen schufen durch Einhegungen (*enclosures*) solche Weideflächen und diese Entwicklung beseitigte weitgehend den Bauernstand. In Ostmitteleuropa dominierte der Roggenanbau, bis es nach dem 16. Jahrhundert zu einer Agrarkrise kam.

Ungarn produzierte das Fleisch für einen guten Teil der Nachbarländer, der Ochsentrieb nach Mitteleuropa und Oberitalien (Zentren Wien und Venedig) spielte bis ins 19. Jahrhunderte hinein eine große Rolle, dabei wurden jährlich 100 000 bis 200 000 Ochsen nach Oberitalien, in die österreichischen Länder und nach Süddeutschland getrieben.

BLUTGERICHTSBARKEIT Die Blutgerichtsbarkeit oder Hochgerichtsbarkeit richtet über jene Verbrechen, die mit Verstümmelungen oder der Hinrichtung bestraft werden, also solche die „Blut oder Leben" kosten.

AUTARKIE Griechisch für „Selbstgenügsamkeit" bedeutet, dass die betreffenden Bauern oder auch Staaten (fast) alles selbst erzeugen, was sie zum Leben brauchen.

Das mediterrane Europa hatte ganz andere klimatische Bedingungen, an den sonnigen Hängen wurden Wein, Oliven, Maulbeerbäume und Mandeln kultiviert, auch der Anbau von Weizen spielte für die Ernährung der Bevölkerung im dichten Netz der Städte dieses Raumes eine große Rolle. Die großen Handelszentren wie Venedig und Genua führten zusätzlich auch noch Getreide aus der Levante und dem Schwarzmeergebiet ein.

Die soziale Position der Bauern auf der Apenninenhalbinsel war schlecht, die meisten Bauern wirtschafteten im System der *mezzadria* (Halbpacht), bei dem die Hälfte des Ertrages an den Besitzer des Gutes, den *padrone* ging. Im Süden Italiens war die Produktion von Zitrusfrüchten, im Norden der Reisanbau eine ertragreiche Wirtschaftsform.

Die feudalen Verhältnisse überlebten in Europa sehr lange. Aufstände der Bauern, die vom 15. bis zum 18. Jahrhundert in fast allen Teilen Europas stattfanden, änderten wenig an der Situation. Selbst der große deutsche Bauernkrieg 1524 bis 1526, der überregionale Bedeutung hatte, brachte den Bauern keinen durchschlagenden Erfolg. Kleinere Aufstände, Robotverweigerung und Prozesse beim Reichskammergericht waren auch danach häufig, brachten aber keine wesentlichen Verbesserungen. Ganz anders war die Situation in anderen Teilen Europas, so waren die englischen Bauern schon seit dem späten Mittelalter frei.

Erst mit der Französischen Revolution wurde in einem großen Land Europas das alte Feudalsystem beseitigt, was eine Signalwirkung auf andere Länder hatte. In den meisten deutschen Staaten wurde im Laufe des beginnenden 19. Jahrhunderts die Bauernbefreiung durchgeführt, in der Habsburgermonarchie nach 1848 und in Russland wurde die Leibeigenschaft erst 1861 aufgehoben.

Aufgaben zum Selbsttest

- Welche Unterschiede der landwirtschaftlichen Produktion bestanden in Europa?
- Charakterisieren Sie Grund- und Gutsherrschaft.

Literatur

Marc Bloch, **Die Feudalgesellschaft** (Neuausgabe), Stuttgart 1999.

Fernand Braudel, **Sozialgeschichte des 15. bis 18. Jahrhunderts**, 3 Bde., München 1986.

Markus Cerman/Ilja Steffelbauer/Sven Tost (Hg.), **Agrarrevolutionen**. Verhältnisse in der Landwirtschaft vom Neolithikum zur Globalisierung, Innsbruck 2008.

Werner Rösener, **Die Bauern in der europäischen Geschichte**, München 1993.

Bergbau 6.1.3

Ein anderer Teil der Primärproduktion erlebte vor allem im späten Mittelalter und am Beginn der Neuzeit einen Boom: der Bergbau. Der für alle Menschen wichtigste Teil war sicherlich der Salzbergbau, da er einen nicht aus dem Leben wegzudenkenden Rohstoff lieferte. **Salz** wurde nicht nur zur Würze von Speisen verwendet, sondern war auch für die Konservierung von Lebensmitteln entscheidend. Fisch und Fleisch konnten so über längere Zeit haltbar gemacht werden, Beispiele wären das gesurte oder eingepökelte Fleisch (das man dann auch Selchen konnte) und vor allem der gesalzene Fisch, der auch ein Produkt im Fernhandel war. Während er in der traditionellen Küche Mitteleuropas kaum mehr Verwendung findet, ist er noch heute im mediterranen Raum weit verbreitet (in Italien als *baccalà*, in Portugal als *bacalhau* und in Spanien als *bacaloa* bezeichnet). Salz wurde entweder aus dem Meer durch Salzgärten gewonnen, in denen das Meerwasser durch die Kraft der Sonne verdunstete und das Salz übrigblieb oder in Salinen, in denen das im Berg aufgelöste Salz, das als Sole in die Saline kam, ebenfalls durch Verdunstung gewonnen wurde. Die Pfannen, in denen dieser Vorgang erfolgte, wurden mit Holz beheizt, was eine Infrastruktur von Forstwirtschaft in der Umgebung notwendig machte. Die Salinenarbeiter waren Spezialisten, die besondere Privilegien hatten. Wichtige Salinen in Europa waren z.B. im österreichischen Salzkammergut, im salzburgischen Hallein, im bayrischen Berchtesgaden, im sächsischen Halle an der Saale, im polnischen Wieliczka oder im französischen Salins-le-Bains. Viele Orte mit dem Bestandteil *Salins* oder *Hall* im Namen weisen auf alten Salzbergbau hin.

Das zweite gewinnbringende Gebiet der frühen Montanindustrie war der **Buntmetallbergbau**, der auf Gold, Silber, Kupfer und Quecksilber ausgerichtet war. Die Bedeutung liegt auf der Hand, aus diesen Metallen ließen sich nicht nur Alltags-

Abb. 11

Silberbergbau in Schwaz in Tirol, Darstellung aus dem Schwazer Bergbuch

BERGREGAL Vom König beanspruchtes Verfügungsrecht über alle auch die noch nicht gehobenen Bodenschätze.

und Luxusgegenstände herstellen, sondern auch Münzen prägen, das heißt die Produkte des Bergwerks konnten von dem Herrscher, der ja das **BERGREGAL** besaß, unmittelbar in finanzielle Gewinne umgesetzt werden. Daneben waren auch andere Metalle wie Zinn und Blei von Bedeutung. Der Buntmetallbergbau wurde zu einem der zentralen Faktoren für ein Phänomen, das man als „Frühkapitalismus" bezeichnet. Silber wurde z.B. im Erzgebirge in Schneeberg, Annaberg und Marienberg, in Böhmen in Kutná Hora und Příbram und in Österreich in Schwaz abgebaut.

Gegen Ende des 16. Jahrhunderts erloschen in vielen Silberminen die Lagerstätten und die Konkurrenz des Silbers aus Übersee spielte eine zusätzliche Rolle beim Rückgang der Silbererzeugung in Europa. Andererseits kann man sagen, dass die europäischen Silberminen und ihre großen Gewinne die „Entdeckungen" der neuen Welt über weite Strecken finanziert haben.

Zentrum des Kupferbergbaus war „Oberungarn", die heutige Slowakei, wo in Kremnitz und Schemnitz wichtige Fundorte lagen, aber auch im Gebiet um Mansfeld im Unterharz wurde Kupfer gewonnen. Der ertragreichste Quecksilberbergbau lag in Idria im heutigen Slowenien. Die großen Handelshäuser Europas wie die Fugger und die Welser waren – nicht zuletzt durch die Privilegien der Habsburger, die von ihnen finanziell unterstützt wurden – an diesen Bergwerken beteiligt und prägten den so genannten „Frühkapitalismus".

Aufgaben zum Selbsttest

- Welche Bergbauprodukte sind für die Frühe Neuzeit besonders wichtig?

Literatur

Mark Kurlansky, **Salz**. Der Stoff, der die Welt veränderte, Berlin 2004.
Mark Kurlansky, **Kabeljau**. Der Fisch, der die Welt veränderte, München 1999.
Thomas Sokoll, **Bergbau im Übergang zur Neuzeit** (Historisches Seminar N.F. 6), Idstein 1994.

6.1.4 Die Stadt und ihre unterschiedlichen Lebenswelten

Grundsätzlich vom ländlichen Lebensbereich des Adels und der Bauern unterschieden waren die sozialen und lebensweltlichen Formen der Städte. Der **Unterschied zwischen „Stadt und Land"**, der von der Geschichtsschreibung nicht immer berücksichtigt wird, ist groß.

Die Städte waren Zentren des großen Fernhandels, sie hatten Wochenmärkte für die nähere Umgebung und Jahrmärkte, von denen es einige zu großer internationaler Bedeutung brachten (beispielsweise die bis heute bedeutenden Messestädte Frankfurt und Leipzig). Die reichen Kaufleute, oft auch Patrizier genannt, die den Fernhandel kontrollierten, bildeten die Oberschicht der Städte und waren auch in der politischen Verwaltung der Kommunen tonangebend.

Den größeren Teil der **Bürger der Stadt** – das sind Menschen, die ein Bürgerrecht durch Grundbesitz hatten, nicht alle Bewohner der Stadt waren Bürger – bildeten die Handwerker, die in Zünften oder Gilden organisiert waren. Schon im Mittelalter hatten sich die Handwerke diversifiziert und die Arbeitsbedingungen der Meisterbetriebe reguliert. Rohstofflieferung, Arbeitszeiten, Zahl des Personals und Warenpreise waren exakt festgelegt und ermöglichten dem Meister ein standesgemäßes Leben, das allerdings auf Kosten der Gesellen und Lehrjungen, deren soziale Position schlecht war, ging. Auch die Ausbildung des gewerblichen Nachwuchses war reglementiert, die Ausbildungszeit als Lehrling, die Wanderschaft der Gesellen (*Walz*) spielten dabei eine wichtige Rolle. Durch die schlechten Lebensbedingungen für Gesellen kam es im deutschen Sprachraum zu ca. 200 Gesellenaufständen, die allerdings zu keinen Verbesserungen für diese gesellschaftliche Gruppe führten. Die Generalhandwerksordnung Kaiser Karls VI. von 1731 galt für des gesamte Heilige Römische Reich und reglementierte und disziplinierte die Gesellen noch stärker.

Meister konnte man relativ leicht als Sohn eines Meisters werden, ein anderer Weg war es, eine Meisterwitwe zu heiraten. Die meisten Handwerksbetriebe gab es auf dem Gebiet der Bekleidung (Schuster und Schneider), die in den meisten Städten fast die Hälfte der Zünfte ausmachten.

Die Zünfte und ihre Angehörigen waren vielerorts auch an der Stadtverwaltung beteiligt, die im Zuge der Frühen Neuzeit immer mehr dem Einfluss des Herrschers unterstellt wurde und Einschränkungen ihrer Autonomie in Kauf nehmen musste.

Ein Problem der Städte, aber auch des „flachen Landes“ waren die **Unterschichten,** die durch Armut und Rechtlosigkeit gekennzeichnet waren. Die Knechte und Mägde der Höfe – meist nachgeborene Kinder der Bauern, die nach dem Erbrecht (ältester oder jüngster Sohn) besitzlos waren – lebten unter schlechten Bedingungen und waren auch von der Gründung einer Familie ausgeschlossen (→ vgl. S. 6.1).

Noch schlimmer war die Situation der Bettler und Vaganten, die zunehmend verfolgt wurden und besonders seit dem 17. Jahrhundert einem Prozess der Disziplinierung unterlagen. Überall in Europa wurden Arbeitshäuser eingerichtet, in denen diese Menschen durch Zwangsarbeit, Prügel und religiöse Instruktion zu „nützlichen Mitgliedern der Gesellschaft“ gemacht werden sollten. Das erste europäische Arbeitshaus wurde 1555 in London gegründet, schon 1595 zog Amsterdam

Abb. 12

Trachten der einzelnen Nürnberger Stände

nach und im 17. Jahrhundert waren es in zwei Wellen die Gebiete des Heiligen Römischen Reiches, in denen solche Anstalten entstanden – zunächst in Bremen (1608), Lübeck (1613) und Hamburg (1618) und dann ab den 1670er Jahren in Wien (1671 – 1673), Leipzig (1671), Lüneburg (1676) und Frankfurt am Main (1679).

Neben der Bevölkerungsschicht der Bettler und Armen, die vor allem im 18. Jahrhundert stark zunahm und ein großes soziales Problem der Zeit darstellte, waren auch andere Gruppen am Rande der Gesellschaft angesiedelt: Behinderte („Krüppel"), Fahrende wie Schauspieler, Gaukler, Wunderheiler und Pilger, Prostituierte und Kriminelle, die ebenfalls in Arbeitshäuser abgeschoben oder in unwirtliche Gebiete in Südosteuropa „umgesiedelt" wurden.

Eine ganz andere, durch Luxus und Verschwendung charakterisierte Welt stellten die **Höfe** der Frühen Neuzeit dar. Diese Herrschaftszentren waren Orte der Verwaltung, von dem eine ständig anwachsende Bürokratie Zeugnis gab und der Repräsentation, die ein Heer von Architekten, Malern, Bildhauern, Musikern und Dichtern beschäftigte. Kulturell waren diese Höfe sehr produktiv und ein Großteil der erhaltenen – und auch touristisch vermarkteten – Kunstwerke Europas stammt aus dieser höfischen Welt. Am Hof lebten nicht nur der jeweilige Herrscher und seine Familie, sondern zunehmend auch die hohen Adeligen, die Ämter bei Hofe innehatten und an der ständigen kulturellen Beschäftigung des Hofes teilnahmen. Diese höfische Gesellschaft (Norbert Elias) war vom Herrscher abhängig, verpulverte einen Großteil der Energien in die Konkurrenz mit anderen um die Gunst des Herrschers und die Repräsentation, die zeigen sollte, welche Bedeutung man in diesem Mikrokosmos hatte. Große Palastbauten und gewaltige Feste ruinierten häufig die Finanzen der adeligen Familien und schwächten den möglichen Widerstand gegen die „absoluten" Monarchen. Die Residenzstädte lebten zu einem großen Teil von diesem Hof, der versorgt werden musste und der bester Kunde vor allem des Luxusgewerbes war. Gerade in den letzten Jahren ist dieses Thema der höfischen Gesellschaft mit ihren sozialen, politischen und kulturellen Implikationen stark in das Blickfeld der interdisziplinären Frühneuzeit-Forschung gerückt.

Einen – gemessen an heute – gewaltigen Teil der sozialen Welt der Frühen Neuzeit nehmen die **Kirchen** ein. Seit der Reformation und der konfessionellen Spaltung muss man auch für den Westen und die Mitte Europas von einer Pluralität der Konfessionen ausgehen, im Osten und Südosten hatten sich schon ab dem großen **SCHISMA** 1054 (Trennung der orthodoxen Ostkirchen und der lateinischen katholischen Kirche) eine eigene Konfessionskultur herausgebildet. In das System der „Nationalkirchen" in Südosteuropa hatten sich dann in der Zeit der osmanischen Herrschaft kleinere Bereiche islamischer Gemeinden eingemengt. Die orthodoxen Kirchen der Balkanvölker waren **AUTOKEPHAL** und pflegten Sprache und Kultur und waren somit Garanten für das Überleben dieser ethnischen Gruppen vor dem Nationalismus.

SCHISMA Spaltung einer Religionsgemeinschaft ohne die Ausbildung einer neuen theologischen Auffassung. Wichtig sind das morgenländische Schisma ab 1054 und das abendländische Schisma von 1378 bis 1417.

AUTOKEPHAL Vom griechischen Wort für „eigenständig"; gemeint sind Diözesen der orthodoxen Kirche, die keinem übergeordneten Metropolitansitz unterstehen. Meist waren sie nach sprachlichen Kriterien gegliedert.

In Süd- und Mitteleuropa (aber auch in Lateinamerika) war auch nach der Reformation die katholische Kirche dominierend geblieben. Diese streng zentralistisch organisierte und einen globalen Anspruch vertretende Kirche hatte ihr Zentrum in Rom. In allen rechtlichen Fragen war der Papst die letzte Instanz und auch auf kulturellem Gebiet war Rom als Zentrum der Gesamtkirche und als Sitz der meisten Ordensoberen tonangebend. So mussten etwa – um nur ein Beispiel zu nennen – die Baupläne der Jesuitenkirchen in Europa zentral in Rom genehmigt werden.

Die katholische Kirche hatte seit dem Mittelalter ein weites Netzwerk von Kirchen und Klöstern, die oft mit reichem Grundbesitz ausgestattet waren, zur Verfügung. Besonders in der Zeit der erfolgreichen Gegenreformation war der Zulauf zur Kirche groß, die Zahl der Mönche war –

wieder gemessen an heute – riesig, wovon die Ausgestaltung der Klöster in der Barockzeit mit ihren gigantischen Ausmaßen Zeugnis ablegt.

Weitaus bescheidener waren die Verhältnisse der Landeskirchen des Protestantismus und des Calvinismus in den deutschen Territorien, den Niederlanden und Skandinavien. Doch kulturell war diese auf Bibellektüre ausgerichtete Kultur einflussreich, man denke nur daran, wie viele Schriftsteller des 17. und 18. Jahrhunderts aus Pastorenfamilien kamen. Einen Sonderweg ging die anglikanische Kirche in England, die sich zwischen den katholischen und den protestantischen Verhaltensmustern bewegte.

Kirchen bildeten ein wesentliches Zentrum sowohl der kleinen Orte am Lande als auch in den großen Städten. Besonders im katholischen Bereich hatten die Städte einen starken Anteil an geistlichen „Einsprengseln", Kirchen und Klöster prägten bis ins 18. und 19. Jahrhundert das Bild der Stadt. Gute Beispiele sind nicht nur die italienischen Städte (allen voran Rom), sondern auch die Residenzstädte katholischer Fürsten wie München oder Wien.

Auch im lutherisch geprägten Teil des Heiligen Römischen Reiches kam den Landeskirchen eine besondere Bedeutung zu, die vor allem in den Residenzstädten der protestantischen Fürsten zu Repräsentationsbauten und Zentren der Bildung wurden.

KAVALIERSTOUR oder Grand Tour bezeichnet die Reise junger Adeliger der Neuzeit meist nach Italien und Spanien, manchmal auch ins Heilige Land, durch die ihre Bildung gefördert werden sollte.

RÖMISCHES RECHT Das antike Recht der Römer verbreitete sich im ganzen römischen Reich und wurde im Corpus Iuris Civilis gesammelt. Seit dem Mittelalter wurde es wieder entdeckt und in Europa als maßgebliche Quelle des Rechts gesehen.

Neben diesen kirchlichen Institutionen, die einen eigenen Rechtsbereich darstellten und (zumindest beim Katholizismus) nicht der Gerichtsbarkeit des jeweiligen Landes unterstanden, bildeten auch die **Universitäten** eine eigene Welt, die außerhalb der Jurisdiktion der Städte stand.

Am Beginn der Frühen Neuzeit existierten in Europa 66 Universitäten, die meisten davon in Frankreich, im Heiligen Römischen Reich und in Italien. Besonders die italienischen Universitäten waren ein begehrtes Ziel auf der **KAVALIERSTOUR** der jungen Adeligen, denn neben der Präsenz der Antike in Italien, die der humanistischen Bildung entgegenkam, wurde dort auch das **RÖMISCHE RECHT** gelehrt, dessen Beherrschung für die Verwaltung des Staates wichtig war. So zogen viele junge Adelige nach Bologna, Padua oder Siena, um dort zu studieren. In Mitteleuropa waren mit Prag 1348, Krakau 1364, Wien 1365, Heidelberg 1386 und Köln 1388 alte Zentren der Gelehrsamkeit entstanden, zu denen im Laufe des Spätmittelalters noch einige dazukamen.

In der Frühen Neuzeit reagierte auch die akademische Welt auf die Glaubensspaltung und lutherische oder calvinische Universitäten entstanden (Marburg 1527, Königsberg 1544, Genf 1559 oder Gießen 1607). Andererseits kamen im Zuge der Gegenreformation Universitäten in die Hand der Jesuiten (Ingolstadt 1543, Wien 1623) oder wurden als Jesuitenuniversitäten gegründet (Graz 1582, Würzburg 1582).

Abb. 13

»Jetzige tracht der Judenn zue Wormbs und Tracht der Juden Weyber zue Wormbs.« Aus dem Thesaurus Pictuarum des Marcus zum Lamm, Ende 16. Jahrhundert

Wirtschaftlich, kulturell und rechtlich bildeten auch die Gemeinden der **Juden** einen Sonderbereich der europäischen Entwicklung. In einigen Ländern Europas wurden die Juden entweder vertrieben oder ihnen die Ansiedlung verweigert. Am Beginn der Neuzeit stand die Vertreibung der jüdischen Bevölkerung aus Spanien, die sich ab 1580 auch auf Portugal ausdehnte. Neben den sephardischen Juden (*Sephard* ist der hebräische Name für die iberische Halbinsel) wurden in Spanien auch die Nachkommen der Araber (*Moriscos* genannt) verfolgt und ausgewiesen. Im Gegensatz zu diesen aus Spanien geflüchteten Juden werden Angehörige des Judentums, die in Europa seit der Spätantike siedelten, *Aschkenasim* genannt.

In vielen Ländern war die Ansiedelung von Juden grundsätzlich verboten, wie in Frankreich und England, in Sizilien und Neapel und in Skandinavien. Viele Juden lebten im Osten Europas unter wenig sicheren Umständen, oftmals wurden sie in Pogromen verfolgt und mussten nach Westen fliehen, dort wurden sie allerdings auch nicht immer freundlich aufgenommen.

Im Gebiet des heutigen Deutschland lebten am Beginn der Neuzeit nur wenige Juden, ein Zentrum jüdischen Gemeindelebens war Frankfurt am Main, wo es allerdings 1614 unter Vinzenz Fettmilch (im so genannten Fettmilch-Aufstand) zur Vertreibung der Juden kam. Auch in Wien wurden die Juden 1420 und dann wieder 1670 vertrieben, selbst im 18. Jahrhundert plante Maria Theresia noch die Ausweisung der Prager Judengemeinde, die eine der größten im Heiligen Römischen Reich war.

Die jüdische Bevölkerung war von einer Teilnahme am Wirtschaftsleben weitgehend ausgeschlossen, sie konnten in vielen Ländern keinen Grundbesitz erwerben und auch in den (christlich geprägten) Zünften waren sie nicht erwünscht. In der Zeit der Gegenreformation fanden sie auch in der höheren Bildung (Universitäten) keinen Platz. So waren sie hauptsächlich auf Handel und Geldgeschäfte angewiesen. Gerade diese Geldgeschäfte trugen aber neben den religiösen Vorurteilen zu einem negativen Bild der Juden bei. Da für Kredite Zinsen anfielen, galten sie als geldgierig und betrügerisch. Viele der vormodernen Vorurteile gegen die Juden waren bis ins 20. Jahrhundert (und in manchen Bereichen leider auch bis heute) gültig und vermengten sich dann mit den rassistischen Vorstellungen des 19. Jahrhunderts.

Das Verhältnis der Obrigkeit zu den Juden war ambivalent, religiös lehnte man sie ab, hatte Vorurteile gegen diese Bevölkerung, finanziell war man aber auf die Kredite der „Hofjuden" angewiesen. So wurde ein Großteil der Kriege der Habsburger von Hofjuden wie Samuel Oppenheimer (1630–1703) und Samson Wertheimer (1658–1724) finanziert.

Auch die Judenordnungen der Barockzeit, die deren rechtliche Situation etwas verbesserten, enthielten Diskriminierungen, wie Kennzeichen an der Kleidung und das Verbot sich am Sonntag außerhalb des **GHETTOS** zu bewegen.

GHETTO Stadtviertel, in dem die Juden zu leben gezwungen waren.

Der Staat, in dem viele der aus Westeuropa geflüchteten Juden aufgenommen wurden, war Polen, in dem seit 1573 eine tolerante Politik und eine fast moderne Glaubensfreiheit herrschte, die allerdings im 17. Jahrhundert endete und Verfolgungen und **POGROMEN** Platz machte.

POGROM Gewaltsame Ausschreitungen gegen Juden.

Aufgaben zum Selbsttest

- Wie waren die Städte wirtschaftlich und sozial strukturiert?
- Wer war Bürger der Stadt?
- Welche „Sondergruppen" gab es in der Stadt?
- Wie ging man mit den Problemen der Unterschichten um?

Literatur

Winfried Becker, **Die Kirchen in der deutschen Geschichte**. Von der Christianisierung der Germanen bis zur Gegenwart, Stuttgart 1996.

Leonardo Benevolo, **Die Geschichte der Stadt**, Frankfurt am Main 8. Auflage 2000.

Jeroen Duindam (Hg.), **Royal Courts in Dynastic States and Empires**. A Global Perspective (Rulers & Elites 1), Leiden 2011.

Norbert Elias, **Die höfische Gesellschaft**. Untersuchungen zur Soziologie des Königtums und der höfischen Aristokratie; mit einer Einleitung: Soziologie und Geschichtswissenschaft, Frankfurt am Main 9. Auflage 1999.

Literatur

Jan Hirschbiegel/Werner Paravicini/Jörg Wettlaufer (Hg.), **Städtisches Bürgertum und Hofgesellschaft.** Kulturen integrativer und konkurrierender Beziehungen in Residenz- und Hauptstädten vom 14. bis ins 19. Jahrhundert (Residenzforschung 25), Ostfildern 2012.
Elke-Vera Kotowski/Julius Schoeps/Hiltrud Wallenborn, **Handbuch zur Geschichte der Juden in Europa**, 2 Bde., Darmstadt 2. Auflage 2016.
Rotraud Ries (Hg.), **Hofjuden.** Ökonomie und Interkulturalität. Die jüdische Wirtschaftselite im 18. Jahrhundert (Hamburger Beiträge zur Geschichte der deutschen Juden 25), Hamburg 2002.
Christoph Sachße, **Bettler, Gauner und Proleten.** Armut und Armenfürsorge in der deutschen Geschichte. Ein Bild-lesebuch. Frankfurt am Main 1998.
Heinz Schilling, **Die Stadt in der Frühen Neuzeit** (Enzyklopädie deutscher Geschichte 24), München 3. Auflage, 2015.
Johannes Wallmann, **Kirchengeschichte Deutschlands seit der Reformation**, Tübingen 7. Auflage 2012.
Wolfgang Weber, **Geschichte der europäischen Universität**, Stuttgart 2002.

Protoindustrialisierung

6.1.5

Ein Element der wirtschaftlichen Entwicklung der Frühen Neuzeit nahm einiges vorweg, was die Moderne mit der Industrialisierung und der Entwicklung einer kapitalistischen Gesellschaft charakterisierte. In der Protoindustrialisierung begann eine Massenproduktion von Waren, meist Luxuswaren, nach der mit dem Mittel des arbeitsteiligen Prozesses, allerdings noch ohne die Verwendung von Maschinen, produziert wurde. Die Arbeiterinnen und Arbeiter, darunter auch viele Kinder, kamen in den **MANUFAKTUREN** zusammen und erzeugten dort Waren, die vor allem für den Export bestimmt waren. Das passte zur Wirtschaftheorie des Absolutismus, dem Merkantilismus (→ vgl. Kap. 8.1). Die auf diese Weise verfolgte Füllung der Staatskassen hatte erhebliche soziale Folgen. Zunächst kam es zu einer Trennung der privaten Welt der Wohnung der Arbeiter und ihrem Arbeitsplatz in der Manufaktur oder Fabrik. Dadurch wurden Phänomene wie Frauen- und Kinderarbeit (die natürlich am Bauernhof, wie auch im Handwerksbetrieb immer schon existierten) sichtbar und stellten ein Problem bis in die Moderne hinein dar. Andererseits entstanden Vorläufer der neuen Klassen der lohnabhängigen Arbeiter (Proletarier), die unter elenden Bedingungen lebten, und der Fabrikbesitzer (Bourgeoisie), die zunehmend die alten Herrschaftsschichten (Adel, Kirche) herausforderten.

MANUFAKTUR von lat. manus = Hand und facere = herstellen. Bezeichnet einen Vorläufer der modernen Fabrik. Manufakturen produzieren (Massen)-Waren zwar mit Hilfe des arbeitsteiligen Prozesses, aber noch ohne Maschinen.

VERLAGSWESEN
Das Verlagswesen war eine Form der dezentralen Produktion durch Heimarbeit in der (Proto)-Industrialisierung. Meist wurden Textilien vom Verleger ausgegeben und von ihm dann zentral vermarktet.

Eine eng mit der Protoindustrialisierung zusammenhängende Wirtschaftsform war das **VERLAGSWESEN**, bei dem Waren an Heimarbeiterinnen und Heimarbeiter zur Bearbeitung verteilt wurden, dann in einer Manufaktur den nächsten Arbeitsgang erlebten und danach gegebenenfalls weiter an Haushalte ausgeteilt wurden. So konnte man z.B. Wolle in Verlagsarbeit spinnen lassen, anschließend in einer Fabrik färben und weiter zum Weben wieder an Haushalte geben. Die Arbeitsbedingungen der Menschen in der Verlagsarbeit waren miserabel, einerseits sorgte diese Arbeit für zusätzliches Einkommen kleiner Bauernbetriebe, andererseits gerieten die in der Verlagsarbeit Beschäftigten vor allem am Ende der Frühen Neuzeit in Konkurrenz mit der beginnenden Industrialisierung, was ihre Löhne drückte und die jeweiligen Arbeitsleistungen erhöhte.

Aufgaben zum Selbsttest

- Vergleichen Sie die Produktionsformen des Handwerks mit denen der Protoindustrialisierung.
- Grenzen Sie Protoindustrialisierung von der eigentlichen Industrialisierung ab.

Literatur

Markus Cerman (Hg.), **Proto-Industrialisierung in Europa**. Industrielle Produktion vor dem Fabrikszeitalter (Beiträge zur historischen Sozialkunde Beiheft 5), Wien 1994.
Sheilagh C. Ogilvie/Markus Cerman (Hg.), **European Proto-Industrialisation**, Cambridge u.a 1996.
Eckart Schremmer, **Industrialisierung vor der Industrialisierung**. Anmerkungen zu einem Konzept der Proto-Industrialisierung, in: Geschichte und Gesellschaft 6 (1980), S. 420–448.

6.1.6 Die Rolle der Frau

Die Geschlechterordnung der Frühen Neuzeit war asymmetrisch, Männer dominierten diese patriarchalische Gesellschaft, Frauen hatten nicht die gleichen Rechte. Die Menschen verhielten sich nach tradierten Geschlechterrollen, die in manchem bis heute nachwirken. Es gab „männliche“ und „weibliche“ Tätigkeiten und **Geschlechterrollen** (*gender roles*), die nicht verletzt werden durften.

Die Lebenswelt der Frauen wurde durch die ökonomischen Verhältnisse ebenso bestimmt wie durch religiöse Vorstellungen. Das Christentum – wie alle im Vorderen Orient entstandenen Religionen nicht gerade frauenfreundlich – gestattete erwachsenen Frauen nur zwei Rollen: Ehefrau und Nonne. Die Rolle der meisten Frauen war daher auf den häuslichen Bereich ausgerichtet, Familie, Kindererziehung und Haushalt zählten zu den Haupttätigkeiten der Frauen, die allerdings auch in den wirtschaftlichen Bereichen (Landwirtschaft, Gewerbe) als Arbeitskraft eingesetzt wurden.

Seit dem Beginn der Neuzeit war die monogame Ehe als Norm voll durchgesetzt, Sexualität war auf diese Lebensform beschränkt – zumindest den Vorstellungen der Kirche und der Obrigkeiten nach – und dien-

Abb. 14

Niederkunft einer Frau in der Frühen Neuzeit aus Jacob Rueffs Hebammenbuch, Zürich 1554

te vor allem der Zeugung von Kindern. Der Mann war *caput mulieris* (das Haupt der Frau), die als *vir imperfectus* (als unvollkommener Mensch) betrachtet wurde. Daher musste – den Vorstellungen dieser patriarchalen Gesellschaft nach – der Mann die *Munt* (also eine Art Vormundschaft) über die Frau, die als selbst nicht rechtsfähig betrachtet wurde, übernehmen. Diese Munt übte zunächst der Vater, dann der Ehemann und wenn die Frau in ein Kloster eintrat, der Vogt des Klosters aus.

Nicht alle Menschen der Frühen Neuzeit konnten heiraten, da die Eheschließung oft an Besitz gebunden war (→ vgl. Kap. 6.1), die ledigen Frauen (und Männer) konnten legitim ihre Sexualität nicht ausleben, was besonders für die Frauen sehr belastend war, denn der Begriff der „Ehre“ war eine zentrale Vorstellung der Zeit. Die Angst vor ungewollter Schwangerschaft und die damit verbundene „Schande“ prägten das Leben vieler Frauen. Viele Ehen waren altersungleich, in fast allen Familien gab es durch die mehrfachen Eheschließungen Stiefgeschwisterreihen.

In der Frühen Neuzeit herrschte ein Frauenüberschuss (auf 1000 Männer kamen etwa 1200 Frauen) – obwohl die Lebenserwartung von

Frauen geringer war als die von Männern – besonders in den Städten, sodass viele Frauen in kirchlichen Institutionen wie Frauenklöstern oder nach der Reformation in Frauenstiften (Kanonissen-Stifte) „versorgt" werden mussten. Viele Frauenklöster wurden in der Zeit der Reformation in weltliche Kanonissen-Stifte umgewandelt.

Die Marginalisierung der Frauen in der Gesellschaft verbesserte sich auch durch die Reformation nicht entscheidend. Luther führte keine Neubewertung der Frau in der Gesellschaft durch, er kam nur zu der Erkenntnis, dass die Ehe besser sei als der Zölibat, was vor allem die Priester betraf. Doch die Frauen wurden auch in der Reformation auf ihre biologische Funktion reduziert, ins Haus verbannt und dem Ehemann untergeordnet.

Wirtschaftlich waren die Frauen – abgesehen von einigen speziellen Berufen, deren Ausübung ihnen vorbehalten war (Ammen, Hebammen, Badefrauen und Dienstmädchen) – in ihren eigenständigen Erwerbsmöglichkeiten sehr eingeschränkt; sie blieben von den Zünften ausgeschlossen, wenn der Meister starb, musste die Witwe nach einiger Zeit wieder heiraten, um das Gewerbe weiterführen zu können (Rollenergänzungszwang). Einzig der Verkauf in den Läden der Stadt war eine Domäne der Frauen.

Die Frauenbildung war wenig ausgeprägt und sehr standesspezifisch, sie wurde weitgehend von weiblichen Personen vermittelt. Bis weit über die Frühe Neuzeit hinaus gab es keine Möglichkeit für Frauen an den höheren Bildungsinstitutionen der Zeit wie etwa den Universitäten zu studieren. Seit der Reformation verbreiteten sich Mädchenschulen, die allerdings weitgehend den Oberschichten vorbehalten waren. Diese waren sowohl in protestantischer Prägung entstanden als auch in katholischer. Seit der Gegenreformation spielten dabei die Ursulinen eine bedeutende Rolle. Die Bildung der Frauen machte sie auch zu einem Lesepublikum der Zeit und es entstand in Ansätzen eine eigene Frauenliteratur.

Aufgaben zum Selbsttest

- Welche „geschlechtsspezifischen" Aufgaben hatten Frauen der Frühen Neuzeit?

Literatur

Olwen Hufton, **Frauenleben**. Eine europäische Geschichte 1500–1800, Frankfurt am Main 1998.

Kerstin Merkel/Heide Wunder (Hg.) **Deutsche Frauen der Frühen Neuzeit**. Dichterinnen, Malerinnen, Mäzeninnen, Darmstadt 2000.

Reinhard Sieder, **Sozialgeschichte der Familie** (Edition Suhrkamp 1276 = N.F., Bd. 276 Neue historische Bibliothek), Frankfurt am Main 1992.

Heide Wunder/Christina Vanja (Hg.), **Weiber, Menscher, Frauenzimmer**. Frauen in der ländlichen Gesellschaft 1500–1800, Göttingen 1996.

Heide Wunder, **„Er ist die Sonn', sie ist der Mond"**. Frauen in der Frühen Neuzeit, München 1992.

Politische Systeme Europas im Vergleich – Vom Dualismus zum „Absolutismus“

6.2

Die Dynastien Europas – mit Ausnahme der osmanischen Herrscherfamilie – waren meist eng miteinander verwandt und fast jede Eheschließung im katholischen Bereich Europas musste vom Papst wegen der zu nahen Verwandtschaft der Ehepartner mit einer **DISPENS** eigens erlaubt werden. Mit der Reformation verengte sich der Heiratsumkreis der Dynastien nochmals, denn Heiraten zwischen katholischen und protestantischen Partnern waren undenkbar.

DISPENS ist die nach dem Kirchenrecht mögliche Befreiung von einem Verbot oder Gebot.

Der Hof war selbstverständlich nicht bloß der Herrscher und seine Familie, sondern ein zunehmend anwachsender Kreis an Personen – Adelige, Beamte, Künstler und Wissenschaftler, Vertreter der Armee und viele andere spielten eine Rolle am Hof, dessen Strukturen sich zunehmend bürokratisch verfestigten. Das Leben bei Hof war fest geregelt und diszipliniert, das ausgeprägte Zeremoniell bestimmte das Verhalten bis ins kleinste Detail.

Die Höfe waren auch Zentren des kulturellen Lebens, denn eine der wichtigsten Aufgaben des Herrschers wurde in der Repräsentation gesehen, durch die man einerseits die Untertanen beeindrucken konnte und die andererseits das wichtigste Element in der Konkurrenz mit anderen Höfen darstellte. Viele der Bauwerke, Gärten, Sammlungen und kulturellen Institutionen wie Bibliotheken und Archive geben noch heute davon Zeugnis.

In den verschiedenen Territorien waren die Herrscher in ihrer Macht kontrolliert von den **Ständen,** die sich seit dem späten Mittelalter zu einer wesentlichen institutionellen Kraft im Staate entwickelt hatten. Namengebend für dieses „parlamentarische System“ wurde die britische Form des Parlaments, aber auch die *Cortes* in Spanien, das französische *Parlement*, das ein Gerichtshof war, der *Sejm* in Polen und die Reichs- oder Landtage in vielen Territorien Europas waren machtvolle Versammlungen, welche den Handlungsspielraum des Herrschers einschränken konnten. Die Art der Organisation dieser ständischen Vertretungsinstitution war unterschiedlich, es gab entweder ein Zweikammersystem mit Oberhaus und Unterhaus, wie in England bis heute, oder ein Kuriensystem, in dem die verschiedenen sozialen Gruppen getrennt verhandelten, wie im Heiligen Römischen Reich (→ vgl. S. 32).

Politisch dominierend in diesen Ständen, die von der Forschung oft allzu generalisierend als eine Vorform des Parlaments eingestuft wurden, war der grundbesitzende Adel. Die Vertreter des hohen Adels (Herrenstand) waren automatisch persönlich in der jeweiligen Ständeversamm-

Abb. 15 | *Reichstagssitzung in Regensburg 1653*

lung vertreten (Virilisten) und übten den größten Einfluss aus. Vertreter des niederen Adels (Ritterstand) konnten nur in einer ausgewählten Zahl an den Versammlungen teilnehmen, Ähnliches galt natürlich für die Vertreter der Städte. Diese Auswahl erfolgte allerdings nicht wie bei modernen Parlamenten durch eine demokratische Wahl, was einen der wesentlichen Unterschiede zu den modernen Volksvertretungen ausmacht.

Die Städte hatten zwar in den meisten Landtagen oder Reichstagen der europäischen Staaten einen festen Platz, sie zahlten auch einen Großteil der Steuern, ihre politischen Einflussmöglichkeiten waren allerdings gering. Nur in einigen wenigen Regionen Europas waren auch bäuerliche Untertanen in den Ständen vertreten. Für das 16. Jahrhundert spricht man oft vom **Dualismus**, was dieses Zusammenwirken des Herrschers und der ständischen Vertreter (z.B. in der Formel Kaiser und Reich) charakterisiert. Das wesentliche Element der Mitbestimmung lag im Steuerbewilligungsrecht, das die ständischen Gremien hatten. Kein Herrscher konnte ohne die Zustimmung der Stände Steuern einheben.

Dieses Recht nutzten die ständischen Vertreter weidlich, um ihre Interessen – im 16. Jahrhundert vor allem konfessionelle Forderungen, aber auch andere Privilegierungen – durchzusetzen. Auch die Herrschaftseinsetzung war mit diesen Ständen verbunden, erst wenn der Herrscher die Privilegien (vor allen des Adels) bestätigt hatte, erfolgte die Huldigung oder Krönung, die eine wesentliche Voraussetzung für die Ausübung von Herrschaft war.

Das dualistische System änderte sich in den meisten europäischen Staaten im 17. Jahrhundert. Dieser Wandel, in dem die Macht des Herrschers anstieg und die der Stände abnahm, wird meist als **Absolutismus** bezeichnet, allerdings ist dieser alt eingeführte Begriff in der letzten Zeit zunehmend kritisiert und hinterfragt worden, doch gibt es keinen terminologischen Vorschlag, der den Begriff „Absolutismus“ wirklich ersetzen könnte. Fast alle monarchischen Staaten Europas (außer Großbritannien) nahmen diese absolutistische Entwicklung. Sicherlich am deutlichsten hat sich der Absolutismus in Frankreich unter Ludwig XIV. herausgebildet, auf den sich auch die meisten Studien zum Phänomen Absolutismus beziehen.

Die Staatstheoretiker der Frühen Neuzeit, allen voran Niccolò Machiavelli (1469–1527), Jean Bodin (1529/30–1596) und Thomas Hobbes (1588–1679) legten die Grundlagen für die absolutistische Herrschaftsform, in der die Staatsräson, ein Begriff, den Giovanni Botero (1544–1617) 1589 einführte, höher bewertet wurde als das Schicksal des Einzelnen. Die Macht des Herrschers war ungeteilt, sie beruhte laut Hobbes auf einem Gesellschaftsvertrag, im Zuge dessen das Volk Rechte an den Monarchen abtrat.

Bestimmende Elemente des Absolutismus waren eine zunehmende Bürokratisierung des Staates, die auch einen immer besseren Zugriff auf die wirtschaftlichen Ressourcen ermöglichte, die Herausbildung eines stehenden Heeres (*miles perpetuus*), das die häufige Kriegführung begünstigte und eine Überhöhung der Person des Herrschers. Dieser Kult um den Herrscher, der sich mit dem Staat identifizierte (*l'état c'est moi*, der Staat bin ich, sagte Ludwig XIV.) wurde in Frankreich unter dem Sonnenkönig, der durch gigantische Bauten wie Versailles, aber auch durch sein Mäzenatentum für die Kunst und die Wissenschaft (*Académie des sciences* in Paris 1666) hervorstach, auf die Spitze getrieben. Die symbolischen Elemente der Machtausübung waren jedenfalls integrativer Bestandteil des politischen Systems im Absolutismus.

Nicht in allen Staaten Europas war der Absolutismus so ausgeprägt wie in Frankeich, der Kaiser im Heiligen Römischen Reich etwa konnte keinen absolutistischen Regierungsstil entfalten, während die Herrscher einzelner Territorien durchaus absolutistisch regieren konnten.

Abb. 16
Ludwig XIV. im Kreis des „conseil des parties"

Die große Ausnahme war Großbritannien, wo durch die Revolution unter Oliver Cromwell (1599–1658), die Hinrichtung des Königs Karls I. (1600–1649) und die Restauration der Monarchie ganz andere Verhältnisse herrschten. In der *Glorious Revolution* (→ vgl. Kap. 8.3) wurde eine parlamentarische Monarchie durchgesetzt, die sich deutlich von der politischen Struktur der anderen Monarchien in Europa unterschied.

Eine wesentliche Weiterführung und Veränderung erfuhr der Absolutismus unter dem Einfluss der Aufklärung. Viele der Monarchien Europas sahen die Notwendigkeit für Reformen, allerdings in diesen Prozess die Untertanen einzubeziehen, war nicht denkbar. Am besten charakterisiert der Spruch Kaiser Josephs II. (1741–1790) diese Einstellung, er sagte: „Alles für das Volk; nichts durch das Volk". Spielarten des **aufgeklärten Absolutismus** fanden sich im 18. Jahrhundert in vielen europäischen Staaten, allen voran in Preußen unter Friedrich II. dem Großen (1712–1786), in Russland unter Katharina der Großen und in der Habsburgermonarchie, in der Maria Theresia zwar viele Reformen durchführte, allerdings nicht gänzlich vom Gedankengut der Aufklärung geprägt war, und unter ihren aufgeklärten Söhnen Joseph II. (1741 – 1790) und Leopold II. (1747 – 1792). Oft geführte Diskussionen bewegen sich um die – letztlich nicht zu beantwortende – Frage, ob dadurch in diesen Ländern des aufgeklärten Absolutismus ähnliche Phänomen wie die Französische Revolution verhindert wurden.

Das Gedankengut der Aufklärung, das sich vor allem im entstehenden Bürgertum und in Teilen des Adels – eine wichtige Rolle der gesellschaftlichen Integration und der Förderung der Ideen der Aufklärung spielten dabei die Freimaurerlogen – festsetzte, war Vorzeichen des Wandels der europäischen Geschichte, die im späten 18. Jahrhundert

Abb. 17

Friedrich der Große besucht Voltaire in dessen Wohnung im Potsdamer Stadtschloss, Kupferstich von Pierre Charles Baquoy (1759 – 1829) nach einem Gemälde von Nicolas André Monsiau (1754 – 1837)

langsam den Weg in die Moderne antrat. Vorboten wie die amerikanische Unabhängigkeitsbewegung mit ihrem neuen republikanischen Staatsmodell, das auf den Prinzipien der Rechtstaatlichkeit, der Gewaltenteilung und der Menschenrechte beruhte, wurde ebenso wie die frühe Phase der Französischen Revolution Vorbild für die weitere politische Entwicklung Europas im langen 19. Jahrhundert.

Aufgaben zum Selbsttest

- Nennen Sie einige der wichtigsten Dynastien in Europa.
- Beschreiben Sie die Rolle der Stände in den europäischen Staaten der Frühen Neuzeit.

Literatur

Ronald G. Asch, **Europäischer Adel in der Frühen Neuzeit**. Eine Einführung, Köln-Wien u.a. 2008.

Ronald G. Asch/Heinz Duchhardt (Hg.), **Der Absolutismus – ein Mythos?** Strukturwandel monarchischer Herrschaft in West- und Mitteleuropa (ca. 1550–1700) (Münstersche historische Forschungen 9), Köln-Wien 1996.

Francis L. Carsten, **Princes and Parliaments in Germany from the Fifteenth to the Eighteenth Century**, Oxford 1959.

Heinz Duchhardt/Matthias Schnettger (Hg.), **Reichsständische Libertät und habsburgisches Kaisertum** (Veröffentlichungen des Instituts für Europäische Geschichte Mainz Beiheft 48, Abteilung Universalgeschichte), Mainz 1999.

Heinz Duchhardt, **Absolutismus – Abschied von einem Epochenbegriff?**, in: Historische Zeitschrift 258 (1994), S. 113–122.

Johannes Kunisch, **Absolutismus**. Europäische Geschichte vom Westfälischen Frieden bis zur Krise des Ancien Régime, Göttingen 2. Auflage 1999.

Michael Sikora, **Der Adel in der frühen Neuzeit**. Darmstadt 2009.

Das konfessionelle Zeitalter (1517 – 1648)

7

Überblick

Für einen weiten Teil Mittel-, West- und Nordeuropas steht der erste Abschnitt der Frühen Neuzeit zweifellos unter dem Primat der konfessionellen Entwicklungen und legitimiert damit die Epochenbezeichnung, die natürlich für das südliche, mediterrane Europa und den Südosten und Osten des Kontinents wenig Aussagekraft hat. Hingegen haben sowohl Humanismus als auch Renaissance ihren Ausgangspunkt in Italien genommen und sind mit einer gewissen zeitlichen Verzögerung zu einem gesamteuropäischen Phänomen geworden. Zeitliche Verschiebungen und regionale Besonderheiten charakterisieren die europäische Geschichte und machen jeden Versuch einer „exakten" Periodisierung unmöglich oder zumindest fragwürdig.

Natürlich hatten religiöse Verhaltensweisen und die Frage nach dem „wahren" Glauben auch die mittelalterliche Gesellschaft geprägt und auch nach 1648 waren konfessionelle Fragen immer noch wirkmächtig und blieben es partiell auch noch sehr lange Zeit. Dennoch ist die entstandene konfessionelle Spaltung in der Reformation und die Aushandlung einer Verteilung der Konfessionen in Europa ein zentraler Aspekt der ersten eineinhalb Jahrhunderte der Frühen Neuzeit.

7.1 Renaissance und Humanismus

Die Welt der mittelalterlichen Menschen war stark von religiösen Einstellungen und Verhaltensweisen geprägt, das Streben war auf das Jenseits ausgerichtet, das Leben in dieser Welt wurde nur als Durchgangsstadium empfunden. Auch die Intellektuellen der Zeit waren eng an die Kirche gebunden, meist waren sie Kleriker oder Mönche. Die Erkenntnis richtete sich nach der Bibel oder gegebenenfalls den antiken Klassikern, die man heranzog, wenn es galt, eine Frage zu beantworten. Der Blick in die Natur und die Beobachtung ihrer Vorgänge fehlte weitgehend.

SCHOLASTIK
Diese Denkrichtung war eine wissenschaftliche Methode der Beweisführung, die von den Theologen des Mittelalters in ihren lateinischen Schriften angewandt wurde.

Mit der **SCHOLASTIK** erreichte die Theologie im späten Mittelalter einen Höhepunkt, der allerdings nicht mit der Blüte, sondern dem Verfall der Kirche als Institution zusammenfiel (→ vgl. Kap. 7.3).

Zentrum und Motor der geistigen und künstlerischen Entwicklung in Europa war Italien, das gegenüber dem Gebiet nördlich der Alpen einen großen Zeitvorsprung hatte. Die intensive Beschäftigung mit der Antike begann unter den Intellektuellen Italiens bereits im 14. Jahrhundert und führte zur Geistesströmung der Renaissance, die in Italien von 1400 bis 1600 anzusetzen ist und ca. ein Jahrhundert später in ganz Europa verbreitet war, wo sie auch länger wirksam blieb.

Den **Begriff Renaissance** prägte der Künstler und Schriftsteller **Giorgio Vasari** (1511 – 1574), der auch ein Werk mit Künstlerbiographien herausbrachte, das eine wertvolle Quelle für die Kunstgeschichte der Renaissance darstellt und als Textsorte den Beginn der Kunstgeschichtsschreibung darstellt. Renaissance (italienisch *rinascita* oder *rinasciamento*) bezeichnet die Wiedergeburt der Antike, womit Vasari schon 1550 die Dreiteilung der Geschichte in die Diskussion einführte. Der glanzvollen Epoche der Antike folgt die Zeit des Verfalls, das Mittelalter, und daran schließt die Wiedergeburt der Antike ab 1250 an. Damit bezog er sich auf „Vorläufer" der Renaissance, wie etwa die Rezeption des römischen Rechts, die um diese Zeit einsetzte, aber auch Künstler wie z. B. den Maler Giotto di Bondone (1266 – 1337), den Bildhauer und Architekten Filippo Brunelleschi (1377 – 1446), den Bildhauer Donatello (eigentlich Donato di Niccolò di Betto Bardi, 1386 – 1466) oder die Schriftsteller Dante Alighieri (1265 – 1321) mit seiner *Divina Commedia* (Göttliche Komödie) oder Giovanni Boccacio (1313 – 1375) mit dem *Decamerone*, die vieles von dem vorwegnahmen, was die Renaissancekultur ausmacht.

Besonders im deutschen Sprachraum hat dann zur Verbreitung und Durchsetzung des Begriffes „Renaissance" das 1860 erschienene Buch von **Jakob Burckhardt** (1818 – 1897) *Die Cultur der Renaissance in Italien* erheblich beigetragen. Immer in engem Zusammenhang mit dem Begriff der Renaissance verwendet man den des **Humanismus**. Die Gelehrten des späten Mittelalters und am Beginn der Frühen Neuzeit werden als *Humanisten* (von lateinisch *homo* der Mensch abgeleitet) bezeichnet. Damit meint man jene kleine Schicht der Intellektuellen und Künstler, die von den Ideen der Renaissance beeinflusst waren und den Menschen in seiner Diesseitigkeit in den Mittelpunkt ihrer Bemühungen stellten. Der moderne wissenschaftliche Begriff Humanismus, der auch als Epochenbezeichnung dient, wurde 1808 von **Friedrich Immanuel Niethammer** (1766 – 1848) eingeführt. Er hat ihn allerdings nicht im heutigen umfassenden Sinn interpretiert, sondern auf die spezifische sprachliche und literarische Bildung der Renaissancegelehrten bezogen.

Man kann in Bezug auf Humanismus und Renaissance entweder die Kontinuität zum Mittelalter oder – wie es die Zeitgenossen taten – die neuen Ansätze und den Unterschied zur Epoche davor betonen.

Latein war seit der Antike in den Bildungsschichten Europas immer präsent, es war die Sprache der Wissenschaft und der „internationalen" Kommunikation (hatte also eine ähnliche Funktion wie heute das Englische). Latein als *lingua franca* diente der Kommunikation in verschiedenen Formen, vom simplen „Küchenlatein" der einfachen Menschen bis zu einer völligen Beherrschung der Sprache, in der man gelehrte Texte verfassen konnte. Natürlich haben die Humanisten sich über das Latein der Kirche lustig gemacht, aber einige scholastische Theologen wie z.B. Thomas von Aquin (um 1225–1274) schrieben ein sehr ausgefeiltes Latein.

Gerade die Kirche, vor allem die Klöster mit ihren **SKRIPTORIEN**, haben ja zur Erhaltung der antiken Literatur wesentlich beigetragen, ohne das Abschreiben der lateinischen und griechischen Autoren in den Klöstern, wäre von der Antike wenig Schriftliches geblieben. Das Verdienst der Humanisten war es, diese Quellen zu suchen und neu zu interpretieren. Dabei wurden Vorformen der Quellenkritik entwickelt, man ging *ad fontes* (zu den Quellen) und suchte damit den „unverdorbenen" Originaltext oder versuchte ihn aus verschiedenen Fassungen wieder herzustellen.

SKRIPTORIUM Schreibstube der Klöster des Mittelalters, in der geistliche, aber auch profane Texte abgeschrieben und damit für die Nachwelt erhalten wurden.

Auch der gerne überbetonte Bruch mit der Dominanz von Religion in der Gesellschaft kann relativiert werden. Das Zeitalter der Renaissance ist keines der Säkularisierung oder gar der Abwendung von der Religion, ihren Werten und Verhaltensformen, die Renaissance war also keineswegs „heidnisch", auch wenn sie sich mancher Ausdrucksformen der vorchristlichen Antike bediente.

Bei aller Kontinuität gegenüber der mittelalterlichen Gelehrsamkeit und Lebensführung standen aber doch entscheidende Veränderungen am Beginn der Neuzeit, die drei Grundprinzipien hatten: die Neuentdeckung der Antike, die Hinwendung zur Natur sowie die Betonung des „Ich" und der Individualität.

Die Grundlage der Bildung war die Beherrschung des **Latein,** das in den *studia humanitatis*, der Beschäftigung mit Grammatik, Rhetorik und Poetik, erlernt wurde. Teilweise studierte man auch das Altgriechische, wobei die Eroberung von Konstantinopel durch die Osmanen viele griechische Gelehrte und auch viele griechische Handschriften in den Westen brachte. Auch in vielen anderen Bereichen, vor allem in der Kunst, war die Orientierung an der Antike grundlegend, man übernahm die Formensprache der Antike, die man aus Büchern – allen voran den *Zehn*

Bücher über Architektur von Marcus Vitruvius Pollio (kurz Vitruv) – und aus dem Studium der Reste der römisch-antiken Architektur erlernte. Auch für viele europäische Künstler aus dem Norden wurde die Reise nach Italien zu einer Pflicht.

Einer der frühen Humanisten, der bedeutende Schriftsteller Francesco Petrarca (1304–1373), bestieg im Jahre 1336 den Mont Ventoux in der Provence. Sein oft zitierter in lateinischer Sprache verfasster Brief, in dem er über diesen Ausflug berichtete, stellt die Natur und die Selbstbetrachtung in einen Zusammenhang und ist geradezu **EMBLEMATISCH** für die neue Gesinnung der Renaissancemenschen.

EMBLEMATISCH sinnbildlich, ein Teil steht für das Ganze.

Die **Natur** spielte zunehmend eine Rolle **in der Kunst**, Landschaften wurden entweder als eigenständiges Sujet gemalt oder in „traditionelle" Formen, wie biblische Szenen oder Bilder von Heiligen integriert. Dabei entwickelte sich ein Grundelement der Renaissancekunst: die Perspektive. War die mittelalterliche Kunst in erster Linie flächig und die dargestellten Räume nicht nachvollziehbar, so wurde in der Malerei der Renaissance eine Zentralperspektive konstruiert, die zu einem charakteristischen Merkmal des Renaissancestils wurde. Eine zweite mit der Beobachtung der Natur zusammenhängende Neuheit der Renaissancekunst kann man in der genauen Beobachtung des Menschen und seiner Anatomie sowie der Individualisierung des Ausdruckes sehen. Aus der Renaissance sind viele Zeichnungen mit anatomischen Studien vorhanden, die Proportionen des Körpers in den Gemälden sind stimmig und man spielt auch mit der Perspektive, indem man etwa liegende Figuren perspektivisch verzerrte, man sieht die Füße ganz groß und nah und dann kleiner und weit entfernt den Kopf des Betreffenden. Ähnliches ist auch in der Plastik zu bemerken, auch hier werden die Figuren anatomisch exakt wiedergegeben. Eine besondere – der konservativen Kirche widerstrebende – Rolle spielte auch die Nacktheit der Figuren. Es sind nicht mehr verschämte Andeutungen nackter Körper, wie bei den mittelalterlichen Darstellungen von Adam und Eva, sondern säkulare, oft auch sehr erotische Darstellungen von nackten Menschen, die für viele Zeitgenossen sicherlich schockierend waren.

Die menschliche Figur wird zuerst sehr unbeweglich und steif dargestellt, meist stehend mit Standbein und Spielbein und vor allem nur aus einer Position heraus zu betrachten. Im Laufe der Entwicklung der Renaissancekunst gewinnen die Figuren an Bewegung, was letztlich in der Spätrenaissance in der sogenannten *figura serpentinata* endet. Darstellungen eines oder mehrerer Menschen in Bewegung können von allen Seiten betrachtet und umschritten werden, sie sind nicht mehr ausschließlich aus einem Blickwinkel zu sehen. In der Graphik der Zeit, die solche Statuen z. B. von Giovanni da Bologna (Giambologna,

Abb. 18

Raub der Sabinerinnen in der Loggia der Piazza della Signoria in Florenz, Statue von Giovanni da Bologna

1529–1608) darstellen, wird eine Serie von Ansichten von allen Seiten gezeigt, die das Gesamtwerk erahnen lassen.

Das **Studium der Natur** spielte auch in den frühen Naturwissenschaften eine große Rolle, wobei die große Zeit dieser Wissenschaften wohl erst in der *Scientific Revolution* des 17. Jahrhunderts zu sehen ist. Auf diesem Gebiet war Italien an der Entwicklung beteiligt, aber nicht so dominant wie auf dem Gebiet der Kunst, wenn auch ein Zentrum der medizinischen Neuerung in Mittel- und Oberitalien lag. An der Universität Padua wurde 1594 das erste *anatomische Theater*, in dem echte Leichen seziert wurden, erbaut, und an dieser Universität wurde auch einer der ersten *botanischen Gärten* Europas (1545) geschaffen, der für die Pflanzen- und damit auch Arzneikunde von größter Bedeutung war.

Die sprichwörtlich gewordene **kopernikanische Wende** ereignete sich nicht in Italien, sondern der polnische Astronom Nikolaus Kopernikus entdeckte, dass nicht die Erde das Zentrum des Universums ist, sondern die Sonne und legte diese Erkenntnis in seiner Schrift *De revolutionibus orbium coelestium* (1543) nieder. Für die Menschen der Zeit war das nicht immer verständlich, vor allem sah man nicht ein, wieso plötzlich die Erde nicht mehr im Mittelpunkt der Schöpfung stehen sollte. Die katholische Kirche hielt lange am geozentrischen Bild fest und wandte sich vehement gegen das heliozentrische Weltbild, dessen Anhänger verfolgt und sogar hingerichtet wurden, die besten Beispiele sind Galileo

Galilei und Giordano Bruno (1548 – 1600), der in Rom als Ketzer verbrannt wurde.

Die Astronomie war die führende Wissenschaft am Beginn der Neuzeit. Große Astronomen wie der Däne Tycho Brahe oder Johannes Kepler, die beide am Hof Rudolfs II. (1552 – 1612) in Prag wirkten, legten den Grundstein unserer Auffassung vom Universum. Auch auf anderen Gebieten wie der Alchemie – deren Ziele allerdings entweder philosophischer oder sehr materieller Art, mit der Hoffnung unedles Metall in Gold zu verwandeln, waren – oder die Medizin, wo, um nur ein Beispiel zu

Abb. 19

Albrecht Dürer: Selbstbildnis aus dem Jahr 1500

nennen, der Flame Andreas Vesalius in seinem Buch *De Humanis Corpori Fabrica* von 1543 die Kenntnis des menschlichen Körpers auf eine neue Grundlage stellte, wären dabei zu nennen.

Eines der großen Universalgenies der Renaissance war Leonardo da Vinci (1452–1519), der nicht nur ein großartiger Maler war – seine *Mona Lisa* (italienisch *La Gioconda*, die Heitere) ist eines der bekanntesten Bilder der Renaissancekunst –, sondern auch ein großer Erfinder, der viele Dinge entwarf, die erst Jahrhunderte später verwirklicht wurden.

Das **neue Menschenbild**, das sich ebenfalls an der Antike orientierte, wird am deutlichsten in Büchern wie Baldassare Castigliones (1478–1529) *Il Libro del Corteggiano* (Das Buch vom Hofmann). Hier wird der neue, allseits gebildete Mensch, der alle Künste und Wissenschaften ebenso perfekt beherrscht wie die Führung der Waffen im Turnier und auf der Jagd, den Tanz, und noch viele andere Fähigkeiten hat, zum Ideal erhoben. Geradezu ein Gegenbild, das aber nur die andere Seite des „Höflings" aufzeigt, hält uns die Schrift *Il Principe* (der Fürst) von Niccolò Machiavelli vor Augen, den rücksichtslosen Machtpolitiker, der nur vom Willen der Macht und von seinem Egoismus geleitet wird.

Viele der Gelehrten der Renaissance und des Manierismus waren universell gebildet, sie waren Dichter und Naturwissenschaftler, oft auch Maler oder Musiker in einem. Trotz des Fehlens der schnellen Kommunikationsmittel war diese europäische geistige Elite blendend vernetzt, wovon die vielen erhaltenen Briefwechsel zwischen Humanisten zeugen.

Das **soziale Umfeld**, in dem die Renaissance gedieh, waren die **Höfe der Fürsten.** Diese hatten sowohl Bedarf an gelehrten Männern, die sich durch *eloquentia* (Beredsamkeit) und die Kenntnis des römischen Rechts auszeichneten und an den bedeutenden Universitäten wie Padua, Siena oder Bologna ausgebildet waren. Auch diese Universitäten waren natürlich Zentren der humanistischen Bildung.

Info

Rezeption des römischen Rechts

▶ Die **Rezeption des römischen Rechts** war ein wesentlicher Vorgang, der schon im Mittelalter begann und die Frühe Neuzeit nachhaltig prägte. Mittelalterliche Rechtsgelehrte seit dem 12. Jahrhundert beschäftigen sich mit dem *Corpus iuris civilis*, der bedeutendsten Rechtssammlung der Spätantike. Das römische Recht war gegenüber dem althergebrachten „deutschen" Recht weitaus ausgefeilter und begünstigte die Herrschenden. Diese neuen Rechtsvorstellungen verbreiteten sich zunächst in Italien und Südfrankreich und wurden dann auch im Heiligen Römischen Reich rezipiert, wo sie in die Rechtsbücher des Mittelalters Eingang fanden. Mit diesem neuen Rechtssystem ging auch eine Verschriftlichung des Rechtes einher, die ebenfalls den Herrschenden nützte. In der Frühen Neuzeit hatte das römische Recht auch großen Einfluss auf die Neukodifizierungen des Landrechtes.

Bei den Höfen der Fürsten wuchsen auch das Repräsentationsbedürfnis und damit das Mäzenatentum in der Zeit der Renaissance sehr an. Man wollte auf kulturellem Gebiet seine Überlegenheit zur Schau stellen. Gerade in Italien gab es neben den intellektuellen Knotenpunkten Florenz und Rom viele kleinere Höfe wie Neapel und Mailand, aber auch Rimini unter den Malatesta, Urbino unter Federico da Montefeltro (1422 – 1482), Mantua unter den Gonzaga und Ferrara unter den Este waren Zentren der künstlerischen Entwicklung.

Nicht wegzudenken für die Entwicklung der Kunst in Italien ist natürlich **Florenz**, das immer als Wiege der Renaissance bezeichnet wird. Fürst Cosimo de' Medici (1389 – 1564) förderte Kunst und Wissenschaft in besonderem Maße. Künstler wie Filippo Brunelleschi (1377 – 1446), Michelozzo di Bartolomeo (1396 – 1472), Filippo Lippi (um 1406 – 1469) und Donatello wirkten an seinem Hof und das Interesse Cosimos an der Philosophie Platons führte zur Gründung einer platonischen Akademie in Florenz unter Marsilio Ficino (1433 – 1499) an der auch andere bedeutende Humanisten wirkten.

Den Höhepunkt erreichte die Renaissancekultur in Florenz unter Lorenzo de' Medici il Magnifico (der Prächtige, 1449 – 1492) mit den Künstlern Sandro Botticelli (1445 – 1510) und Michelangelo Buonarroti (1475 – 1564). Das Ende der Renaissance in Florenz setzt man mit der Herrschaft des dominikanischen Bußpredigers Girolamo Savonarola (1452 – 1498) von 1494 – 1498 an.

Das zweite große Zentrum des Humanismus und der Renaissance war **Rom**, wo die Päpste dieses Zeitalters sehr weltlich lebten und als Mäzene der Kunst und der Wissenschaften hervortraten. Einer dieser Päpste der Renaissancezeit war selbst ein bedeutender Humanist, Papst Pius II., Enea Silvio de Piccolomini (1405 – 1464), der vor seinem **PONTIFIKAT** am Hofe Kaiser Friedrichs III. in Wien wirkte und für die Verbreitung des Humanismus nördlich der Alpen mit entscheidend war. Der führende Mann am päpstlichen Hof war Pietro Bembo (1470 – 1547), der auch großen Einfluss auf die Ausbildung der italienischen Schriftsprache nahm.

PONTIFIKAT Amtszeit eines Papstes, der Name leitet sich von seinem Titel Pontifex maximus, der aus der Antike übernommen wurde, ab.

Nicht nur in Rom war der Wirkungsbereich der Künstler vor allem von der Kirche bestimmt, für die gebaut, gemalt und freskiert wurde. Allerdings spielte im Vergleich zum Mittelalter die Repräsentationskunst der Eliten eine zunehmende Rolle, Porträts und Denkmäler – wie etwa die berühmten Reiterstandbilder des Gattamelata (Erasmo da Narni, 1370 – 1443) in Padua oder des Bartolomeo Colleoni (1400 – 1475) in Venedig, aber auch die der Medici in Florenz – vor allem auch Grabdenkmäler im Sinne der *Memoria* (Erinnerungskultur) waren häufige Themen der Renaissancekünstler. Die antike Mythologie war ein wesentliches Ausdrucksmittel der Zeit, ihre Themen und Motive waren den gebildeten

Zeitgenossen vertraut, sie konnten die „Texte“ lesen und die Aussagen, sehr häufig auch politische Inhalte, verstehen. In vielen kulturellen Manifestationen der Zeit wirkten die verschiedenen Künste zusammen, sodass „Gesamtkunstwerke“ entstehen konnten.

Die Renaissance verbreitete sich von Italien aus in ganz Europa, überall gab es Humanisten, viele der frühen Impulsgeber kamen aus Italien wie Petrarca, der intensive Kontakte zum Hof Karls IV. (1316–1378) in Prag hatte, oder Eneo Silvio Piccolomini, der am Hofe Kaiser Friederichs III. wirkte.

Der Sohn dieses Kaisers, Maximilian I., förderte den Humanismus an der Universität Wien, die damals eine kurze Blüte erlebte, 1501 wurde ein Poetenkolleg (*Collegium poetarum et mathematicorum*) ins Leben gerufen, das Konrad Celtis (1459–1508) noch durch die *Sodalitas litteraria Danubiana*, eine andere gelehrte Gesellschaft ergänzte. Auch an anderen Höfen, z.B. in Heidelberg wurde der Humanismus gepflegt, in den deutschen Reichsstädten hat auch das städtische Patriarchat die Rolle der Mäzenaten übernommen.

Einer der bedeutendsten Humanisten Europas war Erasmus Desiderius von Rotterdam (1466/67/68–1526), der zwar Kontakte zum Hofe Karls V. (1500–1558) hatte, dessen Lebensmittelpunkt aber die Universitäten waren. Erasmus ist auch ein gutes Beispiel für die vielen Humanisten und Intellektuellen Europas, die zwar mit der Reformation sympathisierten, aber sich nie ganz dafür entscheiden konnten. Häufig wird diese Strömung als Kompromisskatholizismus, *Nikodemismus* (nach der biblischen Figur Nikodemus, die sich nicht für das Christentum entscheiden konnte) oder als *Dritte Kraft* bezeichnet.

Die **Literatur der Renaissance** brachte sowohl Werke in der jeweiligen Sprache des Landes als auch in dem allgemein gebräuchlichen Latein hervor. Berühmte Dichter in Italien waren Ludovico Ariosto (1474–1533), der mit seinem *Orlando furioso* ein Meisterwerk über die Rolandssage schuf und Torquato Tasso (1544–1595), der ebenfalls ein vielgerühmtes Versepos *La Gerusalemme liberata* (Das befreite Jerusalem) hinterließ. Aber auch in Frankreich und England wurde Literatur geschrieben, die bis heute populär ist und gelesen wird, so François Rabelais' (um 1494–1553) Roman von den beiden Riesen *Gargantua und Pantagruel* oder die überaus erfolgreichen Theaterstücke von William Shakespeare (1564–1616). Auch in diesen Ländern gab es natürlich Bücher in lateinischer Sprache, besonders interessant durch seine gesellschaftskritische Haltung und die Begründung der Gattung der Sozialutopien ist Thomas Morus (1478–1535) *Utopia* (1516).

Viele im deutschen Sprachraum und in deutscher Sprache geschriebene Werke dagegen sind wenig bekannt und werden kaum mehr gelesen. Luthers Bibelübersetzung gehört zu den herausragenden Werken der deutschen Literatur (→ vgl. Kap. 7.2). Wichtig für das literarische Genre der gesellschaftskritischen Narrenliteratur, die in der Renaissance boomte, war der in Basel und Straßburg wirkende Sebastian Brant (1457/58 – 1521), der mit dem 1494 erschienen *Narrenschiff* ein Meisterwerk der deutschen Renaissanceliteratur schuf.

Viele Schriften sind in lateinischer Sprache erschienen, vor allem die Polemiken der Gelehrten, wie etwa Johannes Reuchlin (1455 – 1522), der auch Hebräisch lernte und sich im Konflikt mit den Dominikanern, die eine Verbrennung aller jüdischen Schriften forderten, hervortat. Resultat waren die *Epistolae clarorum virorum* (Briefe berühmter Männer) 1514 und die ein Jahr später erschienenen *Epistolae obscurorum virorum* (Briefe der Dunkelmänner), in denen die Gegner verspottet wurden. Als Begründer einer nationalen deutschen Geschichtsschreibung gilt der Humanist Jakob Wimpheling (1450 – 1528) mit seiner *Germania* 1501.

Auch in der **Musik** gingen wesentliche Impulse von Italien aus, so gilt Giovanni Pierluigi da Palestrina (vielleicht 1514/1515 – 1594) als Erneuerer der Kirchenmusik, doch die führenden Musiker wie Orlando di Lasso (1532 – 1594), dessen Lebensweg über Rom, Antwerpen und England nach München führte, und Heinrich Isaac (um 1450 – 1517), Paul Hofhaimer (1459 – 1537) sowie Ludwig Senfl (1490 – 1543) gehörten zur flämischen Schule, die bis zur Barockzeit die Musik der Höfe dominierte.

Die Spätzeit der Renaissance wird als **Manierismus** bezeichnet und von den meisten Kulturwissenschaftlern als eigene Epoche gesehen.

Info

Manierismus

▶ Den Begriff Manierismus führte 1792 der italienische Historiker **Luigi Lanzi** (1732–1810) in die kulturwissenschaftliche Terminologie ein. Er bezeichnete damit die Übergangsformen zwischen der Renaissancekunst und dem Barock. Auch dabei sind wieder zeitliche Unterschiede zwischen Italien, wo der Manierismus in der Kunst schon das 16. Jahrhundert beherrschte, und dem Rest Europas, wo dieser Kunststil sich erst in der zweiten Hälfte des Jahrhunderts durchsetzte und ein oder zwei Jahrzehnte ins 17. Jahrhundert hineinreichte. Schon Vasari hatte den späten Stil Michelangelos als *maniera moderna* bezeichnet, doch der kunsthistorische Begriff für eine Epoche wurde erst von Jacob Burckhardt und später noch von Gustav René Hocke (1908–1985) in seinem Buch *Die Welt als Labyrinth* popularisiert. Vor allem in der Literatur führte der manieristische Stil zu einer Schwülstigkeit der Ausdrucksweise und einer durch komplizierte Sprachfiguren schweren Verständlichkeit. Man hat im Manierismus einerseits die erste internationale, europaweite Kunstströmung gesehen, andererseits wie Hocke eine Gegenströmung zur Klassik.

Aufgaben zum Selbsttest

- Welche Elemente sind für die Renaissance wichtig?
- Wo lagen die Zentren der Renaissance?
- Welches soziale Umfeld hatten Humanismus und Renaissance?

Literatur

August Buck (Hg.), **Die Rezeption der Antike.** Zum Problem der Kontinuität zwischen Mittelalter und Renaissance (Wolfenbütteler Abhandlungen zur Renaissanceforschung 1), Hamburg 1981.

Jakob Burckhard, **Die Kultur der Renaissance in Italien**, Wien 1920.

Peter Burke, **Die europäische Renaissance.** Zentren und Peripherien, München 2005.

Peter Burke, **Die Geschicke des Hofmanns.** Zur Wirkung eines Renaissance-Breviers über angemessenes Verhalten, Berlin 1996.

Peter Burke, **Die Renaissance in Italien.** Sozialgeschichte einer Kultur zwischen Tradition und Erfindung, München 1988.

Sybille Ebert-Schifferer (Hg.), **Natur und Antike in der Renaissance** (Ausstellungskatalog), Frankfurt am Main 1985.

Stephen Greenblatt. **Die Wende.** Wie die Renaissance begann, München 2012.

Gustav René Hocke, **Die Welt als Labyrinth.** Manier und Manie in der europäischen Kunst von 1520 bis 1650 und in der Gegenwart, Reinbek bei Hamburg 1957 (Neuauflage 1987).

Volker Reinhardt, **Die Medici.** Florenz im Zeitalter der Renaissance, München 4. Auflage 2007.

Die Medienrevolution der Frühen Neuzeit | 7.2

Neben den Geistesströmungen von Renaissance und Humanismus in Italien, der „Entdeckung Amerikas" 1492 und dem Thesenanschlag durch Martin Luther im Jahre 1517 wird die Erfindung des Buchdrucks mit beweglichen Lettern immer wieder als ein Datum für das Ende des Mittelalters und den Beginn der Neuzeit genannt. Dabei geht man von der Tatsache aus, dass um 1500 in Europa eine Medienrevolution stattfand, die in ihren Auswirkungen durchaus mit der des späten 20. Jahrhunderts, in der Computer, Digitalisierung und Internet die Kommunikation entscheidend veränderten, vergleichbar ist. **Marshall McLuhan** (1911–1980), der den Begriff der *Gutenberg-Galaxis* geprägt hat, betonte vor allem die Prägung der Zeit nach Gutenberg durch das Buch und die Verschiebung von der mündlichen zur visuellen Kommunikation. Auch die Rolle des Druckens als *agent of change* für die Renaissance, die Reformation und die wissenschaftliche Revolution sowie der Einfluss des Buchdruckes auf den sozialen Wandel wurden in der neueren Forschung diskutiert.

Von der Freyheyt eyniß Christen menschen.
Martinus Luther.
Vuittembergae.
Anno Domini
1 5 2 0.

Abb. 20

Martin Luther: Von der Freiheit eines Christenmenschen 1520

Der Buchdruck hat – wie alle Erfindungen und Neuerungen – alte Formen nicht völlig beseitigt, es gibt natürlich auch eine Kontinuität handschriftlicher Aufzeichnungen, der mündlichen Kommunikation, der Rituale und Bilder. Der Buchdruck schuf allerdings für ein breiteres Publikum einen Zugang zum Wissen und ermöglichte es späteren Generationen leichter auf das Wissen früherer Forscher zurückzugreifen.

Die Erfindung selbst erfolgte um die Mitte des 15. Jahrhunderts, damit war eine Technik, die schon vorher in China existierte, auch in Europa vorhanden, wo sie sich rasch verbreitete. Doch muss man, um den großen Wandel der Zeit verstehen zu können, auch noch einige andere Phänomene kurz beleuchten, welche die Informationsexplosion am Beginn der Neuzeit prägten. Zunächst war vor allem im großen deutschen Sprachraum die Entstehung einer **Verkehrssprache**, die im Norden wie im Süden ebenso gelesen werden konnte, wesentlich. Diese einheitliche Schreibsprache hatte schon Wurzeln in der kaiserlichen Kanzlei Karls IV. in Prag in der zweiten Hälfte des 14. Jahrhunderts, jedoch liegt der Durchbruch der Standardisierung des Deutschen erst in der Bibelübersetzung Luthers. Reformation und Buchdruck sind also in vielerlei Hinsicht auf das Engste verbunden. Vereinfacht könnte man sagen, dass einerseits die rasche Durchsetzung des reformatorischen Gedankengutes ohne den Buchdruck nicht möglich gewesen wäre und andererseits die Auseinandersetzung um konfessionelle Fragen in der ersten Hälfte des 16. Jahrhunderts zu der „Explosion des gedruckten Wortes“ (Winfried Schulze) geführt hatte, die diese Zeit charakterisiert.

Neben der Standardisierung der deutschen Sprache war auch die Erfindung des **Papiers,** das es ebenfalls in China schon lange gab, von Bedeutung. Hätte man alle Bücher auf Pergament – dem klassischen Beschreibstoff des Mittelalters – drucken müssen, so wäre die eben genannte Explosion des gedruckten Wortes nicht möglich gewesen. Seit dem 12. Jahrhundert gab es zuerst in Spanien und während des 13. Jahrhunderts dann an vielen Orten in Frankreich und Italien eine Papiererzeugung. Auch diese Erfindung verbreitete sich – noch lange vor dem Buchdruck – in Europa. Im deutschen Sprachraum wurde das erste Papier in Nürnberg um 1389/90 erzeugt, wo der Ratsherr Ulman Stromer (1329–1407) eine Papiermühle gründete, nachdem er die Technik der Papiererzeugung in der Lombardei kennen gelernt hatte.

Alle diese Voraussetzungen sind notwendig, um den Erfolg des neuen Druckverfahrens mit den beweglichen Lettern zu verstehen. Das Neue an der Erfindung von Johannes Gensfleisch, genannt Gutenberg (um 1400–1468), war die Auflösung des Textes in seine kleinsten Bestandteile, die 26 Buchstaben. Durch deren Neuanordnung wurde die Möglichkeit, unterschiedliche Texte drucken zu können, eröffnet, denn die Technik, einzelne Seiten in Holz zu schneiden und dann zu drucken (*Blockbücher*), gab es schon davor. Wie bei den meisten Erfindungen muss man auch diese Entwicklung im Rahmen eines Prozesses sehen, bei dem auch andere, wie etwa besonders erfinderische Typenschneider einen großen Anteil hatten. Die Presse selbst war keine neue Technologie, sondern nahm den seit der Antike bekannten Typus der Wein- und Olivenpresse auf, wobei in den 1470er Jahren Verbesserungen vorgenommen wurden, die eine höhere Produktionsgeschwindigkeit erlaubten.

Eines der Hauptanliegen Gutenbergs war der Druck der Bibel. Die so genannte 42-zeilige Bibel, welche in zwei Spalten zu je 42 Zeilen gedruckt wurde, gilt als Meisterwerk der Drucktechnik.

Info

Verbreitung des Buchdruckes in Europa

▶ 1458 wurde die erste Offizin in Straßburg, das heute in Frankreich liegt, damals aber ein Teil des Heiligen Römischen Reiches war, gegründet. Schon wenige Jahre später entstanden Druckereien unter anderem in Basel (1464), Rom (1467), Köln (1465), Paris (1468), Pilsen (1468), Augsburg (1468), Venedig (1469) und Nürnberg (1470), dann folgten Löwen in Belgien, Valencia, Krakau, Westminster und Prag. Um 1470 gab es im deutschen Sprachraum 17 Orte mit einer Druckerei, bis zum Jahr 1490 erhöhte sich die Zahl auf 204 Druckorte und 1500 bestanden bereits 252 Druckorte in Europa, 80 in Italien, 52 in Deutschland und 43 in Frankreich. In diesen Druckereien wurden vor dem Jahr 1500 ca. 27.000 Bücher gedruckt, nimmt man eine Auflage von 500 Stück an (zunächst waren es nur 300, um 1500 schon 600 Exemplare pro Buch), waren das 13 Millionen Bücher für eine europäische Bevölkerung von 100 Millionen Menschen. Diese besonders wertvollen Drucke vor 1500 bezeichnet man als *Inkunabeln*, jedoch ist die Unterscheidung keine technische, sondern eine von Büchersammlern und Bibliothekaren festgelegte.

Im Laufe der zweiten Hälfte des 15. Jahrhundert entstanden im deutschen Sprachraum und im Rest Europas – vor allem unter dem Einfluss wandernder deutscher Drucker – die ersten Druckereien.

Der Vertrieb der stets wachsenden Menge der Bücher stellte eine Herausforderung der Zeit dar und der bereits vor dem Buchdruck bestehende Buchhandel wurde dazu völlig neu strukturiert. Schon bald konnte man nicht nur die europäischen Sprachen im lateinischen Alphabet drucken, sondern seit den 1480er Jahren auch Hebräisch und in Venedig in den 1490er Jahren zudem Griechisch, selbst mathematische Figuren wurden im späten 16. Jahrhundert schon gedruckt.

Eine Explosion an Information setzte im frühen 16. Jahrhundert ein, in 250 europäischen Städten entstanden ca. 1150 Druckereien. Im 16. Jahrhundert wurden ca. 500.000 Titel gedruckt, im 17. Jahrhundert schon 1,2 Millionen. Heute liegt die jährliche Produktion an Büchern in aller Welt bei ca. einer Million Büchern, die Zahl verdoppelt sich alle 14 Jahre. Ein wesentliches Kriterium für die Produktion von Büchern in der Frühen Neuzeit war, dass die Alphabetisierungsrate bei etwa fünf Prozent der Bevölkerung lag, sodass der „Markt" eingeschränkt war, außerdem wurden bis 1520 noch ca. 90 Prozent der Bücher in lateinischer Sprache gedruckt. Bücher hatten also in dieser Zeit eine wichtige Bedeutung für die gebildeten Schichten, erreichten aber kaum andere Teile der Bevölkerung, die weitgehend Analphabeten waren.

Die Drucke waren von ganz unterschiedlichem Inhalt, schon Gutenberg selbst hatte Kleinschriften – Ablassbriefe und Propagandaschriften gegen die Türken – in hoher Auflage gedruckt. In der Folge druckte man Texte antiker Schriftsteller (Vergil, Terenz, Ovid, Cicero etc.) und in Italien auch zeitgenössischer Autoren, Kalender, Ablassbriefe, Lehrbücher und Grammatiken der lateinischen Sprache und Schulbücher. Ebenso verbreitet waren Flugschriften zu politischen und religiösen Themen der Zeit, wie etwa die vielen Türkenflugblätter oder Sensationsberichte in den so genannten *Newen Zeytungen*. Auch Karten und wissenschaftliche Bücher wie z.B. Kräuterbücher fanden großen Absatz. Die politische Propaganda Kaiser Maximilians I. (1459 – 1519), die Druckwerke des *Triumphzug* und der *Ehrenpforte*, des *Theuerdank* und des *Weißkunig* nutzten ebenfalls schon sehr früh intensiv das neue Medium.

In der Frühzeit des Buchdrucks erschienen zudem besonders viele Bibeldrucke, so in den 1520er Jahren lateinische Bibeln in Antwerpen, Basel, Köln, Lyon, Nürnberg, Paris und Straßburg. Auf die Lutherbibel (Neues Testament 1522 und die komplette Bibel 1534) folgten auch Übersetzungen in viele andere europäische Sprachen.

Die Thematik der Drucke veränderte sich stark in der Zeit intensiver Auseinandersetzung um Glaubensfragen in den Jahren von 1518 bis 1523, in der allein über 3.000 deutsche Schriften, meist religiösen Inhalts herausgegeben wurden. Die Reformation war die erste ideologische Auseinandersetzung, in der gedruckte Schriften eine Rolle spielten. Als besonders erfolgreich erwiesen sich die Schriften Martin Luthers, von 1519 bis 1520 verfasste er drei so genannte Sendschreiben: *Von der Freiheit eines Christenmenschen, An den Christlichen Adel deutscher Nation* und *Von der babylonischen Gefangenschaft der Kirche*, die eine Flut an Gegenschriften und Pamphleten und eine heftige Diskussion im Reich auslösten. Schon Ende 1520 waren Luthers Schriften in 652 Auflagen gedruckt, die Gesamtauflage wird auf ca. 600.000 bis 700.000 Exemplare geschätzt. Bedenkt man die geringeren Bevölkerungszahlen, so können diese Zahlen mit heutigen „Bestsellern" durchaus mithalten. Eine ähnlich große Verbreitung fanden die Bibelübersetzung durch Luther und sein kleiner Katechismus, von dem bis 1546 146 Auflagen gedruckt wurden.

Mehr als 80 Prozent der Drucke, die z.B. im Jahr 1523 im deutschen Sprachraum erschienen, beschäftigten sich mit der konfessionellen Frage, allein in Straßburg wurden zwischen 1520 und 1529 nicht weniger als 296 religiöse Flugschriften und in ganz Deutschland bis 1550 ca. 10.000 solcher Pamphlete gedruckt. Aber auch in diesem Zusammenhang darf man die Rolle der schriftlichen Kommunikation nicht isoliert betrachten, denn andere Kommunikationsmedien wie Rituale, Lieder oder die Bilder z.B. von Lukas Cranach (1475–1553) spielten ebenso eine große Rolle in der konfessionellen Auseinandersetzung.

Aufgaben zum Selbsttest

- Beschreiben Sie die Entwicklung des Buchdrucks und seines Einflusses auf die Frühe Neuzeit.

Literatur

Bernd Balzer, **Bürgerliche Reformationspropaganda**. Die Flugschriften des Hans Sachs in den Jahren 1523–1525 (Germanistische Abhandlungen 42), Stuttgart u.a. 1973.

Asa Briggs/Peter Burke, **A Social History of the Media from Gutenberg to the Internet**, Cambridge 3. Auflage 2009.

Colin Clair, **A History of European Printing**, London u.a. 1976.

Elizabeth L. Eisenstein, **The Printing Press as an Agent of Change**. Communications and Cultural Transformations in Early-Modern Europe, Cambridge u.a. 1997.

Simon Eliot/Jonathan Rose (Hg.), **A Companion to the History of the Book** (Blackwell Companions to Literature and Culture 48), Oxford 2007.

Stephan Füssel, **Gutenberg und seine Wirkung**, Darmstadt 1999.

Michael Giesecke, **Der Buchdruck in der Frühen Neuzeit**. Eine historische Fallstudie über die Durchsetzung neuer Informations- und Kommunikationstechnologien, Frankfurt am Main 1998.

Literatur

Jean-François Gilmont (Hg.), **The Reformation and the Book**, Aldershot u.a. 1998.
Sarah Hindman (Hg.), **Printing the Written Word.** The Social History of Books, ca. 1450–1520, Ithaca NY u.a. 1991.
Marshall McLuhan, **Die Gutenberg Galaxis.** Das Ende des Buchzeitalters, Bonn u.a. 1995.
Christoph Reske, **Die Buchdrucker des 16. und 17. Jahrhunderts im deutschen Sprachgebiet.** Auf der Grundlage des gleichnamigen Werkes von Josef Benzing (Beiträge zum Buch- und Bibliothekswesen 51), Wiesbaden 2. Auflage 2015.
Peter F. Tschudin, **Grundzüge der Papiergeschichte** (Bibliothek des Buchwesens 12), Stuttgart 2. Auflage 2012.

7.3 Die Situation der alten Kirche vor der Reformation

Die Kirche erlebte im späten Mittelalter Höhen und Tiefen. Einerseits erreichte die Theologie einen hohen Status der Verfeinerung und entwickelte in der Scholastik eigene wissenschaftliche Methoden, die zu einem sehr differenzierten theologischen Weltbild führten. Viele Scholastiker waren in unterschiedlichen „Schulen", die sich oft gegenseitig bekämpften, tätig, der bekannteste Scholastiker ist wohl Thomas von Aquin.

Dieser **Blüte der Theologie** standen auf dem praktischen Gebiet der Entwicklung der Religion einige Negativa gegenüber. Zwar konnte des Schisma von 1378 bis 1417, in dem es zwei Päpste (einen in Rom und einen in Avignon) gab, beendet werden, aber die Reform der Kirche wurde immer wieder verschoben. Die spätmittelalterliche Kirche war nicht nur von theologischen Konflikten (z.B. Armutsstreit, Gnadenlehre) geprägt, sondern auch in ihren Organisationsformen angreifbar geworden.

PFRÜNDE Einkommen aus einem weltlichen oder kirchlichen Amt. Der Begriff wurde auch für das Amt selbst verwendet.

STOLGEBÜHR Die Vergütung für vorgenommene kirchliche Handlungen (Taufe, Trauung, Begräbnis) heißt Stolgebühr und leitet sich von der Stola ab, die der Priester dabei anlegt

Die Bischöfe kamen fast alle aus der Aristokratie und waren häufig reine Pfründenempfänger, das heißt sie kümmerten sich kaum um die Seelsorge in ihrer Diözese, sondern verwendeten die Einnahmen (**PFRÜNDEN**), um einen adeligen Lebensstil aufrechtzuerhalten. Vielfach waren es nachgeborene Söhne von dynastischen oder hochadeligen Familien, die auf diese Weise versorgt wurden. Die theologische Bildung war oft gering, die meisten dieser Bischöfe hatten auch die Priesterweihe nie empfangen. Ähnlich schlimm war die Situation in den Pfarren, auch hier waren viele Priester ungebildet, ebenfalls nur Pfründenempfänger und in der Pfarre kaum anwesend. Für die „geistliche" Versorgung sorgten oft Kapläne oder Frühmessstifter, die meist noch weniger gebildet waren als die Pfarrherren. Die Pfarren waren sehr groß – das vermehrte die Einnahmen durch Grundbesitz und **STOLGEBÜHREN** – und die seelsorgerische Betreuung der Pfarrgemeinde gering. Dazu kam noch, dass die Gottesdienste natürlich in Latein gehalten wurden, was die meisten Menschen der Zeit nicht verstanden.

Der Kontrast zwischen dem Reichtum der Kirche und der Armut der Menschen bewegte nicht nur Theologen, die in den Diskussionen auf die

Info

Theologische Streitigkeiten um Armut und gute Werke

Einer der vielen Streitpunkte des Mittelalters innerhalb der Kirche war der **Armutsstreit**, der vor allem innerhalb des Franziskanerordens (Bettelorden) ausgetragen wurde. Der Reichtum der Kirche und der feudale Lebensstil des Papstes wurden der Armut Christi und seiner Jünger gegenüber gestellt, was auch für die Gesamtkirche politische Sprengkraft hatte. Letztlich führte der Konflikt zu einer Teilung des Franziskanerordens.

Eine weitere theologische Diskussion, die das Leben der Menschen stark beeinflusste, war die **Gnadenlehre** der Kirche. Kernstück der kirchlichen Lehre war die Möglichkeit des Einzelnen, sich durch gute Werke in den Stand der Gnade zu bringen. Zentraler Punkt der Administration der Gnade war das Fegefeuer (Purgatorium), das Pariser Intellektuelle in der Zeit um 1170/80 konstruiert hatten. Das Fegefeuer als Ort, wohin die Sünder zur Läuterung kamen, stellte man sich fast wie die Hölle vor. Im Zusammenhang mit der Erfindung des Fegefeuers war auch ein neuer Diskurs über die Buße entstanden: Die Qualen im Fegefeuer konnten durch gute Werke, vor allem Messstiftungen, gemildert bzw. verkürzt werden.

Dieses Konstrukt wurde dann noch durch die Lehre vom **Ablass** („Erlass einer zeitlichen Strafe vor Gott für Sünden, die hinsichtlich der Schuld schon getilgt sind", Definition aus *Lexikon für Theologie und Kirche* 3, 1995, Sp. 51) ergänzt. In der **ABSOLUTION** bei der Beichte werden zwar die Sünden vergeben, aber es ist keine bedingungslose Vergebung, denn es bleibt etwas zurück, das mit dem Terminus zeitliche Sündenstrafen bezeichnet wird – den Kindern erklärte man das bis in die jüngste Vergangenheit hinein mit einem „schwarzen Fleck auf der Seele". Diese zeitlichen Sündenstrafen, die man sich in Tagen, Wochen, Monaten und Jahren im Fegefeuer vorzustellen hatte, konnten durch das Mittel des Ablasses getilgt oder verkürzt werden. Ablass konnte man für sich selbst, aber auch für andere, z. B. verstorbene Verwandte, erwerben. Letztlich war damit – und der zeitliche Zusammenfall in der Entwicklung scheint mehr als ein Zufall – das System einer **DOPPELTEN BUCHFÜHRUNG** entstanden, wie überhaupt die Verdinglichung der Gnade von kaufmännischen Ideen geprägt scheint. Einerseits erwarb man in dieser doppelten Buchführung auf der Negativseite fast unvermeidlich Sündenstrafen, andererseits konnte man auf der Positivseite durch die Erwerbung von Ablass das „Konto" wieder ausgleichen.

Ablass erwarb man vor allem durch gute Werke und geistliche Handlungen, im Extremfall durch den Kauf eines Ablassbriefes. Fast alle gängigen Formen der Frömmigkeitspflege sind mit diesem Phänomen des Ablasses verbunden: Wallfahrten, Bilder- und Reliquienverehrung, Prozessionen, Mitgliedschaft in Bruderschaften, Teilnahme an bestimmten Andachten und Gebetsformen.

ABSOLUTION Vergebung der Sünden in der Beichte.

DOPPELTE BUCHFÜHRUNG Die geordnete Aufzeichnung aller Geschäftsvorgänge mit Belegen gibt es seit dem Mittelalter. 1494 erstellte der venezianische Mönch Luca Pacioli (um 1445–1514/1517) ein Lehrbuch der doppelten Buchführung.

INQUISITION Diese Institution der katholischen Kirche hielt Gerichtsverfahren ab, die sich mit der Verfolgung von „Ketzern" auseinandersetzten.

KONZIL Versammlung katholischer kirchlicher Würdenträger, vor allem der Kardinäle, um Beschlüsse über die Gesamtkirche zu fallen.

GRAVAMINA Beschwerden, im historischen Kontext die Beschwerden gegen die Obrigkeiten, Kirche und Adel.

NEPOTISMUS Vetternwirtschaft, die Besetzung wichtiger Funktionen durch Familienangehörige.

SIMONIE Kauf oder Verkauf von kirchlichen Ämtern und Pfründen.

KONKUBINAT Längerfristige, nicht verheimlichte sexuelle Beziehung, die nicht ehelich ist oder dem Gelübde der Ehelosigkeit von Klerikern widerspricht.

KONZILIARISMUS Der Konziliarismus des 15. Jahrhunderts behauptete, dass die Entscheidung eines Konzils eine höhere Autorität hat, als die des Papstes.

Armut Christi hinwiesen, sondern nährte auch eine Abneigung gegen den Klerus, es entstand wie man damals sagte ein „Pfaffenhass".

Die **Materialisierung der Gnade** charakterisierte die Frömmigkeit des späten Mittelalters. Das hatte großartige kulturelle Folgen, viele der Gemälde, Statuen und Fresken sowie der Bau von Kirchen, Kapellen und Spitälern waren von dieser Idee des Ablasses getragen, man machte gute Werke, um damit die Zeit im Fegefeuer zu verkürzen. Die Auswüchse dieser Gnadenlehre sind aber ebenfalls unübersehbar, der wachsende Geldbedarf der Kirche, vor allem der prunkvolle Lebensstil der Renaissancepäpste und der Bau des Petersdoms in Rom führten zu einem Ablasshandel, der völlig von der Idee der guten Werke losgelöst war, man konnte Ablass(briefe) gegen Geld einfach kaufen. Das war der Ausgangspunkt von Luthers Polemik.

Reformbestrebungen hatte es schon vor dem Beginn der Reformation in großer Zahl gegeben, das Mittelalter ist keineswegs – wie die Romantik des späten 18. und 19. Jahrhunderts es wollte – als Zeitalter einer einheitlichen (katholischen) Kirche zu sehen. Viele von der **INQUISITION** bekämpfte und verfolgte **religiöse Dissidentenbewegungen**, die als „Häresie" oder „Ketzerei" bezeichnet wurden, existierten, von den Waldensern und Katharern bis zu den Hussiten.

Die in Europa weit verbreitete Kritik am Zustand der Amtskirche führte zu einer Flut von Schriften, die eine Reform der Kirche an „Haupt und Gliedern" forderte. Als Gegenpol zum starken päpstlichen Einfluss entstand die „konziliare Bewegung", die sich eine Reform von der Versammlung der Bischöfe erhoffte. Doch das **KONZIL** von Pisa 1409 und das Konzil von Konstanz 1414–1418 waren zwar in der *causa unionis* erfolgreich – das Schisma konnte beseitigt werden – und griffen in der *causa fidei* drastisch durch – Verbrennung von Jan Hus als Ketzer (siehe unten) – scheiterten aber in der *causa reformationis*. Die **GRAVAMINA** der Reformer über die Prunksucht der Kirche, den **NEPOTISMUS**, die **SIMONIE** und die schlecht ausgebildeten Priester, die im **KONKUBINAT** lebten und Seelsorge und Gottesdienst vernachlässigten, wurden nicht behandelt, sondern auf weitere Konzile vertagt. Doch das Konzil von Basel 1431–1449 markierte bereits den Niedergang des **KONZILIARISMUS**, viele der Forderungen wurden erst in der Reformation wieder aufgegriffen.

Vor allem der tschechische Prediger **Jan Hus** (um 1369–1415) vertrat ähnliche Ideen wie später Martin Luther, er wurde während des Konzils von Konstanz verurteilt und als Ketzer verbrannt, was die Hussitenkriege in Böhmen (und darüber hinaus) auslöste. Nachteilig für die Verbreitung seiner Lehre war, dass er auf Tschechisch predigte, einer Sprache, die von weitaus weniger Menschen gesprochen wurde als Deutsch, dass keine der politischen Autoritäten sich hinter ihn stellte und dass der Buchdruck noch nicht erfunden war.

Aufgaben zum Selbsttest

- Wie beeinflusste die Gnadenlehre der Kirche das Leben der Menschen?
- Welche Rolle spielten die Konzile des Spätmittelalters für die Kirche?
- Was war die Leistung, was das Scheitern des Konstanzer Konzils?
- Vergleichen Sie die Bedingungen für die Kirchenreform bei Hus und bei Luther.

Literatur

Christoph Auffarth, **Die Ketzer**. Katharer, Waldenser und andere religiöse Bewegungen, München 3. Auflage 2017.
Martin Erbstößer, **Ketzer im Mittelalter**, Stuttgart 1984.
Thomas A. Fudge, **Jan Hus. Religious reform and social revolution in Bohemia**, London–New York 2017.
Peter Hilsch, **Johannes Hus** (um 1370–1415). Prediger Gottes und Ketzer, Regensburg 1999
Gerhard Jaritz (Hg.), **Materielle Kultur und religiöse Stiftung im Spätmittelalter** (Veröffentlichungen des Instituts für Mittelalterliche Realienkunde Österreichs 12), Wien 2. Auflage 1997.
Peter Jezler, **Himmel, Hölle, Fegefeuer**. Das Jenseits im Mittelalter (Ausstellungskatalog Schweizerisches Landesmuseum Zürich), Zürich 4. Auflage 1994.
Jacques Le Goff, **Die Geburt des Fegefeuers**. Vom Wandel des Weltbildes im Mittelalter, München 2. Auflage 1991.
František Šmahel (Hg.), **Häresie und vorzeitige Reformation im Spätmittelalter** (Schriften des Historischen Kollegs. Kolloquien 39), München 1998.

7.4 Luther – Zwingli – Calvin

Reformation und Gegenreformation als epochale Ereignisse wurden vor allem von der deutschen Historiographie gründlich behandelt. Allerdings wurde erst in jüngster Zeit mit dem **Konfessionalisierungsparadigma** die Gleichzeitigkeit des Ablaufes von Reformation und Gegenreformation betont und die alte von konfessionellen Dogmen geprägte Parteilichkeit der Forschung aufgegeben. Ein weiterer großer Vorteil des neuen Paradigmas war, dass es nicht nur den religiösen Bereich erfasste, sondern auch mit der Verdichtung der Staatlichkeit und dem Paradigma der Sozialdisziplinierung gut zu verbinden war.

KOMMUNALISMUS Theorie der Geschichte, in der die Rolle der Gemeinden im späten Mittelalter und der Frühen Neuzeit besonders betont wird, nicht die des Herrschers und der Fürsten. Es handelt sich um eine „Geschichte von unten".

Vor allem die erste Phase der Reformation bis 1525 wurde stark unter der Einwirkung des Volkes als soziale Bewegung und unter dem Blickwinkel des **KOMMUNALISMUS** (Peter Blickle) gesehen, während man danach von einer *Fürstenreformation* spricht, in der es zu einer *Verobrigkeitlichung* kam. Die von „Gott geordnete Obrigkeit" verlangt von den Untertanen, dass sie sich zur Religion des Landesfürsten bekennen, wer sich nicht bekehren lässt, gilt als „aufrührerisch, rebellisch und ungehorsam", wobei das letzte Wort entscheidend ist, weil es auch den Vorwand zur gewaltsamen Zwangsbekehrung lieferte.

Die Diskussion um die Konfessionalisierung zeigt, dass die religiösen Fragen nicht abgelöst von der sozialen und politischen Situation gesehen werden können. Das hat schon der große Historiker **Ernst Walter Zeeden** (1916 – 2011) bemerkt, Konfessionalisierung ist für ihn „die geistige und organisatorische Verfestigung der seit der Glaubensspaltung auseinanderstrebenden christlichen Bekenntnisse zu einem halbwegs stabilen Kirchentum nach Dogma, Verfassung und religiös-sittlicher Lebensform", er sah also die konfessionellen Fragen als sozialgeschichtliche Erscheinungen, die sich in den Territorien abspielten.

Schon lange vor dem Augsburger Religionsfrieden von 1555, der das Recht des Landesfürsten festschrieb, die Konfession seiner Untertanen zu bestimmen, waren (seit dem Reichstag von Speyer 1526) Versuche der jeweiligen Landesfürsten, das von ihnen beherrschte Territorium religiös uniform zu machen im Gange. Auf diesen Erkenntnissen zur frühen konfessionellen Situation baute die Theorie des konfessionellen Zeitalters der beiden Historiker Wolfgang Reinhard und Heinz Schilling Ende der 1970er Jahre auf.

Wolfgang Reinhard begriff die Gegenreformation nicht als Rückschritt wie das in der bisherigen Literatur häufig der Fall war, sondern als Modernisierung und Heinz Schilling sah die Konfessionalisierung als dominierenden Vorgang der Epoche.

DISPUTATION Wissenschaftliches Streitgespräch, das an den Universitäten auch als Prüfungsform üblich war.

PRIMAT Das von lat. *primus* (der Erste) abgeleitete Wort bezeichnet die Vormachtstellung des Papstes in der katholischen Kirche.

BANNBULLE Päpstliche Urkunde, in der über eine Person Sanktionen verhängt werden, meist der Ausschluss vom Empfang der Sakramente, die Exkommunikation.

Die Reformation wurde ausgelöst durch den Ablasshandel der katholischen Kirche, der vor allem in Deutschland durch den Dominikanermönch Johann Tetzel (um 1460 – 1519) sehr erfolgreich betrieben wurde. Die Gründe für Luthers Reaktion des Thesenanschlags an der Wittenberger Schlosskirche am 31. Oktober 1517 lagen aber tiefer und waren vor allem von den Missständen der Kirche geprägt.

Mit dem (vielleicht gar nicht real erfolgten) Thesenanschlag forderte Luther im Sinne des Universitätssystems zur **DISPUTATION** heraus und im Laufe der Auseinandersetzungen mit der alten Kirche bekam seine Lehre Profil und Eigenständigkeit. Keineswegs plante Luther ursprünglich eine eigene Konfession zu begründen, sondern er wollte die bestehende Kirche reformieren.

In mehreren Disputationen verschärfte sich Luthers Standpunkt. Besonders wichtig war eine Disputation 1519 mit Karlstadt (eigentlich Andreas Rudolf Bodenstein von Karlstadt 1482 – 1541) und Johannes Eck (eigentlich Johannes Mayer 1486 – 1543) in Leipzig, in der Luther den päpstlichen **PRIMAT** und die Unfehlbarkeit der Konzile ablehnte und damit den Bruch mit Rom herbeiführte. Der Kampf nahm noch schärfere Formen an, 1520 verbrannte Luther die **BANNBULLE** des Papstes Leo X.

Exsurge Domine in Wittenberg, wodurch der Bruch mit Rom endgültig wurde.

Mit dem Thesenanschlag begann auch eine Zeit intensiver Auseinandersetzungen über Glaubensfragen, in der der Buchdruck eine große Rolle spielte (→ vgl. Kap. 7.2). Luther meinte, dass nur die Heilige Schrift Basis des Glaubens sein könne, er lehnte nach diesem „Schriftprinzip" alle Sakramente außer Taufe und Abendmahl ab. In der Gnadenlehre sprach er von der schenkenden Gnade Gottes, die man nicht durch gute Taten, sondern durch den Glauben an Christus erwerben könne. In einer knappen Formel wurde sein Lehrgebäude in dem Satz *sola gratia, sola fide, sola scriptura* (nur die Gnade, nur der Glaube, nur die Schrift) zusammengefasst. Folgen dieser Grundsätze für die Theologie Luthers, die ihn von der katholischen Kirche unterschied, war etwa die Ablehnung aller Lehren der Kirche, die nicht auf die Bibel zurückgingen. So lehnten die Lutheraner den **ZÖLIBAT** ab – Luther heiratete die Nonne Katharina Bora (1499–1552) – ebenso wurden Klöster oder Fastengebote, Heiligen-, Bilder- und Reliquienverehrung, Wallfahrten und fromme Stiftungen abgelehnt. In der Sakramentenlehre reduzierte sich die Zahl auf zwei Sakramente, wobei das Abendmahl unter beiderlei Gestalt, also mit Brot und Wein gereicht wurde. Dieses Abendmahl in beiderlei Gestalt (*sub utraque specie*), das schon die Hussiten eingeführt hatten, war und blieb lange Zeit das Unterscheidungsmerkmal schlechthin gegenüber der alten Kirche.

ZÖLIBAT Verpflichtung von geistlichen Personen (Priester, Mönche, Nonnen) zur Ehelosigkeit.

Durch das Verbrennen der Bannbulle wurde das Ketzerrecht auf Luther anwendbar, die Causa Lutheri wurde zu einer politischen Reichsangelegenheit. Am **Reichstag zu Worms** 1521 erschien Luther unter freiem Geleit und verlangte aus der Heiligen Schrift widerlegt zu werden. Als er nicht nachgab, wurde er im Wormser Edikt geächtet. Der sächsische Kurfürst Friedrich der Weise (1463–1525) brachte Luther auf der Wartburg als „Junker Jörg" in Sicherheit, wo Luther die Bibel nach dem griechischen Original ins Deutsche übersetzte und damit auch Wesentliches zur Entstehung der deutschen Schriftsprache beitrug. Bibelübersetzungen in verschiedene Sprachen gab es schon davor, das Neue an Luthers Übersetzung war, dass er das Alte und Neue Testament aus dem althebräischen, aramäischen bzw. altgriechischen Original übersetzte. 1522 erschien Luthers Übersetzung des Neuen Testaments, die Übersetzung beider Teile der Bibel erschien 1545 (*Biblia Deutsch*). In der Folge wurde mit der Ausbreitung der Reformation die Bibel auch in andere Sprachen übersetzt, so z.B. durch Primož Trubar (auch Primus Truber; 1508–1586) ins Slowenische und auch die erste ungarische Bibelübersetzung erschien 1541 in Sárvár.

Die Reformation hatte ihr Zentrum in Wittenberg, dem „deutschen Rom", wo Luther gemeinsam mit den bedeutenden reformato-

Info

Herkunft und soziale Prägung Martin Luthers

▶ Geboren 1483 in Eisleben, Besuch mehrerer Schulen in Mansfeld, Magdeburg und Eisenach, 1501 begann er mit dem Rechtsstudium in Erfurt, 1505 wurde er Magister, er studierte vor allem die Schriften von Jean Gerson (1363–1429) und Wilhelm von Occam (1288–1347), die beide die Ansicht vertraten, dass nur die Heilige Schrift, nicht die Kirche, die einzige unfehlbare Autorität sei. Am 2. Juli 1505 wurde Luther vor Erfurt beinahe von einem Blitz getroffen, er entkam der Gefahr – seiner Auffassung nach – durch das Gelübde: „Hilf, St. Anna ich werde ein Mönch". Wenige Tage später trat Luther in das Augustiner-Eremitenkloster in Erfurt ein. 1507 wurde er zum Priester geweiht, 1510 wegen seiner Zweifel nach Rom gesandt, 1512 erwarb er das Doktorat der Theologie.
Im Wittenberger Kloster hatte er das so genannte „Turm-Erlebnis" bei seinem Nachdenken über Paulus Röm. 1,17. Luther fand dabei die Interpretation der „schenkenden Gerechtigkeit Gottes" – der Mensch rechtfertigt sich nicht durch Willensanstrengung und gute Werke, sondern allein durch die Gnade Gottes.

rischen Theologen Johannes Bugenhagen (1485–1558), Georg Spalatin (1484–1545), Philipp Melanchthon (1497–1560) wirkte, und breitete sich im gesamten Reich aus. Verschiedene Fürsten sympathisierten mit Luther und in den Reichsstädten entstanden eigene Zentren der Reformation, in Straßburg wirkte z.B. Martin Bucer (1491–1551), in Nürnberg Andreas Osiander (1498–1552) aber auch der Künstler Albrecht Dürer (1471–1528) oder der Meistersinger Hans Sachs (1494–1576) standen in dieser Reichsstadt auf Seiten der Reformation.

Die Säkularisation des Kirchengutes und vor allem die 1525 erfolgte Einführung der Reformation im Staat des Deutschen Ritterordens durch den Hochmeister Albrecht von Brandenburg (1490–1545) sowie die Umwandlung des Ordensstaates in ein weltliches Herzogtum alarmierten die katholischen Stände und die alte Kirche.

Ein entscheidender Punkt in der Entwicklung der lutherischen Reform war der **große deutsche Bauernkrieg** (→ vgl. Kap. 7.8), bei dem die Sprache der Forderungen der Bauern von den Flugschriften und der Luther-Bibel stark beeinflusst war. Luther sympathisierte zunächst mit dem bäuerlichen Protest, als die Bauern allerdings gewaltsam Schlösser einnahmen und Grundherren umbrachten, änderte er seine Haltung und verfasste die Flugschrift „Wider die mörderischen und räuberischen Rotten der Bauern". In diesem Text hob er die „gottgewollte Obrigkeit" des Grundherrn hervor – obwohl er selbst die „gottgewollte Obrigkeit" des Kaisers oder des Papstes nicht anerkannte, was im lutherischen Gesellschaftsverständnis einen lange nachwirkenden Bruch ergab. Einen maßgeblichen Einfluss auf die Ideen der Bauern ging von den radikalen Nebenströmungen der Reformation, besonders von den Täufern aus, ein gutes Beispiel dafür ist das sozialreformerische Programm des Tiroler Bauernführers Michael Gaismair (1490–1532).

Manche Forscher haben in der Haltung Luthers zum Bauernkrieg eine Hinwendung von der (revolutionären) Volksreformation zu einer Fürstenreformation gesehen.

Der nächste Schritt in der Auseinandersetzung um die „Luthersache" im Reich fand auf dem **ersten Reichstag zu Speyer 1526** statt, wo beschlossen wurde, dass sich jeder Reichsstand so verhalten soll, „wie er es gegen Gott und die kaiserliche Majestät hoffe zu verantworten". Damit begann der Prozess der Konfessionalisierung. In den einzelnen lutherischen Territorien wurden Landeskirchen errichtet und es kam zu einer zunehmenden organisatorischen Verfestigung des neuen Glaubens. Dazu trug sicher auch die Tatsache bei, dass Luther einen *kleinen und großen Katechismus* verfasste, der in vielen Auflagen erschien und eine klare Abgrenzung vom Katholizismus und eine *Dogmatisierung* des Luthertums mit sich brachte.

Auf dem **zweiten Reichstag zu Speyer 1529** protestierten die evangelischen Stände, allen voran Sachsen gegen das Wormser Edikt, davon leitet sich der Name *Protestanten* ab.

Auf dem **Reichstag zu Augsburg 1530** legten die Evangelischen die *Confessio Augustana* vor (daher *Augsburger Konfession* oder *Augsburger Bekenntnis, A.B.*), die hauptsächlich von Melanchthon verfasst war. In diesem Text sind klar die Grenzen zum alten Glauben gezogen, er wurde Vorbild und Maßstab aller weiteren Festlegungen der protestantischen Glaubensinhalte wie der *Konkordienformel* 1577 und des *Konkordienbuches* 1580. Die Confessio Augustana wurde von der *Confutatio*, deren wichtigster Verfasser Johannes Eck war, widerlegt, worauf die Protestanten eine *Apologie* der Confessio Augustana vorlegten, die allerdings von Kaiser Karl V. zurückgewiesen wurde, der das Wormser Edikt bestätigte und die Rückgabe der mit Gewalt entfremdeten Kloster- und Kirchengüter verlangte. Dieser Beschluss blieb allerdings ohne Wirkung, gerade in diesen Jahren nahm der Ausbau der evangelischen Kirchenorganisation an Dynamik zu.

Die Gefahr eines erneuten Angriffs des Osmanischen Reiches auf Wien zwang den Kaiser im **Nürnberger Anstand 1532** den Evangelischen Duldung bis zu einem kommenden Konzil zuzugestehen. Während der gesamten Zeit dieses reichspolitischen Tauziehens fanden im Hintergrund Religionsgespräche statt, die einerseits den Versuch darstellten, die unterschiedlichen Strömungen der Reformation (Zwingli, aber auch die lokalen Reformatoren in den Reichsstädten) in einer geeinten Bewegung zusammenzufassen und andererseits – auf Wunsch des Kaisers – immer noch im Zeichen der Wiedervereinigung der beiden sich immer klarer abzeichnenden Konfessionen standen, mit dem Ziel eine Verständigung zwischen Protestanten und Katholiken herbeizuführen. Alle diese Versuche scheiterten.

Auf dem **Reichstag zu Speyer 1544** musste Karl V. den Evangelischen weitere Freiheiten einräumen, man setzte die Hoffnungen auf das 1545 beginnende Konzil von Trient, das allerdings von den Protestanten abgelehnt wurde und in dessen Verlauf sich immer deutlicher abzeichnete, dass die katholische Kirche nur für sich selbst Entscheidungen treffen konnte.

Den Höhepunkt erreichte der konfessionelle Konflikt im Reich in den kriegerischen Auseinandersetzungen des **Schmalkaldischen Krieges 1546/47**. Die verschiedenen Reichsstände, die auf der Seite Luthers standen, hatten sich 1531 im *Schmalkaldischen Bund* zusammengeschlossen, führend in diesem Militärbündnis waren Kursachsen und Hessen. Karl V. versuchte 1546/47 eine gewaltsame Entscheidung in der konfessionellen Frage durchzusetzen, nachdem es ihm gelungen war, Herzog Moritz von Sachsen (1521–1553) aus der albertinischen Linie der sächsischen Herzöge und einige andere protestantische Fürsten auf seine Seite zu ziehen. Karl V. siegte schließlich in der Schlacht bei Mühlberg 1547 über die Truppen des Schmalkaldischen Bundes.

Daraufhin diktierte der Kaiser am **Augsburger Reichstag 1547/48** das so genannte *Interim*, eine vorläufige reichsgesetzliche Ordnung, die im Wesentlichen am katholischen Glauben für das Reich festhielt, den Protestanten aber bis zur endgültigen Entscheidung des Konzils einige Zugeständnisse machte. Doch der Triumph des Kaisers war nur kurz, Moritz von Sachsen wechselte die Seiten und der Kaiser – schon unter Mitwirkung seines Bruder und römisch-deutschen Königs Ferdinand I. – musste den Protestanten im **Passauer Vertrag 1552** freie Religionsausübung bis zum nächsten Reichstag gewähren.

Ferdinand I., der die Reichsangelegenheiten weitgehend von Karl V. übernahm, schloss dann letztendlich den **Augsburger Religionsfrieden 1555**, der die erste heftige Phase der Auseinandersetzungen um den „wahren Glauben" im Reich zu einem vorläufigen Abschluss brachte.

Dieser Friede, der ohne Zustimmung des Papstes entstanden war, galt nur für Katholiken und Protestanten, die im Reich nun gleichberechtigt waren, die Calvinisten blieben noch ausgeschlossen, sie erreichten die Gleichberechtigung erst im Westfälischen Frieden 1648.

Neben dem Gewaltverzicht der beiden Parteien war auch entscheidend, dass die Wahrheitsfrage (welche Konfession hat recht?) aus dem Friedensabkommen ausgeklammert wurde. Grundlage war das *ius reformandi*, das besagt, dass die jeweiligen Obrigkeiten über die Religion ihrer

Untertanen bestimmen. Oft zitiert wird der Satz *cuius regio, eius religio* (interpretierend übersetzt: wer ein Territorium des Reiches beherrscht, bestimmt auch die Religion seiner Untertanen), der nicht im Augsburger Religionsfrieden enthalten ist, sondern 1610 durch den Kanonisten Joachim Stephani (1544–1623) geprägt wurde. Das Heilige Römische Reich verzichtete mit dem Augsburger Religionsfrieden auf die konfessionelle Geschlossenheit, die nur auf der Basis der Territorien hergestellt wurde.

Aus der Zwangsbekehrung aller Untertanen gab es durch das *ius emigrandi* (Recht auszuwandern) einen Ausweg: Untertanen konnten in Begleitung der Familie und mit ihrem Hab und Gut auswandern, wenn sie alle Verbindlichkeiten an die Herrschaft abgelöst hatten, was sich in der Praxis als schwierig erwies.

Was den Besitz betrifft, wurde die Einziehung der Güter aller nicht reichsunmittelbaren kirchlichen Instanzen als rechtlich eingestuft, die Protestanten blieben damit im Besitz eingezogener Kirchengüter nach dem Stand von 1552. Die geistliche (katholische) Gerichtsbarkeit über die protestantischen Territorien wurde aufgehoben, die jeweiligen Landesherren übernahmen die Kirchenaufsicht.

Einige wichtige Ausnahmen ergänzten und durchbrachen das Grundprinzip des cuius regio, eius religio. Für die geistlichen Fürstentümer galt der **geistliche Vorbehalt**, ein Inhaber eines geistlichen Amtes musste, wenn er zum Protestantismus übertrat, seine Ämter zurücklegen. Die sogenannte **Declaratio Ferdinandea** garantierte Adel und Städten in geistlichen Territorien Glaubensfreiheit.

Die Reichsstädte, die meist eine mehrkonfessionelle Bevölkerung aufwiesen, entwickelten verschiedene Modelle des Zusammenlebens, *Simultankirchen*, die abwechselnd von den Konfessionen genutzt wurden, entstanden ebenso wie *paritätische Städte*, in denen die Ämter jeweils nach einem bestimmten Schlüssel von Katholiken und Protestanten besetzt wurden.

Knapp nach 1517 begann sich auch in anderen Orten Widerstand gegen die alte Kirche zu regen. Während die autonomen Bewegungen in den Reichsstädten letztlich im Protestantismus mündeten, führten langfristig gesehen zwei Bewegungen in der Schweiz – in Zürich und Genf – zu einer anderen Spielart der Reformation, die auch auf europäischer Ebene bedeutsam wurde.

Eher lokal wirksam war der Reformator Ulrich oder Huldreich Zwingli (1484–1531) in Zürich.

Unter dem Einfluss Luthers hat Zwingli in Zürich eine Reihe von Maßnahmen durchgesetzt, die sich gegen die katholische Kirche richteten; ab 1523 radikalisierte sich die reformatorische Bewegung in Zürich. Die Religion trat völlig in den Mittelpunkt und der Staat nahm **THEO-**

THEOKRATIE Aus dem Griechischen für „Gottesherrschaft“, bezeichnet einen Staat, dessen Gewalt ausschließlich religiös legitimiert ist.

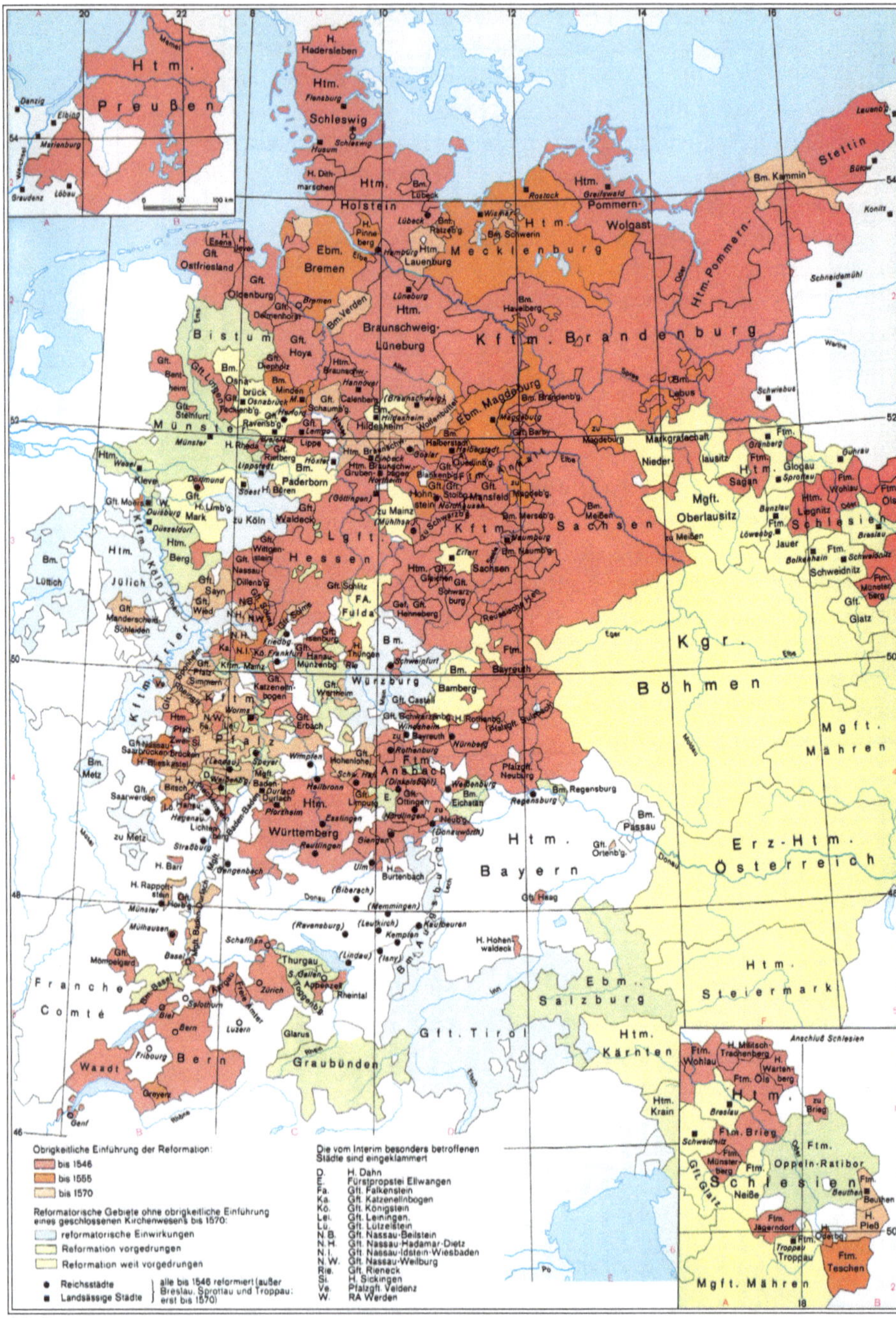
Htm. Preußen
Htm. Schleswig
Holstein
Htm. Mecklenburg
Htm. Pommern-Wolgast
Htm. Pommern
Stettin
Ebm. Bremen
Gft. Ostfriesland
Gft. Oldenburg
Htm. Braunschweig-Lüneburg
Kftm. Brandenburg
Ebm. Magdeburg
Bistum Münster
Kftm. Sachsen
Lgft. Hessen
Mgft. Oberlausitz
Schlesien
Kgr. Böhmen
Mgft. Mähren
Erz-Htm. Österreich
Htm. Bayern
Htm. Württemberg
Kftm. Köln
Kftm. Trier
Kftm. Pfalz
Htm. Jülich
Ebm. Salzburg
Gft. Tirol
Htm. Steiermark
Htm. Kärnten
Htm. Krain
Graubünden
Bern
Waadt
Franche Comté
Anschluß Schlesien
Obrigkeitliche Einführung der Reformation:
bis 1546
bis 1555
bis 1570
Reformatorische Gebiete ohne obrigkeitliche Einführung eines geschlossenen Kirchenwesens bis 1570:
reformatorische Einwirkungen
Reformation vorgedrungen
Reformation weit vorgedrungen
Reichsstädte
Landsässige Städte
alle bis 1546 reformiert (außer Breslau, Sprottau und Troppau: erst bis 1570)
Die vom Interim besonders betroffenen Städte sind eingeklammert
D. H. Dahn
E. Fürstpropstei Ellwangen
Fa. Gft. Falkenstein
Ka. Gft. Katzenellnbogen
Kö. Gft. Königstein
Lei. Gft. Leiningen.
Lü. Gft. Lützelstein
N.B. Gft. Nassau-Beilstein
N.H. Gft. Nassau-Hadamar-Dietz
N.I. Gft. Nassau-Idstein-Wiesbaden
N.W. Gft. Nassau-Weilburg
Rie. Gft. Rieneck
Si. H. Sickingen
Ve. Pfalzgft. Veldenz
W. RA Werden

Info

Herkunft und soziale Prägung Ulrich Zwinglis

▶ Der Schweizer Reformator wurde 1484 geboren, war zunächst in Einsiedeln Pfarrer und Feldprediger, seit 1519 dann Pfarrer am Großmünster in Zürich. Zwingli war stark vom Humanismus, vor allem von Erasmus von Rotterdam beeinflusst und hatte auch Kenntnis von den Ideen Martin Luthers und wirkte in einem ähnlichen Sinn in Zürich. In der militärischen Auseinandersetzung mit den benachbarten katholischen Kantonen fiel Zwingli in der Schlacht von Kappel am 11. Oktober 1531.

KRATISCHE Züge an, wie das dann etwas später noch stärker im calvinistischen Genf der Fall war. Auch in anderen Punkten, etwa der **PRÄDESTINATIONSLEHRE** (siehe ausführlicher bei Calvin → vgl. Kap. 7.12) waren sich die beiden Schweizer Reformatoren ähnlich. Zwingli hat seine theologischen Vorstellungen in den *67 Schlussreden* niedergeschrieben. Auch in Basel unter Johannes Oekolampadius (1482–1531), in Bern, St. Gallen und Konstanz setzte sich der Zwinglianismus durch. Lange Zeit standen die Ideen Zwinglis in Konkurrenz zu Luthers Theologie, so konnte sich Martin Bucer in Straßburg nicht zwischen Luther und Zwingli entscheiden. Mehrere Versuche, die beiden Strömungen zu vereinen, scheiterten aber vorwiegend am *Abendmahlstreit* (Marburger Religionsgespräch 1529).

PRÄDESTINATION Diese Lehre geht von der Annahme aus, dass Gott das Schicksal der Welt und auch jedes einzelnen Menschen vorherbestimmt hat.

Info

Abendmahlstreit

TRANSSUBSTANTIATION Nach christlichem Verständnis die Wandlung von Brot und Wein in den Leib und das Blut Christi während der Messe.

▶ Luther sah im Abendmahl ein Zeichen der Gnade Gottes, wobei für ihn in Brot und Wein der wahre Leib und das wahre Blut Christi real präsent waren. Dagegen erfolgt nach der Lehre der **TRANSSUBSTANTIATION** des Katholizismus während der Wandlung in der Messe eine tatsächliche und dauerhafte Verwandlung der Hostie in den Leib Christi. Zwingli hingegen sah im Abendmahl nur eine symbolische Form der Erinnerung an die Leiden Christi, der nur im gläubigen Gedenken der Gemeinde geistlich gegenwärtig sei. Später ging dann Calvin noch einen Schritt weiter und bestritt die Anwesenheit Christi, weil dieser materiell im Himmel sei, das Abendmahl sei aber ein Gnadenmittel, das der Gläubige empfängt.

Auch der Nachfolger Zwinglis in Zürich, Heinrich Bullinger (1504–1575) lehnte eine Vereinigung mit den Lutheranern ab, 1549 wurde hingegen im *Consensus Tigurinus* eine Vereinigung mit der Genfer Kirche Calvins durchgeführt, die allerdings stark vom Calvinismus beherrscht blieb, diese Kirche wird als reformierte Kirche bezeichnet (in Österreich als H.B. = Helvetisches Bekenntnis).

Abb. 21

Die obrigkeitliche Einführung der Reformation in Deutschland bis 1570.

Info

Herkunft und soziale Prägung Jean Calvins

▶ Calvin wurde 1509 in Noyon in der Picardie geboren, studierte Jus und stand in einem engen Kontakt zur Geistesströmung des Humanismus. Er zögerte lange, schloss sich aber schließlich 1533 der Reformation an und musste daraufhin aus Frankreich fliehen. Er ging in die Schweiz, zunächst nach Basel und schließlich nach Genf, wo er seit 1537 eine strenge kirchliche Ordnung errichtete, die hohe Anforderungen an die Menschen stellte. 1538 vertrieben ihn die Genfer, er kehrte allerdings auf ihren Wunsch 1541 wieder zurück. Sein weiteres Wirken war bestimmt vom Zusammenschluss mit den Zwinglianern 1549 und seinem endgültigen Sieg über seine Gegner in Genf 1555. Bis zu seinem Tod 1564 widmete sich der Reformator der Verbreitung seiner Lehre, unter anderem erfolgte 1559 die Gründung der theologischen Akademie in Genf, der ersten calvinistischen Hochschule.

International weitaus erfolgreicher als die Reformation in Zürich unter Zwingli war die Konfessionalisierung in Genf/Genève unter dem jüngsten und radikalsten der Reformatoren Jean Calvin (1509 – 1564).

Calvins Theologie ist der Luthers nahe, aber in einzelnen Punkten (z.B. Abendmahlstreit) gab es unüberwindliche Unterschiede. In seiner Politik war Calvin viel radikaler, er formte Genf zu einem Staat unter „göttlicher Ordnung“, einer Theokratie um, in der strenge Zucht und Ordnung herrschten und alle Vergnügungen verboten waren. Grundlage seiner Konfessionsbildung war seine 1536 erschienene Schrift *Institutio religionis christianae*. Charakteristisch für Calvin waren eine radikale Ablehnung aller überkommenen Formen des katholischen Gottesdienstes (Messen, Bilder, Orgeln, Altäre etc.) und strenge Kirchenzucht. Das Konsistorium der Kirche als oberste Behörde erhielt in Genf große Macht und war oberste Instanz in allen Fragen der Lehre, Zucht und Moral, deren Opposition dagegen wurde durch Ausweisungen und gerichtliche Verfolgungen brutal unterdrückt. Weit über Genf hinaus wurde die Hinrichtung des spanischen Arztes und Gelehrten Michel Servet (eigentlich Miguel Serveto y Reves, 1511 – 1553) wegen seiner anti-trinitarischen Meinungen bekannt.

Eine zentrale Rolle spielte bei Calvin die Frage der Prädestination, die in Ansätzen auch in Luthers Theologie steckt und bei Zwingli betont wurde. Damit ist gemeint, dass Gott schon vorherbestimmt, ob ein Mensch angenommen oder verdammt ist. Das Dilemma mit dem moralischen Verhalten, im Falle, dass ohnehin alles vorherbestimmt ist, löste Calvin in einer sehr folgenreichen Entscheidung. Seiner Auffassung nach, musste man im Alltag beweisen, dass man ein Erwählter Gottes sei, ein sittenstrenges Leben und wirtschaftlicher Erfolg wurden zum Wertmesser der göttlichen Gnade gemacht. Der deutsche Soziologe **Max Weber** (1864 – 1920) hat darauf seine These aufgebaut, dass der

Kapitalismus durch den Calvinismus begründet oder zumindest gefördert wurde.

Waren die entstehenden Konfessionen der Lutheraner und Calvinisten zunächst lokal beschränkt, so weitete sich die Reformation in viele europäischen Staaten West- und Nordeuropas aus. In Schweden führte Gustav I. Wasa (1523–1560) die Reformation durch, von dort aus etablierte sie sich in Finnland und Dänemark, Norwegen und Island wurden unter König Christian III. (1536–1559) ebenfalls protestantisch.

Auch in vielen anderen Ländern waren die Ideen der Reformation erfolgreich: in Litauen, in Polen, in Böhmen, im Osten Österreichs und in Slowenien. In Ungarn und in Siebenbürgen lebten Protestanten und Calviner nebeneinander. Der Calvinismus drang als Fürstenreformation auch im Heiligen Römischen Reich vor, Zentrum war die Kurpfalz (1563 kurpfälzische Kirchenordnung im calvinischen Sinn) und andere kleinere Gebiete im Westen des Reiches und einige Fürstentümer in Schlesien (Wohlau, Liegnitz, Brieg) waren ebenfalls reformiert. Man spricht auch von einer sogenannten „Zweiten (Calvinischen) Reformation" (Heinz Schilling) – diesen Begriff lehnen aber viele Historiker ab.

Ganz anders verlief die **Reformation in England**, wo König Heinrich VIII. (1491– 1547) sich im Jahr 1533 von seiner Ehefrau Katharina von Aragón (1485–1536) scheiden lassen wollte, um Anne Boleyn (1501/1507–1536) zu heiraten. Da der Papst seine Einwilligung verweigerte, gründete Heinrich eine Staatskirche, die anglikanische Kirche, deren *Supreme Governor of the Church of England* er selbst war, das geistliche Oberhaupt war und ist der Erzbischof von Canterbury. Von den Glaubensinhalten her unterschied sich diese Konfession zunächst nicht vom Katholizismus. Die anglikanische Kirche konsolidierte sich unter seiner Nachfolgerin Elisabeth I. (1558–1603), allerdings gab es auch andere religiöse Strömungen, wie etwa die vom Calvinismus geprägten **PRESBYTERIANER** unter John Knox (um 1514–1572), *Independents* und **KONGREGATIONALISTEN**, die unter dem Namen Puritaner zusammengefasst werden. Sie wurden unter Elisabeth I. ebenso verfolgt wie die Katholiken. Langfristig näherte sich die anglikanische Hochkirche protestantischen Ideen an.

PRESBYTERIANER
Eine Kirchenverfassung, bei der die Kirche von Gremien von Ältesten und Pastoren geleitet wird.

KONGREGATIONALISTEN
Für die Kongregationalisten hat die einzelne Kirchengemeinde Priorität, es gibt keine Hierarchie, weder eine Synode der Gemeindeältesten noch einen Bischof.

Frankreich blieb zwar mehrheitlich katholisch, allerdings lebten ca. 10 Prozent Calviner, **Hugenotten** genannt, in Frankreich und wurden dort in den Hugenottenkriegen bekämpft. Ähnlich wie in England und den Niederlanden waren die konfessionellen Auseinandersetzungen in Frankreich mit politischen und dynastischen Fragen eng verknüpft (→ vgl. Kap. 7.12.2).

Mit dem **Edikt von Nantes 1685** wurden die Hugenotten aus Frankreich vertrieben und flohen nach Preußen, Hessen, England, Nordamerika, in die Niederlande und in die Schweiz. Bevölkerungsverschiebungen, die mit konfessionellen Zugehörigkeiten zusammenhängen, waren in der gesamten Frühen Neuzeit üblich, die größte fand in Richtung Neuer Welt statt, wo in den englischen Kolonien verschiede religiöse Gruppen (amerikanisch *denominations*) zusammenlebten. Dorthin flüchteten auch die Anhänger der reformatorischen Nebenströmungen, die in Europa keine institutionelle Etablierung fanden.

Aufgaben zum Selbsttest

- Welche theologischen Besonderheiten unterscheiden die alte Kirche von den verschiedenen Reformationsbewegungen? Welche reichspolitischen Entscheidungen waren für die Etablierung des Protestantismus maßgeblich?
- Beschreiben Sie den Begriff der Konfessionalisierung und seine rechtliche Grundlage. Skizzieren Sie die Ausbreitung der reformatorischen Strömungen in Europa.

Literatur

Albrecht Beutel (Hg.), **Luther Handbuch**, Tübingen 3. Auflage 2017.

Ernst Bizer, **Studien zur Geschichte des Abendmahlsstreits im 16. Jahrhundert** (Beiträge zur Förderung christlicher Theologie 46), Darmstadt 2. Auflage 1962.

Peter Blickle, **Die Reformation im Reich**, Stuttgart 4. Auflage 2015.

Johannes Burkhardt, **Das Reformationsjahrhundert**. Deutsche Geschichte zwischen Medienrevolution und Institutionenbildung 1517–1617, Stuttgart 2002.

Irene Dingel/Armin Kohnle (Hg.), **Philipp Melanchthon**. Lehrer Deutschlands, Reformator Europas (Leucorea-Studien zur Geschichte der Reformation und der lutherischen Orthodoxie 13), Leipzig 2011.

Irene Dingel/Herman J. Selderhuis (Hg.) **Calvin und Calvinismus. Europäische Perspektiven** (Veröffentlichungen des Instituts für Europäische Geschichte, Mainz, Beiheft 84) Göttingen 2011.

Ulrich Gäbler, **Huldrych Zwingli**. Eine Einführung in sein Leben und sein Werk, Zürich 3. Auflage 2004.

Dietrich Korsch/Volker Leppin (Hg.), **Martin Luther – Biographie und Theologie** (Spätmittelalter, Humanismus, Reformation 53), Tübingen 2010.

Volker Leppin, **Martin Luther** (Gestalten des Mittelalters und der Renaissance), Darmstadt 3. Auflage 2017.

Wolfgang Reinhard, **Gegenreformation als Modernisierung?** Prolegomena einer Theorie des konfessionellen Zeitalters, in: Archiv für Reformationsgeschichte 68 (1977), S. 226–251.

Herman J. Selderhuis (Hg.), **Johannes Calvin**. Neue Wege der Forschung, Darmstadt 2010.

Herman J. Selderhuis (Hg.), **Calvin Handbuch**, Tübingen 2008.

Heinz Schilling (Hg.), **Die Reformierte Konfessionalisierung in Deutschland** – Das Problem der „Zweiten Reformation", Gütersloh 1986

Heinrich Richard Schmidt: **Konfessionalisierung im 16. Jahrhundert** (Enzyklopädie deutscher Geschichte 12), München 1992.

Caroline Schnyder, **Reformation**, Stuttgart 2008.

Christoph Strohm, **Johannes Calvin**. Leben und Werk des Reformators, München 2009.

Ernst Walter Zeeden, **Konfessionsbildung, Studien zur Reformation, Gegenreformation und katholischen Reform**, Stuttgart 1985.

Nebenströmungen der Reformation | 7.5

Luther hatte den Alleinanspruch der alten Kirche, die Wahrheit im Bereich der Religion zu verkünden, in Frage gestellt. Einige weitere Strömungen der Reformation gingen ebenfalls von der Bibellektüre aus, kamen aber zu anderen Ergebnissen als Luther und seine Anhänger. Die theologischen Grundlagen der lutherischen Lehre waren bald festgelegt und unterlagen spätestens nach 1530 einer Dogmatisierung, die sich gegen andersartige Gruppierungen abgrenzte. Manche Gruppen, wie die so genannten **Schwärmer**, gingen in ihrer Kritik an Kirche und Staat noch weiter, lehnten die kirchliche und staatliche Ordnung völlig ab und glaubten an das Herannahen des **WELTGERICHTES**.

WELTGERICHT oder jüngstes Gericht steht den Vorstellungen der Christen nach am Ende der Welt als göttliches Gericht (Christus als Weltenrichter) und ist mit der Idee der Auferstehung verbunden.

Als Luther auf der Wartburg versteckt gehalten wurde, führte Andreas Bodenstein, genannt Karlstadt, in Wittenberg radikale Reformen durch (Priesterehe, Auflösung der Orden, Bildersturm). Diese Ideen hatten gemeinsam mit hussitischen Gedanken, die in Böhmen noch existierten, Einfluss auf die Zwickauer Propheten um den Laienprediger Niklas Storch (vor 1500–1536) und auf Thomas Münzer (um 1489–1525), der im Bauernkrieg auf die Seite der Bauern trat. Sie alle wirkten mit ihren revolutionären Ideen vor allem auf die unterpriviligierten Schichten. Auch andere Wanderprediger, die das Kommen der Endzeit predigten, übten großen Einfluss auf die Zeitgenossen aus. In Schwaben und Schlesien wirkte Kaspar Schwenckfeld (1489–1561), er lehnte alle Sakramente ab und glaubte an eine Wiedergeburt des Menschen durch den Heiligen Geist. Die Wirkung dieser Gruppen war eher kurzlebig und beschränkte sich auf die Zeit des Bauernkriegs.

Andere Gruppierungen konnten eine längerfristige Wirksamkeit entfalten, vor allem die **Täuferbewegung** (oft auch fälschlich Wiedertäufer genannt). Die Täufer wollten nicht das Taufsakrament wiederholen, sondern bestritten die Gültigkeit einer früher an Kindern vollzogenen Taufe.

Vermutlich gründeten sich die Täufer 1525 in der Schweiz, wo es in Zürich unter Konrad Grebel (um 1498–1526) zu konsequenten Zweittaufen kam. Diese Bewegung war allerdings keine einheitliche, sondern gehört zum „Wildwuchs der Reformation" (Hans-Jürgen Goertz). Ihren Beginn markierte ein Protestverhalten, wonach man unter provokativer Missachtung der kirchlichen Vorschriften Fleischmahlzeiten in der Fastenzeit zu sich nahm oder die Predigten von Ordensleuten unterbrach. Schon von Beginn an legte die Täuferbewegung Wert auf Freiwilligkeit der Zugehörigkeit zu ihrer Kirche und Unabhängigkeit vom Staat. Von Zürich aus, wo die Bewegung vertrieben wurde, breitete sie sich in Süddeutschland aus und vertrat neben den religiösen auch radikale gesellschaftliche Forderungen. Die Täuferbewegung wurde von allen Seiten (Protestanten und Katholiken) grausam verfolgt.

1527 bildete sich mit der *brüderlichen Vereinigung von Schleitheim* die erste Freikirche. Man griff damit auf urchristliche Vorstellungen zurück, dass die frühen Christengemeinden, unabhängig und frei gewesen seien und es keine kirchlichen Hierarchien gegeben habe. Das habe sich erst geändert, als das Christentum Staatsreligion geworden sei und alle Christen, die außerhalb dieser Hierarchie standen, verfolgt worden seien. Die Täufer des 16. Jahrhunderts vertraten die Glaubenstaufe, den „Bann", das heißt die Meidung aller Nicht-Täufer, die Eidesverweigerung und die Ablehnung des Wehrdienstes. Man glaubte an ein in nächster Zukunft bevorstehendes Ende der Welt (**CHILIASMUS**), das Endgericht wurde für Pfingsten 1528 erwartet.

CHILIASMUS stammt vom griechischen Wort für Tausend und bezeichnet die erwartete tausendjährige Herrschaft Christi auf Erden am Ende der Weltgeschichte.

Auch in Österreich waren diese friedliebenden Täufer in kleinen Gruppen vertreten, man schätzt sie auf etwa 5 Prozent der Bevölkerung in 125 Gemeinden. Die Verbreitung der Ideen erfolgte einerseits durch eine von Hans Hut (1490 – 1527) geprägte Linie in Oberösterreich und Nordtirol mit Beziehungen zu Thomas Müntzer und andererseits durch eine von Jörg Blaurock (um 1492 – 1529) geprägte Linie in Südtirol. Die täuferischen Glaubensvorstellungen waren unter Bauern weit verbreitet – im Gegensatz zum Protestantismus, der vor allem im Adel schnelle Verbreitung fand. Schon früh kam es zu großen Verfolgungen und Täuferverbrennungen, z. B. in Wien 1524 Caspar Tauber († 1524), 1528 Balthasar Hubmaier (um 1485 – 1528), und 1536 wurde Jakob Hutter (ca. 1500 – 1536) in Innsbruck verbrannt, außerdem wurden viele heute wenig bekannte Täufer hingerichtet.

Die Verfolgung war vor allem durch das so genannte *Wiedertäufermandat* von Speyer 1529 staatlich legitimiert, das die Todesstrafe für „Wiedertäufer" vorsah. Bei Widerruf war zwar eine Begnadigung möglich, allerdings nicht für die Anführer, auch Rückfällige traf die volle Strafe. In den Jahren 1525 bis 1618 entfielen auf die katholischen Herrschaftsgebiete 84 Prozent, auf die protestantischen 16 Prozent der Hinrichtungen. Claus-Peter Clasen errechnete, dass mehr als 715 Täufer im Reich und mehr als 400 in den habsburgischen Ländern hingerichtet wurden, die meisten Hinrichtungen fanden 1528 und 1529 statt.

Ein wichtiges Zentrum der Täuferbewegung war Mähren, wo neben Balthasar Hubmaier der Tiroler Jakob Hutter wirkte, und seit 1533 eine eigene Gemeinde, die als *mährische Brüdergemeinde* oder *Hutterische Brüder* bezeichnet werden, bildete. Sie lebten in ca. 120 Bruderhöfen und haben radikale Forderungen verwirklicht, wie den Verzicht auf einen Familienverband, auf Privateigentum und die Verweigerung des Wehrdienstes. Diese Hutterischen Brüdergemeinden wurden erst im Zuge der

Abb. 22

Hinrichtung der Täufer in Münster

Gegenreformation 1622 aus Mähren vertrieben, sie gingen nach Ungarn und Siebenbürgen und sind dann teilweise weitergewandert (1781 in die Ukraine, von dort 1874 nach Nord- und Süddakota, Montana und Kanada). Neben dieser friedlichen, pazifistischen Strömung der Täufer, gab es auch einen radikalen Flügel dieser religiösen Gruppierung. Während die pazifistischen Täufer das Leiden als göttliches Martyrium ansahen, predigte Melchior Hofmann (um 1495–1543) die Vernichtung der Gottlosen durch das Schwert und verkündete den Anbruch des „1000jährigen Reiches Christi". Jan Matthys (um 1500–1534), ein Bäcker aus Harlem (Niederlande), und Jan Bockelson (um 1509–1536), ein Schneider aus Leiden (Niederlande), errichteten 1534/35 das Täuferreich in Münster in Westfalen. Während der Belagerung Münsters, das sich als „Königreich **ZION**" verstand, herrschten religiöser Fanatismus und Radikalität der Forderungen vor. Neben der Gütergemeinschaft bekannte sich diese Gruppe auch zur Vielweiberei, nicht aus sexueller **LIBERTINAGE**, sondern als altes patriarchalisches Modell der Familie. Nach der Eroberung von Münster kam es zu grausamen Hinrichtungen der Führer, die eisernen Käfige an der Lamberti-Kirche sind heute noch zu sehen.

ZION Die Turmburg Zion galt den Juden als Sitz Gottes, das beeinflusste auch die Endzeiterwartung der Christen.

LIBERTINAGE Ein ausschweifendes Verhalten, das sich nicht an moralische, speziell sexuelle Normen hält.

Die weitere Entwicklung der Täuferbewegung spielte sich an unterschiedlichen Orten in Europa, aber vor allem in der neuen Welt ab. Von dort kam diese Konfession durch Missionierungstätigkeit wieder zurück nach Europa und fasste hier – in bescheidenem Ausmaße – seit dem 19. Jahrhundert wieder Fuß. Die Täuferbewegung überlebte nach der an den Fall von Münster anschließenden Welle der Verfolgungen durch die „Stillen" im Lande, sie hat sich vor allem in den Niederlanden unter Menno Simons (1496 – 1561) etabliert und sich als *Mennoniten* oder *Amish* in England und Ostfriesland erhalten. Wegen der anhaltenden großen Verfolgungen wanderten viele Täufer nach Amerika aus (*Anabaptists*), die holländischen Täufer waren als Dammbauspezialisten gefragt und wurden auch im Weichselgebiet in Polen angesiedelt.

Eine wesentliche Rolle bei der Bildung der Baptisten spielte der englische Puritaner John Smyth (ca. 1554 – 1612), dessen Anhänger zwar überwiegend zu den Mennoniten in den Niederlanden übergingen, jedoch hat einer seiner Mitstreiter Thomas Helwys (um 1550 – 1616) in London 1612 eine Baptistengemeinde gegründet. Aus dieser Gruppe und einigen anderen von den Calvinisten abgespalteten Kirchen bildete sich letztendlich die *Baptist Union of Great Britain and Ireland* (1873). Schon im frühen 17. Jahrhundert waren Baptisten aber auch nach Amerika ausgewandert, schon 1639 begann Roger Williams (1603 – 1683) in Rhode Island mit der Gemeindearbeit. Mit dem **GREAT AWAKENING** in Neuengland Mitte des 18. Jahrhunderts breitete sich die Bewegung aus, um 1900 gab es in den USA schon vier Millionen Baptisten. Die meisten Gemeinden sind vereint in der Union *American Baptist Churches USA*. Im 19. Jahrhundert nahm die große Weltmission in Indien, Burma sowie in Europa ihren Anfang, und breitete sich anschließend auch in der ehemaligen Sowjetunion aus.

GREAT AWAKENING
Aus dem Englischen für „Große Erweckung", Sammelbezeichnung für Erweckungsbewegungen in Nordamerika in den 1730er Jahren.

Eine weitere Gruppe, die langfristig wirksam war, bildeten die **Antitrinitarier oder Unitarier**. Einer der wichtigsten Vertreter dieser Richtung war Michel Servet, der die Dreifaltigkeit ablehnte, ähnlich orientiert war auch der Italiener Lelio Sozzini (1525 – 1562), der zunächst zum Protestantismus neigte, aber auch bei Bullinger in Zürich, bei Melanchthon in Wittenberg und bei Calvin in Genf war. Durch seine Vorsicht entging er der Verurteilung als Ketzer und starb in Zürich. Sein Neffe Fausto Sozzini (1539 – 1604), der Sekretär des Herzogs Francesco Medici (1541 – 1587) in Florenz war und dann vor der Inquisition flüchten musste, kam 1562 nach Zürich und vertiefte sich in hinterlassene Papiere seines Onkels. Er entwickelte dabei eine rationale Haltung aufgrund derer er die Trinität als vernunftwidrig verurteilte.

Mittlerweile hatte der Italiener Giorgio Biandrata, (auch Blandrata, um 1515 bis um 1590) als Leibarzt des Fürsten von Siebenbürgen in diesem Land eine Toleranz für die Unitarier erwirkt, 1578 berief Biandrata Fausto

Sozzini nach Siebenbürgen, wo eine konfessionelle Vielfalt herrschte. Der Hofprediger Franz Davidis (1510–1579) gründete 1568 eine eigene Gruppe der Davidisten, er verwarf unter anderem die Anbetung Christi, seine konfessionelle Richtung wird auch judaisierende Unitarier genannt.

Fausto Sozzini wirkte dann ab 1576 in Polen, wo es ebenfalls unitarische Strömungen gab, die auch als Arianer (nach der frühmittelalterlichen Gruppierung, die den Vater allein als Gott sahen, der Heilige Geist und Christus waren ihrer Auffassung nach von ihm geschaffen) bezeichnet wurden. Zentrum der Sozianer oder Arianer wurde Raków in Polen, das auch als „arianisches Rom" bezeichnet wurde, dort gab es auch ein unitarisches Gymnasium und eine Buchdruckerei. Der *Rakower Katechismus* legte die Grundlagen der Lehre fest, er erschien 1605 polnisch, 1608 deutsch und 1609 lateinisch. 1639 verbot der polnische Sejm (Landtag) die Sozianer und verurteilte die Irrtümer der „arianischen Sekte". Die Sozianer gingen nach Siebenbürgen, Schlesien, Ostpreußen, Danzig, Brandenburg, Holland, England sowie nach Nordamerika und begründeten die Konfession des Unitarismus, der eine rationalistische Grundhaltung hatte und den Toleranzgedanken vertrat. In vieler Hinsicht waren die Unitarier Vorläufer der Aufklärung und beeinflussten durch ihre Lehre Isaac Newton, Hugo Grotius (1583–1645), John Milton (1608–1674), Baruch Spinoza (1632–1677), John Locke (1632–1704) und Gottfried Wilhelm Leibnitz (1646–1716).

Aufgaben zum Selbsttest

- Welche Nebenströmungen der Reformation waren in der Frühen Neuzeit wichtig?
- Welche dieser Strömungen entwickelten sich in der Neuen Welt weiter?
- Was ist der grundlegende Unterschied zu den etablierten Religionen?

Literatur

Claus-Peter Clasen, **Anabaptism**. A Social History 1525–1618. Switzerland, Austria, Moravia, South and Central Germany, Ithaca, NY u. a. 1972.

Hans-Jürgen Goertz, **Radikalität der Reformation**. Aufsätze und Abhandlungen (Forschungen zur Kirchen- und Dogmengeschichte 93), Göttingen 2007.

Hans-Jürgen Goertz, **Konrad Grebel**. Ein Radikaler in der Zürcher Reformation. Eine biografische Skizze, Zürich 2004.

Hans-Jürgen Goertz, **Die Täufer**. Geschichte u. Deutung, München 2. Auflage 1988.

Hans-Jürgen Goertz (Hg.), **Radikale Reformatoren**. 21 biographische Skizzen von Thomas Müntzer bis Paracelsus, München 1978.

Werner O. Packull, **Die Hutterer in Tirol**. Frühes Täufertum in der Schweiz, Tirol und Mähren (Schlern-Schriften 312), Innsbruck 2000.

Astrid von Schlachta, **Die Hutterer zwischen Tirol und Amerika**. Eine Reise durch die Jahrhunderte, Innsbruck 2006.

7.6 | Die Reaktion der katholischen Kirche

Die katholische Kirche reagierte sehr langsam auf die Herausforderung der verschiedenen Strömungen der Reformation. Der Anspruch der Reform war ein doppelter, einerseits musste die Reform der Kirche an Haupt und Gliedern, die schon seit dem späten Mittelalter gefordert wurde, umgesetzt werden, andererseits verschärfte sich die Lage durch den Kampf gegen den Protestantismus und die anderen Strömungen der Reformation.

Diese Vorgänge werden mit dem Begriff **Gegenreformation** bezeichnet, der allerdings nicht unumstritten ist und mit anderen Begriffen wie *katholische Restauration* oder *katholische Reform* in Konkurrenz stand. Der Ausdruck Gegenreformation wurde – allerdings in der Mehrzahl – erstmals vom Göttinger Juristen **Johann Stephan Pütter** (1725 – 1807) verwendet und dann von dem bedeutenden Historiker **Leopold von Ranke** (1795 – 1886) übernommen. Das Wort katholische Reformation schuf der protestantische Historiker **Wilhelm Maurenbrecher** (1838 – 1892), es wurde dann vom katholischen Historiker **Ludwig Pastor** (1854 – 1928) in der Kombination katholische Reformation und Restauration übernommen. Im Zusammenhang mit der spätmittelalterlichen Reformbewegung bezeichnete der katholische Kirchenhistoriker **Hubert Jedin** (1900 – 1980) dieses Phänomen mit dem Begriff katholische Reform und Gegenreformation.

Schon aus dieser Begriffsgeschichte wird klar, dass es sich bei der Gegenreformation – ähnlich wie bei der Reformation – um ein sehr komplexes Phänomen handelt. Mehrere Ebenen der Reform sind zu unterscheiden: das Reformpapsttum, das neue Bischofsideal, das Konzil von Trient und die Gründung neuer Orden der katholischen Kirche.

Die Päpste der Renaissancezeit hatten ein sehr verweltlichtes Leben geführt, Konkubinat und Nepotismus, Ämterkauf und Intrigenwirtschaft, aber auch ein großartiges Mäzenatentum und die Förderung von Kunst und Wissenschaft charakterisierten die Pontifikate der Renaissancepäpste. Das **Reformpapsttum**, das etwa ab der Mitte des 16. Jahrhunderts anzusetzen ist, vollzog eine bewusste Abkehr von diesem Lebensstil und betrieb eine innere Erneuerung der Kirche. Bildete der Pontifikat Pauls III. Farnese (1468 – 1549) von 1534 – 1549 eine Übergangszeit, so war Paul IV. Carafa (1476 – 1559) der ab 1555 den Stuhl Petri innehatte, der erste aktive Reformpapst. Ihm folgten mit Gregor XIII. Boncompagni (1502 – 1585), der die lange ausstehende Kalenderreform durchführte und das Rosenkranzgebet einführte, und Sixtus V. Peretti di Montalto (1521 – 1590) – alles Päpste, die energisch an der Abstellung innerer

Info

Kalendereform

- Da Ostern, das wichtigste Fest der Christenheit, ein bewegliches Fest ist, nämlich der erste Sonntag nach dem Frühlingsvollmond, entstand im Mittelalter ein Problem. Der nach dem Julianischen Kalender (nach Julius Cäsar) berechnete und der tatsächliche am Firmament sichtbare Frühlingsvollmond waren im 16. Jahrhundert bereits zehn Tage voneinander entfernt.
Grund dafür ist die Tatsache, dass das julianische Kalenderjahr um 11 Minuten länger ist als das Sonnenjahr, was dazu führte, dass alle 130 Jahre eine Verschiebung um einen Tag eintrat. Papst Gregor XIII. bestimmte in der Bulle *Inter gravissimas curas*, dass 1582 auf den 4. Oktober gleich der 15. Oktober folgen sollte, um diese Differenz auszugleichen. Der Frühlingsanfang fiel damit wieder auf den 21. März. Für die Zukunft sollte in den Säkularjahren nur dann ein Schaltjahr sein, wenn die Zahl durch 400 teilbar ist. 1600 und 2000 waren daher Schaltjahre, 1700, 1800 und 1900 nicht. Diese Reform wurde von den Protestanten erst im späten 17. Jahrhundert, von der orthodoxen Kirche gar nicht angenommen (daher fallen das orthodoxe Ostern und das der westlichen Kirchen nicht immer auf den gleichen Tag). In der säkularen Zählung wurde der gregorianische Kalender in Russland (Sowjetunion) erst nach der Oktoberrevolution und in China erst 1949 angenommen.

Missstände der Kirche arbeiteten. Unterstützt wurden sie von der 1542 für die Gesamtkirche eingeführten Römischen Inquisition.

Ein weiteres Reformsignal der katholischen Kirche war das **neue Bischofsideal**, das vor allem durch die **VITEN** der vorbildlichen Bischöfe in Italien verbreitet wurde. Als lebendes Ideal galt der Kardinalerzbischof von Mailand, Karl Borromäus (1538–1584), der trotz seiner hochadeligen Herkunft ein Seelsorgebischof war, der auch durch die Bekämpfung der Pest zu einem Pestheiligen gemacht wurde.

VITA Beschreibung des Lebens einer hervorragenden Persönlichkeit.

Der Süden Europas war – sieht man von Einzelpersonen ab – von den reformatorischen Strömungen unberührt geblieben. In Italien und Spanien entstanden im 16. Jahrhundert **neue Orden**, die entweder mystisch oder schon explizit gegenreformatorisch ausgerichtet waren.

Der in der Gegenreformation zweifellos erfolgreichste davon, der **Jesuitenorden,** wurde von Ignatius von Loyola (1491–1556) gegründet. Dieser baskische Adelige wurde 1521 bei der Verteidigung von Pamplona verwundet und verlagerte seine Aktivitäten nun auf das religiöse Gebiet und den geistlichen Kampf. 1534 gründet er mit sieben Gefährten die *Societas Jesu* (S.J.), deren Aufgabe es sein sollte, zu missionieren und sich dem Papst bedingungslos zur Verfügung zu stellen. 1540 bestätigte Papst Paul III. den Jesuitenorden.

Die Jesuiten wurden in kurzer Zeit zu einem der wichtigsten Instrumente der katholischen Kirche in der Gegenreformation und waren

Info

Organisation des Jesuitenordens

▶ Der Orden, der Mitgliedern aus allen gesellschaftlichen Schichten zugänglich war, wurde seit 1549 direkt dem Papst unterstellt. Geleitet wurde die Societas Jesu vom gewählten Ordensgeneral, der manchmal auch *schwarzer Papst* genannt wurde. Er führte den Orden militaristisch-absolutistisch, wurde dabei aber vom *Admonitor* (Mahner) ständig kritisiert. Die Mitglieder des Ordens wurden durch Exerzitien und strenge gegenseitige Überwachung als Elite ausgebildet. Außer den üblichen Mönchsgelübden (Armut, Keuschheit und Gehorsam) gab es bei den Jesuiten auch noch ein viertes Gelübde, die unbedingte Unterwerfung unter die päpstliche Obrigkeit, oft auch *Kadavergehorsam* genannt.

auch ein bedeutender Machtfaktor in Rom, denn die wichtigsten Ausbildungsstätten für die Geistlichen Europas in Rom standen schon bald unter ihrer Leitung: 1551 das *Collegio Romano* und 1552 das *Collegium Germanicum*, und auch in der **RÖMISCHEN KURIE** verstärkte sich ihr Einfluss.

RÖMISCHE KURIE Darunter versteht man seit dem Mittelalter die gesamte Verwaltung des Heiligen Stuhles, also des Papsttums der katholischen Kirche.

Der zweite Wirkungsbereich war der Kampf gegen die Reformation in den europäischen Staaten. Die Jesuiten wirkten vor allem als Beichtväter und als Ratgeber an vielen Fürstenhöfen im Heiligen Römischen Reich und engagierten sich auch stark im Bereich der Bildung an Schulen und Universitäten. Jesuitenkollegien entstanden 1552 in Wien, 1556 in Köln, Ingolstadt und Prag, 1557 in Worms, 1559 in München und Augsburg, 1563 in Innsbruck, 1564 in Dillingen, 1573 in Graz und Hall in Tirol, 1602 in Linz,1605 in Klagenfurt usw. Auch bestehende Universitäten, wie etwa die schon 1365 gegründete Universität in Wien wurde 1623 jesuitisch und blieb es bis 1773, in diesem Jahr wurde der Jesuitenorden (kurzfristig) aufgehoben. Auch die Universitäten in Dillingen, Paderborn, Bamberg, Graz und Olmütz sowie viele böhmische Schulen standen unter der Leitung der Societas Jesu. Ein weiterer Bereich der Wirksamkeit des Jesuitenordens war die *Weltmission* in Lateinamerika, China und Japan.

Eine ihrer wichtigsten Aufgaben sahen die Jesuiten in der Missionierung der Bevölkerung und der Verstärkung des religiösen Wissens, dazu diente unter anderem der Katechismus des Petrus Canisius (1521 – 1597), der (ähnlich wie Luthers kleiner Katechismus für die Protestanten) zur Abgrenzung der katholischen Dogmatik und dem Wissen um den Glauben erheblich beitrug.

Weitere wirksame Orden der Gegenreformation waren z.B. die 1528 in Rom gegründeten **Kapuziner** (namengebend ist die Kapuze, die sie tragen), die einer strengen Franziskanerregel folgten und sich der Predigt, der Seelsorge und der Krankenpflege widmeten. Sie waren besonders bei den Habsburgern beliebt, es ist kein Wunder, dass die Grabstätte

Info

Katechismus

▶ Ein **Katechismus** (vom griechischen Wort für Unterricht, Unterweisung) ist auf Fragen und Antworten aufgebaut, und dient der Unterweisung in den Grundfragen des jeweiligen Glaubens. Ursprünglich war er für den zu taufenden Erwachsenen bestimmt, mit der Einführung der Kindertaufe für den Paten. In der Frühen Neuzeit erfolgte das „Erlernen" des Glaubens einerseits durch learning by doing und andererseits durch „Nachsprechen, Einbläuen, Abfragen" (Heinrich Richard Schmidt), das auf dem Katechismus aufbaute.

dieser Dynastie in Wien in der Kapuzinergruft Platz gefunden hat. Auch die **Piaristen** waren weit verbreitet, 1597 eröffnete Joseph von Calasanza (1557–1648) in Trastevere (einem Stadtteil Roms) die erste öffentliche, unentgeltliche Knabenvolksschule Europas. 1621 wurde der Orden mit vier Gelübden, darunter als viertes die Jugenderziehung, gegründet.

Die erste Hälfte des 16. Jahrhunderts war eine Blütezeit der Ordensgründungen, 1530 entstand der Orden der Regularkleriker der **Barnabiten,** die sich der Volksmission widmeten, 1535 die **Ursulinen,** deren wichtigste Aufgabe die Mädchenerziehung wurde und 1537 die **Barmherzigen Brüder,** die sich in erster Linie der Krankenpflege widmeten. Alle diese und noch einige andere Orden verbreiteten sich rasch in Europa und trugen zur Durchsetzung der katholischen Reformen entscheidend bei.

Das sicherlich wichtigste Ereignis der Gegenreformation war aber das **Konzil von Trient** von 1545 bis 1563. Es war nicht mehr das lange geplante und erwartete universelle Konzil der Christenheit, sondern die katholische Kirche erkannte, dass sie eine christliche Kirche neben anderen war. Das Konzil wurde mehrfach verlegt und unterbrochen, die entscheidende Phase fand 1562 bis 1563 unter der Leitung des päpstlichen Legaten Giovanni Morone (1509–1580) bereits unter starkem Einfluss der Jesuiten (→ vgl. Kap. 7.6.) statt.

Die Beschlüsse dieses Reformkonzils, die im Wesentlichen noch heute in der katholischen Kirche gültig sind, waren auf dem Gebiet der Dogmatik äußerst konservativ und auf dem der Organisation sehr progressiv. Was die Glaubenslehre betrifft, wurde keine einzige der Reformideen Luthers oder anderer Reformatoren aufgenommen, sondern die Kirche zog sich auf den spätmittelalterlichen Zustand zurück. Die lateinische Übersetzung der Bibel, die *Vulgata* wurde für authentisch erklärt, die apostolische Tradition und Auslegung der Bibel durch Papst und Bischöfe fortgeschrieben. Auch in der Gnaden- und Sakramentenlehre gab es keine Zugeständnisse, die Dreiteilung der Jenseitsvorstellung mit dem Fegefeuer blieb erhalten, der Mensch konnte durch gute Werke (und Ablass, der weiter bestehen blieb, nur der Ablasshandel wurde verboten) an

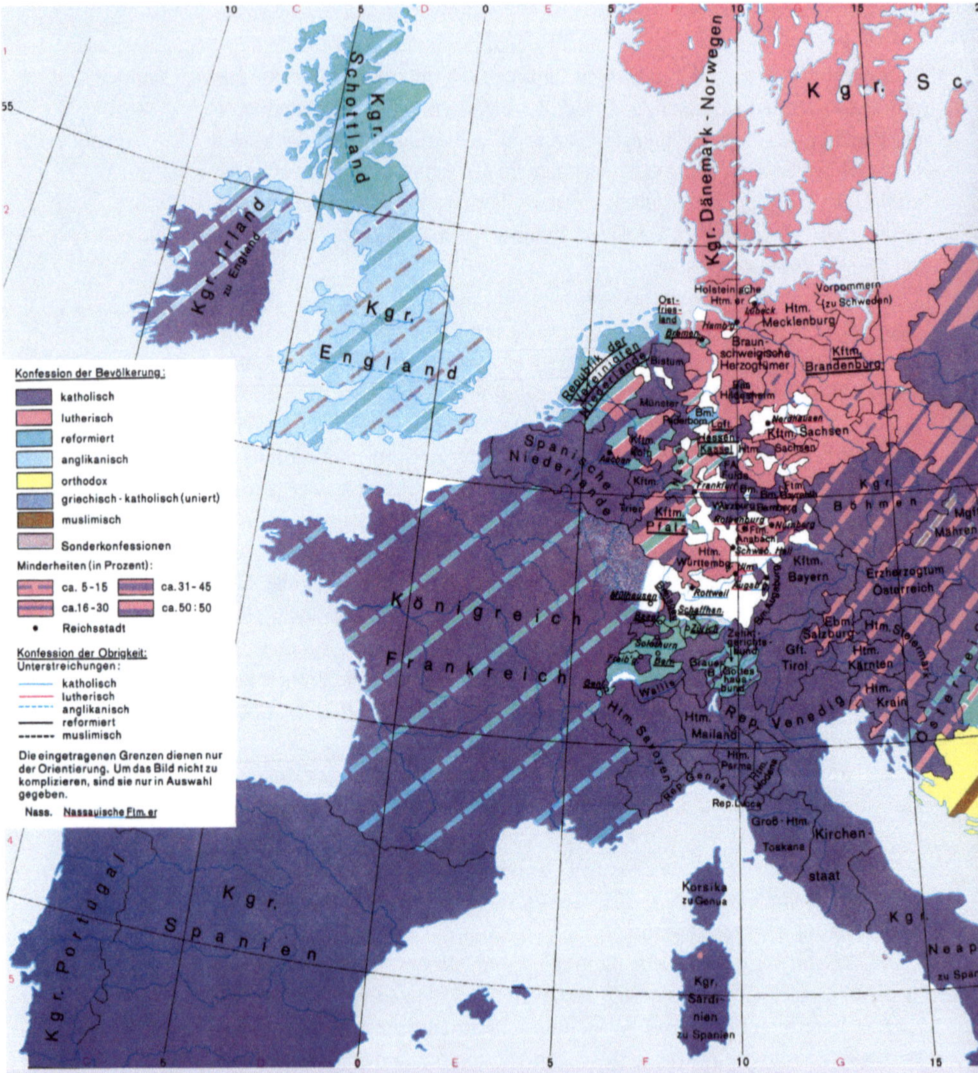

Abb. 23 *Konfessionelle Gliederung Europa um 1680*

der Gnade mitwirken, man sprach von einer *cooperatio hominis cum Deo*. Die Zahl der sieben Sakramente inklusive Ohrenbeichte, die Rolle der Wandlung im Messopfer (Transsubstantiation), das zölibatäre Priestertum und die Vielfalt der Orden blieben ebenso erhalten wie die Heiligen-, Bilder- und Reliquienverehrung, die Wallfahrten und Sakramentalien.

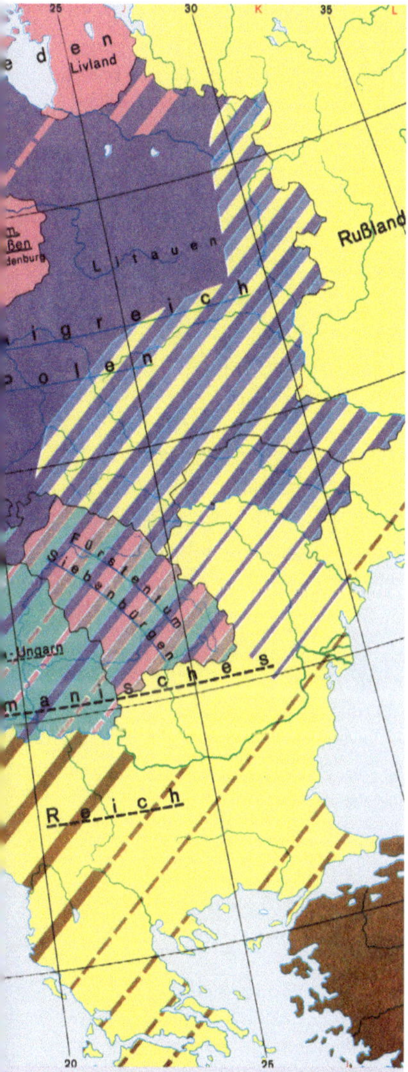

© Herder

In der organisatorischen Reform der Kirche wurden energische Maßnahmen gesetzt, die Priesterausbildung wurde verbessert und reformiert und der Zölibat des Klerus endgültig festgelegt. Die hierarchische Struktur wurde gestärkt, sowohl der Papst als auch die Bischöfe, die Visitationen durchführen sollten und deren Jurisdiktion ausgebaut wurde, waren nun mächtiger. Für die Bischöfe wurde eine Residenzpflicht eingeführt, was auch die Ämterkumulation verhindern sollte. Gerade diese Reform wurde nördlich der Alpen sehr spät durchgeführt, noch im 17. Jahrhundert gab es Mitglieder von Dynastien, die mehrere Diözesen innehatten. Wie wirkmächtig das Konzil von Trient war, zeigt sich daran, dass seit 1564 der Klerus durch Eid (*Professio fidei Tridentinae*) auf das Tridentinum verpflichtet wurde.

Im Konzil vorbereitete Maßnahmen wurden knapp nach dem Ende des Reformkonzils durchgeführt, wie die Anlegung eines Verzeichnisses der verbotenen Bücher (*Index librorum prohibitorum*), ein einheitlicher Katechismus (1566 *Catechismus Romanus*), das *Breviarium Romanum* (Texte für die Feier des Stundengebets) 1568 und das *Missale Romanum* (das Messbuch mit der festgelegten Messordnung) 1570 – Maßnahmen, die für die Einheitlichkeit des Glaubens sorgen sollten. Durch die vorgeschriebenen Visitationen von Kirchen und Klöstern in den einzelnen Diözesen und die regelmäßigen Berichte an die Kurie wurde Schritt für Schritt das Programm der nachtridentinischen katholischen Kirche durchgesetzt. In Mitteleuropa, wo die Reformation zu großen „Gebietsverlusten“

NUNTIATUR Die Nuntiatur ist die diplomatische Vertretung des Papstes (Heiligen Stuhles) bei einem Staat.

KUMULATION oder **KUMULIERUNG** Vom lateinischen „Anhäufen, Ansammeln", bezeichnet in diesem Zusammenhang die Tatsache, dass Menschen mehr als einen Bischofssitz innehatten.

der alten Kirche geführt hatte, wurden feste **NUNTIATUREN** in Graz 1580, Köln 1584 und München 1585 eingerichtet.

Im Laufe des späten 16. und des beginnenden 17. Jahrhunderts gelang so die Rekatholisierung in Böhmen und Österreich, auch in Polen und Siebenbürgen und in einigen Gebieten des Reiches, wie dem Fürstbistum Bamberg. Einige Territorien des Reiches waren ja weitgehend katholisch geblieben oder wurden schnell rekatholisiert, wie Bayern oder die Bistümer Salzburg und Würzburg, dann auch Fulda und das mainzische Eichsfeld. Die **KUMULIERUNG** der Bistümer Freising, Hildesheim, Lüttich, Köln und Münster in der Hand der bayerischen Wittelsbacher, die ihre jüngeren Söhne dort versorgten, verstärkte auch in diesen Gebieten die Gegenreformation, und kleinere weltliche Herrschaften wurden von diesem Sog mitgerissen. Auch in den katholisch gebliebenen Ländern – die besten Beispiele sind vermutlich Bayern und Tirol – wurden innere Missionsmaßnahmen gesetzt und gegenreformatorische Rituale wie Heiligenverehrung, Wallfahrten etc. verstärkt. Was am Ende in den neu katholisierten und in den katholisch gebliebenen Gebieten Europas entstand, wird unter dem Begriff des **Barockkatholizismus** zusammengefasst.

Aufgaben zum Selbsttest

- Welche Elemente bestimmen die katholische Reform?
- Was sind die wichtigsten Orden der Gegenreformation?
- Beschreiben Sie die Maßnahmen des Konzils von Trient – die dogmatische Abgrenzung und organisatorische Reform.

Literatur

Peter Claus Hartmann, **Die Jesuiten**, München 2001.
Rita Haub, **Die Geschichte der Jesuiten**, Darmstadt 2007.
John W. O'Malley (Hg.), **Catholicism in Early Modern History**. A Guide to Research (Reformation Guides to Research 2), St. Louis, Mo. 1988.
Anna Ohlidal (Hg.), **Jesuitische Frömmigkeitskulturen**. Konfessionelle Interaktion in Ostmitteleuropa 1570–1700 (Forschungen zur Geschichte und Kultur des östlichen Mitteleuropa 28), Stuttgart 2006.
Ronnie Po-chia Hsia, **Gegenreformation**. Die Welt der katholischen Erneuerung 1540–1770, Frankfurt am Main 1998.
Paolo Prodi, (Hg.), **Das Konzil von Trient und die Moderne** (Schriften des Italienisch-Deutschen Historischen Instituts in Trient 16), Berlin 2001.
Leo Scheffczyk, **Das Konzil von Trient und die Reformation.** Zum Versuch eines Brückenschlags (Sitzungsberichte Bayerische Akademie der Wissenschaften, Philosophisch-Historische Klasse 1992, 3), München 1992.
Dieter J. Weiß, **Katholische Reform und Gegenreformation**, Darmstadt 2005.

Karl V. und seine Gegner

7.7

Die dominante Figur der ersten Hälfte des 16. Jahrhunderts in Europa war zweifellos Kaiser Karl V. Er war der Enkel Kaiser Maximilians I. und der Sohn von Philipp dem Schönen und der spanischen Infantin Juana (Johanna die Wahnsinnige). Der spätere Kaiser Karl wuchs fern von seinen Eltern in den burgundischen Ländern auf, er wurde französisch erzogen und seine religiöse Prägung erfolgte durch seinen Lehrer Adrian von Utrecht (1459–1523), der später als Hadrian VI. Papst wurde, im Sinne der Devotio moderna.

Info

Devotio moderna

▶ **Die Devotio moderna ist eine religiöse Bewegung des späten Mittelalters, die von den Niederlanden ausging und die persönliche Beziehung zu Christus betonte. Die *Brüder vom gemeinsamen Leben* waren eine in diesem Sinne wirkende Gemeinschaft. Im 16. Jahrhundert hatte sie bereits ihre große Bedeutung verloren, wirkte sich aber auf den Humanismus und die Reformation aus. Auch Erasmus von Rotterdam wurde wie Karl V. im Geiste der Devotio moderna erzogen. Das bedeutendste Werk der Devotio moderna ist das Buch *Nachfolge Christi* (*De imitatione Christi*) von Thomas von Kempen (um 1380–1471), das in mehr als 3.000 Ausgaben erschien.**

Eine Reihe von, aus Sicht der Habsburger, „glücklichen" Todesfällen in der spanischen Dynastie machte Karls Mutter zur Erbin von Kastilien. Als 1506 sein Vater Philipp der Schöne starb, erbte der damals sechsjährige Karl und wurde schon 1515 für volljährig erklärt. Ein Jahr später – nach dem Tod seines Großvaters Ferdinand – erbte Karl alle spanischen Besitzungen und reiste zum ersten Mal nach Spanien, um sich von den **CORTES** als König bestätigen zu lassen, dabei traf er ebenfalls zum ersten Mal seinen jüngeren Bruder Ferdinand (später Kaiser Ferdinand I.), der in Spanien sehr beliebt war und im Gegensatz zu Karl fließend Spanisch sprach. Karl schickte ihn daraufhin in die Niederlande und nach dem Tod seines Großvaters Maximilian I. 1519 überließ er ihm in den Teilungsverträgen von Worms 1521 und Brüssel 1522 die österreichischen Erblande – nicht zuletzt um seine Konkurrenz in Spanien auszuschalten.

CORTES heißt die Ständeversammlung in Spanien.

Der Tod Maximilians brachte Karl nicht nur das österreichische Erbe ein, sondern stellte auch die Frage nach einer **Nachfolge im Reich**. Karl war hier als Kandidat keineswegs unumstritten, sondern auch Franz I. von Frankreich (1494–1547) und Heinrich VIII. von England, aber auch Friedrich von Sachsen (1463–1525) waren im Gespräch. Im Reich hatte man Angst vor einem übermächtigen Herrscher, der über seine Herrschaft in Spanien große Geldmittel zur Verfügung hatte, aber auch die

Spanier waren skeptisch, weil sie eine Marginalisierung ihres Landes in der Politik ihres Königs fürchteten.

Finanziell unterstützte die reiche Augsburger Kaufmannsfamilie Fugger die Wahl Karls, der sich auch durchsetzen konnte. Die Kurfürsten wurden mit hohen Summen bestochen, um Karl zu wählen.

Karl musste trotz der hohen Zahlungen an die Mächtigen des Reiches noch eine Wahlkapitulation unterschreiben, die seine Rechte hinischtlich der Ämterbesetzung bis zur Einsetzung eines Reichsregiments regelte. 1519 wurde er zunächst römisch-deutscher König, nannte sich dann (nach dem Vorbild seines Großvaters) nach der Krönung in Aachen im Jahre 1520 „erwählter römischer Kaiser“. Im Jahr 1530 wurde Karl als letzter Kaiser vom Papst in Bologna gekrönt.

Karl V. herrschte ab 1520 über einen großen Teil Europas (Kaiser des Heiligen Römischen Reiches, Herrscher der österreichische Erblande, von Burgund, Spanien, Mailand und dem Königreich beider Sizilien) und die spanischen Gebiete in Übersee. Mit dieser gewaltigen territorialen Basis, die auch eine große Wirtschaftsmacht, nicht zuletzt durch die enormen Gold- und Silbermengen aus der Neuen Welt bedeutete, verband er das Konzept der Universalmonarchie und das Streben nach einer Hegemonie in Europa. Sein Gegenspieler war dabei vor allem der französische König Franz I. aus dem Hause Valois.

Karl V. sah sich als Friedenswahrer in Europa und vor allem als Schützer des Abendlandes gegen die osmanische Bedrohung. Der Kampf

Info

Die Fugger und die Walser

▶ Die **Fugger** waren ein Kaufmannsgeschlecht aus Schwaben, das sein Zentrum in Augsburg hatte, wo sie als Verleger in der Weberei große wirtschaftliche Bedeutung erlangten. Unter Jakob Fugger dem Reichen (1459–1525) stieg die Familie zum Zenit ihrer Macht auf und erlangte Weltgeltung. Er war der wichtigste Kaufmann, Montanunternehmer und Bankier seiner Zeit. Vor allem die Zusammenarbeit mit den Habsburgern und der römischen Kurie schuf dafür die Grundlage. Für die Unterstützung Karls V. erhielten die Fugger Rechte am Silber- und Kupferbergbau in Tirol, Böhmen und Oberungarn (heutige Slowakei) sowie Rechte zum Abbau von Quecksilber und Zinnober in der Neuen Welt. Der Handel der Familie hatte weit über Europa hinausreichende Dimensionen und ihr Vermögen ist unvorstellbar groß gewesen.

Eine ähnliche Stellung erreichte auch die ebenfalls in Augsburg ansässige Familie **Welser**, die schon im Mittelalter **FAKTOREIEN** in Antwerpen, Spanien, Portugal, Venedig und Rom unterhielt und ebenfalls mit der Politik ihrer Zeit in enger Verbindung stand. Sie stiegen im Zeitalter der Entdeckungen groß in den Gewürzhandel ein und bekamen z. B. von Karl V. im Venezuela-Vertrag 1528 eine Monopolstellung in dieser spanischen Provinz.

FAKTOREI Handelsniederlassung von Kaufleuten in Europa und Übersee, vor allem in der Zeit des Kolonialismus.

Abb. 24

Handel und Wirtschaft des Frühkapitalismus

gegen die „Ungläubigen" und die damit verbundenen Kreuzzugsvorstellungen waren ein wesentlicher Teil seiner Politik. Vor dem Hintergrund der politischen Situation in Europa ist auch die habsburgische Heiratspolitik (→ vgl. Kap. 4.5.) zu betrachten, denn durch die burgundische und die spanische Hochzeit machte man sich Frankreich, durch die Heirat mit den Jagiełłonen (und dem Erwerb Böhmens und Teilen Ungarns nach 1526) das Osmanische Reich zu dauerhaften Feinden.

Eng mit den Vorstellungen der **Universalmonarchie** waren auch die konfessionellen Fragen verknüpft, denn der Universalmonarchie entsprach auch eine Universalreligion, der Katholizismus. Verstärkt wurde diese Frage noch durch die Tatsache, dass die Träger der Reformation im Reich die Stände waren, deren Einfluss Karl im Sinne seiner politischen Vorstellungen zurückdrängen wollte. Monarchisches und ständisches Prinzip standen sich in der Regierungszeit Karls V. schroff gegenüber. Die Kriege mit Frankreich und den Osmanen beeinflussten auch die konfessionellen Konflikte im Reich, wiederholt musste Karl V. von Maßnahmen gegen Luther absehen, weil er in Kriege mit einem seiner Gegner verwickelt war. Während die militärischen Auseinandersetzungen mit Frankreich und den Osmanen wechselnde Erfolge brachten, empfand Karl V. die Durchsetzung der Reformation als Scheitern, denn der Schutz der alten Kirche war eine seiner vorrangigen Zielsetzungen. Er drang auf Reformen der Kirche und setzte letztlich das Konzil von Trient durch, mit dem aber keine Vereinigung der konfessionellen Strömungen angestrebt wurde.

Karl verbrachte viele Jahre auch in Spanien, sein Hof (mit einem recht großen Hofstaat von 1.000 – 2.000 Personen) zog ständig herum, es gab keine feste Residenz. Seine wichtigsten Berater, die ihn auch in der Idee der Hegemonie und der weltweiten Herrschaft (*Dominium mundi*) bestärkten, waren Mercurino Arborio di Gattinara (1465 – 1530) und Nicolas Perrenot de Granvelle (1484 – 1550).

Widerstand gegen Karl V. regte sich in verschiedenen Teilen seines Herrschaftsgebietes, so wurde Spanien in seiner Abwesenheit von Adrian von Utrecht (dem späteren Papst Hadrian VI.), der auch die Inquisition hinter sich hatte, regiert. Gegen seine Regentschaft entstand die Aufstandsbewegung der **COMUNEROS** (1520 – 1522), die neben ständischen Zielsetzungen auch antifeudale Haltungen entwickelte, gegen die Karl hart durchgriff und dadurch den Adel auf seine Seite ziehen konnte. In der Bekämpfung der „Ketzer“ und der Verfolgung von Juden und Mauren (Abkömmlinge der Araber) durch die Inquisition waren sich Kaiser und Adel in Spanien einig.

COMUNEROS Der Ausdruck kann sowohl Mitglied einer städtischen Gemeinschaft als auch Rebell bedeuten.

Bei der **Auseinandersetzung mit Frankreich** war der Hauptkriegsschauplatz Italien, das mit seinen vielen kleinen Staaten auch die Möglichkeit bot, unterschiedliche Bündnisse einzugehen und dadurch strategische Positionen zu gewinnen.

Von 1521 bis 1525 dauerte der erste Krieg zwischen Kaiser Karl V. und Franz I. von Frankreich, der die Schlüsselposition Oberitaliens, Mailand, in seinem Besitz hatte. Der Kaiser verbündete sich mit dem Papst und England gegen Franz, der seinerseits, mit Genua, Venedig und Ferrara zusammen, Neapel angreifen wollte. Mehrere Bündniswechsel und wechselnde Erfolge auf beiden Seiten charakterisieren diesen Feldzug, der seinen Höhe- und Endpunkt 1525 in der Schlacht bei Pavia fand. Die Franzosen wurden besiegt und der König gefangen genommen. Franz I. wurde nach Spanien gebracht und dort 1526 zu einem Friedensvertrag mit Karl V. gezwungen, in dem er auf Mailand, Genua und Burgund verzichtete. Nach seiner Freilassung widerrief der französische König den erzwungenen Frieden und die militärische Auseinandersetzung setzte sich fort.

Im Jahre 1526 schlossen Frankreich, Mailand, Florenz, Venedig und der Kirchenstaat einen Bündnisvertrag in der *Liga von Cognac* und der Krieg, der bis 1530 dauerte, begann. Karl war in ernster Bedrängnis, denn gleichzeitig erfolgte 1526 auch der Angriff der Osmanen auf Ungarn und man konnte nicht abschätzen, wie weit der Eroberungszug des Sultans Süleyman (1494–1566) führen würde.

Der Krieg beanspruchte auch die Finanzen des Kaisers, eine kaiserliche Armee in Italien, der man Sold schuldig war, zog führerlos nach Rom und plünderte 1527 im so genannten *Sacco di Roma*, der auch das Ende der Renaissance in Rom markiert, die päpstliche Stadt, die von den protestantischen Landsknechten „Hure Babylon" genannt wurde. 1529 schloss der Papst dennoch Frieden mit dem Kaiser – eine Folge war die Kaiserkrönung in Bologna 1530 – und auch Frankreich musste nach dem verlorenen Krieg in den *Damenfrieden von Cambrai* 1529 einwilligen. Den Frieden handelten die Tante Karls V. und Statthalterin der Niederlande Erzherzogin Margarethe von Österreich (1480–1530) und die Mutter des französischen Königs Luise von Savoyen (1476–1531) aus. Frankreich verzichtete darin auf Eroberungen in Italien und somit hatte Karl seine Position auf der Apenninenhalbinsel völlig gefestigt. Auch in den burgundischen Angelegenheiten (Frage der Lehensabhängigkeit von Frankreich, Anspruch auf das Herzogtum Burgund) konnte man eine Übereinkunft finden.

Karl V. war nun wieder 1532 mit dem osmanischen Reich beschäftigt, doch durch den Tod des Herzogs von Mailand kam es zu einem Erbfolgestreit, der zum Krieg 1535 bis 1544 zwischen den Habsburgern und der französischen Dynastie führte. Der Krieg endete mit dem Waffenstillstand von Nizza 1538, allerdings erneuerte Franz I. 1542 sein Bündnis mit den Osmanen, was zur Fortsetzung der militärischen Aktionen führte.

Sein Sohn und Nachfolger, König Heinrich II. von Frankreich (1519–1559), kämpfte von 1552 bis 1556 erneut um die Vorherrschaft in Italien. Dabei war er mit allen Gegnern Karls V. verbündet: mit den Osmanen, einigen italienischen Staaten und den protestantischen deutschen Fürsten. Er gewann schließlich die Bistümer Metz, Verdun und Toul sowie das Piemont.

Eng verflochten mit den Auseinandersetzungen mit Frankreich war der **Kampf gegen das Osmanische Reich**, mit dem der allerchristlichste König (*rex christianissimus*) von Frankreich verbündet war. Gemeinsam mit seinem Bruder Ferdinand kämpfte Karl V. gegen die Osmanen und die so genannten Barbareskenstaaten in Nordafrika (von den Europäern als Piratenstaaten gesehen).

Dieser Kampf begann mit einem Ereignis, an dem die Habsburger gar nicht beteiligt waren: Sultan Süleyman griff 1526 Ungarn an und siegte

Abb. 25

Der Habsburger Pfau, Augsburg 1555

in der Schlacht von Mohács, in der König Ludwig starb. Dadurch wurde Ferdinand I., der das Erbe in Ungarn (und Böhmen) beanspruchte, zum Nachbarn des Osmanischen Reiches und in lange Auseinandersetzungen mit diesem militärisch starken Land verwickelt.

1529 drang Süleyman erneut nach Mitteleuropa vor und belagerte Wien, 1532 unternahm der osmanische Sultan noch einmal einen Vorstoß in Richtung Wien, blieb aber diesmal an der kleinen Festung Güns in Ungarn hängen. Karl V. stand allerdings dieses Mal mit einem Reichsheer in der Nähe Wiens, um diese Stadt zu schützen (→ vgl. Kap. 7.10).

Im Jahre 1535 unternahm Karl von Spanien aus den Tunisfeldzug, der die Kontrolle über die afrikanische Küste, die Bekämpfung der Piraterie und die Befreiung christlicher Sklavinnen und Sklaven zum Ziel hatte. Karl V. hat auch in großem Ausmaß die Kunst als Propagandamittel für seine Politik eingesetzt: Die reichspolitischen Ereignisse, die militärischen Erfolge, der Kampf gegen die „Ungläubigen" und seine Person wurden stilisiert und im Rahmen der damaligen Möglichkeiten für eine „Öffentlichkeit" propagiert. Spätere Herrscher wie etwa Kaiser Rudolf II. (1552–1612), aber auch die französischen Könige, griffen auf Elemente dieser Propaganda zurück.

Die Politik Karls V. beschränkte sich nicht auf den Kampf mit Frankreich, dem Osmanischen Reich und der Reformation, sondern hatte auch viele Maßnahmen im Reich zur Folge. Nur eine langfristig wirksame reichsrechtliche Entscheidung soll genannt werden: 1530 wurde auf dem Reichstag zu Augsburg die *Constitutio Criminalis Carolina* beschlossen und 1532 auf dem Reichstag zu Regensburg ratifiziert. Damit war das erste allgemeine deutsche Strafgesetzbuch geschaffen, das auch Deutsch als *Peinliche Halsgerichtsordnung* erschienen ist, darin war für das gesamte Reich ein einheitliches Straf- und Prozessrecht festgelegt.

Die religiöse Einheit war zu einem zentralen Thema der Politik Karls geworden, die Auseinandersetzung mit dem „Erbfeind der Christenheit", die auch eine ideologische Dimension hatte, der Kampf gegen den Islam in Nordafrika, die Niederringung der Reformation und die Bekehrung der „Heiden" in der Neuen Welt waren die Ziele dieser Politik, mit der er letztlich scheiterte. 1556 dankte er ab, Spanien und Burgund bekam sein Sohn Philipp II. (1527–1598), im Reich folgte ihm sein Bruder Ferdinand I., der schon seit 1531 römisch-deutscher König war, in der Kaiserwürde.

Aufgaben zum Selbsttest

- Welches waren die wichtigsten Ereignisse in den Kriegen mit Frankreich und dem Osmanischen Reich?
- Stellen Sie Verbindungen zwischen den Kriegen an beiden Fronten und der konfessionellen Frage im Reich her.

Literatur

Rainer Babel, **Deutschland und Frankreich im Zeichen der habsburgischen Universalmonarchie** 1500–1648 (Wissenschaftliche Buchgesellschaft Deutsch-Französische Geschichte 3), Darmstadt 2005.

Franz Bosbach, **Monarchia Universalis.** Ein politischer Leitbegriff der Frühen Neuzeit (Schriftenreihe der Historischen Kommission bei der Bayerischen Akademie der Wissenschaften 32), Göttingen 1988.

Karl Brandi, **Kaiser Karl V. Werden und Schicksal einer Persönlichkeit und eines Weltreiches,** Frankfurt am Main 6. Auflage 1976.

Suraiya Faroqhi, **Geschichte des Osmanischen Reiches,** München 7. Auflage 2017.

Literatur

Michael Hochedlinger, **Die französisch-osmanische „Freundschaft" 1525–1792**. Elemente antihabsburgischer Politik, Gleichgewichtsinstrument, Prestigeunternehmung – Aufriss eines Problems, in: Mitteilungen des Instituts für österreichische Geschichtsforschung 102 (1994), S. 108–164.
Alfred Kohler, **Karl V.** 1500–1558. Eine Biographie, München 3. Auflage 2014.
Alfred Kohler, **Ferdinand I.** 1503–1564. Fürst, König und Kaiser, München 2003.
Josef Matuz, **Das osmanische Reich**. Grundlinien seiner Geschichte, Darmstadt 4. Auflage 2006.
Luise Schorn-Schütte, **Karl V.** Kaiser zwischen Mittelalter und Neuzeit, München 2. Aufl. 2000.
Stanford J. Shaw, **History of the Ottoman Empire and Modern Turkey**, 2 vol. Cambridge 1976–1977.
Hugo Soly/Wim Blockmans (Hg.), **Karl V. und seine Zeit** 1500–1558, Köln 2000.

7.8 Soziale Konflikte in Europa (besonders der große deutsche Bauernkrieg)

Die wirtschaftliche und soziale Lage der Bauern, die in verschiedenen Formen dem Adel und der grundbesitzenden Kirche untergeordnet waren, ist im Mittelalter immer schwierig gewesen (→ vgl. Kap. 6.12), aber im späten Mittelalter verschlechterten sich die Verhältnisse erheblich. Die große Pest der Jahre 1348/49 hatte zu einer Reduzierung der städtischen Bevölkerung geführt, während in den ländlichen Gebieten mit geringerer Siedlungsdichte die Bevölkerungsverluste geringer waren. Dazu kam, dass die Anbauflächen gleich blieben und es damit zu einer Schieflage kam, die als „**Preisschere des späten Mittelalters**" bezeichnet wird. Die Preise für Agrarprodukte, vor allem Getreide sanken und gleichzeitig wurden gewerbliche Waren und Dienstleistungen in den Städten teurer. Die Tatsache, dass der Geldbedarf der Grundherren anstieg – man wollte mehr Luxus und beutete die Bauern stärker aus als zuvor – trug zu den sozialen Spannungen bei. Auch die Rezeption des römischen Rechtes und die Verschriftlichung der Verwaltung hatten negative Folgen für die Bauern, die alte Gewohnheitsrechte (Jagd, Fischerei, Weiden der Tiere im Wald etc.) verloren. Gerade die Jagd, die nun ausschließlich von den adeligen Grundherren beansprucht wurde, bedeutete eine zweifache Misere für die Bauern, einerseits wurde der Nahrungsspielraum eingeschränkt – Wilderei kann sowohl als Notmaßnahme als auch als sozialer Protest gelesen werden – und andererseits führte die übermäßige Hege des Wildes zu Verwüstungen der bäuerlichen Felder. In vielen bäuerlichen Erhebungen spielten die Jagdrechte daher eine ganz gewichtige Rolle.

Beruhte das ursprüngliche Verhältnis zwischen Bauern und Herren auf dem Prinzip der Gegenseitigkeit – der Adelige gab *Schutz und Schirm* und der Bauer *Abgaben und Leistungen* – so verschob sich diese Beziehung im späten Mittelalter. Die Adeligen hatten nicht mehr das militärische Monopol, sondern Söldner (*Landsknechte*), die aus bäuerlichen Schichten rekrutiert wurden, waren an ihre Stelle getreten, und auch die Funktion, die Bauern gegen Feinde zu schützen, konnte der Adel nicht mehr erfüllen. Dennoch blieb die bäuerliche Abhängigkeit erhalten und endete in den meisten europäischen Staaten erst im 18. oder 19. Jahrhundert. Diese **Verschlechterung der Situation der Bauern im späten Mittelalter** führte zu einer Reihe lokaler Aufstände von Bauern, die unter der Forderung nach dem *alten Recht* standen. Man kritisierte von bäuerlicher Seite also die Veränderungen des späten Mittelalters und wollte zu den „guten, alten Zuständen“ zurück.

Eine ganz andere Dimension nahm die **Argumentation der Bauern in der Zeit der Reformation** an. Der Grundsatz Luthers, dass die Lektüre der Bibel das Zentrum des Verständnisses der Welt sei, führte dazu, dass die Bauern feststellten, dass in der Bibel die Grundherrschaft und andere sie bedrückende Verhältnisse nicht vorkamen. Dazu kam noch Luthers Flugschrift *Von der Freiheit eines Christenmenschen*, die von den Bauern als Ende der persönlichen Abhängigkeit von einem Grundherrn gedeutet wurde. Der Einfluss der Reformation auf die Bauernkriege und insbesondere auf die Sprache (Lutherbibel) und Argumentationsweise seitens der Bauern führte zu der Betonung des *göttlichen Rechtes*. Einige Forderungen der Bauern, wie etwa die freie Pfarrerwahl, hatten unmittelbar mit den neuen religiösen Strömungen zu tun.

Im späten Mittelalter kam es in vielen europäischen Regionen zu bäuerlichen Erhebungen, aber auch zu Kämpfen zwischen Bürgern oder Bergknappen und Salinenarbeitern gegen die Obrigkeit.

Diese Aufstände des späten Mittelalters – vor allem die lokalen Aufstände des Bundschuh – waren Wurzeln des **großen deutschen Bauernkrieges 1524 bis 1526**, der nicht lokal beschränkt war wie die bisherigen Aufstände, sondern einen großen Teil des Reiches in Aufruhr versetzte. Er begann mit lokalen Erhebungen im Süden (Schweiz, Schwaben, Franken, Tirol) und Osten (Thüringen, Sachsen) des Reiches, die sehr unterschiedliche Ursachen hatten, aber die Frage des alten Rechtes stand sicherlich im Zentrum. Auch städtische Aufstände erfolgten zeitgleich, etwa in Salzburg, Aachen, Erfurt, Köln, Osnabrück, Regensburg und Worms.

In vielen Regionen bildeten sich bewaffnete bäuerliche Gruppen (Bauernhaufen), die auch in Verhandlungen mit der Obrigkeit traten. Als Resultat einer solchen Verhandlung der Bauern in Memmingen mit

Info

Bäuerliche Aufstände seit dem späten Mittelalter

- 1358 Aufstand des *Jacques Bonhomme* in Frankreich
- 1391 Bauernaufstand in Mitteldeutschland (Gotha und Umgebung)
- 1392 Aufstand der Bürger und Salzarbeiteter im Ischlland (Oberösterreich)
- 1401–1408 Appenzeller Krieg
- 1476 Aufstand des Pfeifers von Niklashausen (eigentlich Hans Böhm 1458–1476) in Franken
- 1478 Aufstand der Bauern in Kärnten, der Steiermark und Salzburg in Reaktion auf einen Einfall tatarischer Streifscharen
- 1491–1492 Holländischer Bauernaufstand
- 1493–1517 **BUNDSCHUHBEWEGUNG** in Südwestdeutschland
- 1514 Aufstand des Armen Konrad in Württemberg
- 1514 Bauernkrieg unter György Dosza (um 1470–1514) in Ungarn
- 1515 Bauernaufstand in der Steiermark, in Kärnten und Krain

BUNDSCHUH Die Bewegung nannte sich nach der bäuerlichen Fußbekleidung, die zu deren Bewegung wurde.

dem schwäbischen Bund, der von den Dynastien, dem Adel und dem hohen Klerus der Region beherrscht war, entstanden 1525 die ***Zwölf Artikel***, die ein wichtiges Dokument des Bauernkrieges darstellen, sie sind Beschwerdeschrift und Reformprogramm der Bauern. In diesen Zwölf Artikeln wird die Abschaffung der Leibeigenschaft und des Zehent, die freie Jagd und Fischerei für die Bauern, Holzrechte und die Rückgabe der **ALLMENDE** und des Gemeindewaldes, die Reduzierung der Frondienste (Robot), aber auch die freie Pfarrerwahl gefordert.

ALLMENDE Darunter verstand man das gemeinschaftliche Eigentum der (dörflichen) Gemeinschaft, z.B. den Wald, in den das Vieh getrieben wurde etc.

Nicht nur der große deutsche Bauernkrieg, sondern alle Aufstände waren mit dem gleichen Problem konfrontiert: die Zeit spielte für die Obrigkeit. Während die Bauernhaufen besonders zur Erntezeit kleiner wurden, konnten die Grundherren zunehmend Truppen anwerben und damit den Konflikt für sich entscheiden.

Die oft grausamen Übergriffe der Bauern auf die Grundherren, die aus der Ausbeutungssituation gut zu verstehen sind, wurden von vielen Zeitgenossen abgelehnt. Besonders wirkmächtig war Luthers Schrift *Wider die mörderischen und räuberischen Rotten der Bauern*, die auch eine Umorientierung der Reformation von einer Volksbewegung zu einer Fürstenreformation zur Folge hatte (→ vgl. Kap. 7.4).

Einige wenige Adelige waren auch als Anführer der bäuerlichen Bewegung tätig und wurden in der Folge stark stilisiert, vor allem der fränkische Reichsritter Florian Geyer (1490–1525) und der – nicht nur wegen des bekannten Zitats berühmte – Götz von Berlichingen (um 1480–1562) sind hier zu nennen.

Auch einige andere Anführer der Bauern stammten selbst nicht aus dem Bauernstand, sondern waren Beamte, die sich der bäuerlichen Be-

Abb. 26

Flugschrift Luthers „Wider die mörderischen und räuberischen Rotten der Bauern", 1525

wegung anschlossen, dazu gehören Wendel Hipler (um 1465–1526), der als Bauernkanzler das Bauernparlament in Heilbronn leitete und davor Kanzler der Grafen von Hohenlohe war, sowie der Tiroler Bauernführer Michael Gaismair (1490–1532), der vor dem Bauernkrieg als Sekretär des Bischofs von Brixen wirkte. Gaismair schuf in seiner *Tiroler Landesordnung* einen Entwurf einer demokratischen Lebensordnung für die Bauern, der allerdings keinen Erfolg hatte.

Eine der entscheidenden Schlachten fand 1525 in Frankenhausen in Thüringen statt, hier wurden die Bauern unter dem revolutionären Theologen Thomas Müntzer (um 1489–1525) besiegt, Müntzer wurde gefoltert und hingerichtet, ein Schicksal, das er mit vielen Bauern teilte. Insgesamt schätzt man die Zahl der Opfer auf 100.000, viele wurden grausam hingerichtet oder verstümmelt, man riss ihnen die Zunge heraus, stach die Augen aus, hackte die Hände ab oder kastrierte sie. Gründe für diese Hinrichtungen wurden oft fingiert und konstruiert (Inzest, Sodomie etc.), um keine „politischen Märtyrer" zu schaffen.

Die letzten Kämpfe des Bauernkrieges fanden noch 1526 in Salzburg, Tirol und der nördlichen Steiermark statt, die Belagerung und Einnahme der von den Bauern besetzten Stadt Schladming in der Steiermark besiegelte das Schicksal der Bauern auch im Gebiet des heutigen Österreich.

Die ältere Forschung sah lange Zeit im großen deutschen Bauernkrieg den Endpunkt der revolutionären Spannungen, die neuere Forschung betont, dass auch danach noch wesentliche Auseinandersetzungen stattfanden, die allerdings zum Teil „verrechtlicht" waren und nicht mit Gewalt ausgetragen wurden. Bewaffnete Konflikte, Robotverweigerungen, Streitigkeiten um konfessionelle Fragen und gerichtliche Verfahren müssen betrachtet werden, um die Unruhe in der bäuerlichen Bevölkerung auch nach 1525/26 zu verstehen.

Die habsburgischen Länder sind in dieser Zeit besondere Kristallisationspunkte des bäuerlichen Widerstandes, besonders ein Bauernkrieg, genau hundert Jahre nach dem großen deutschen Bauernkrieg, wird in der

Info

Auswahl aus den bäuerlichen Erhebungen nach dem großen deutschen Bauernkrieg

- 1534–36 Bauernrevolten in Dänemark
- 1542–1543 *Dacke-Aufstand* in Schweden
- 1564 Aufstand im Pongau (Salzburg)
- 1573 *Windischer Bauernaufstand* in Steiermark und Krain unter Matija Gubec (1538–1573)
- 1597–1598 Bauernkrieg in Nieder- und Oberösterreich als Reaktion auf die Belastungen durch den *langen Türkenkrieg*
- 1601–1602 Aufstand der Salinenarbeiter im Salzkammergut (Österreich)
- 1606–1607 Bauernaufstand in Russland und der Ukraine
- 1626 Oberösterreichischer Bauernkrieg
- 1632 Erneuter Aufstand in Oberösterreich
- 1636–1639 Aufstandsbewegung der *Croquants* in Frankreich
- 1645 Zillertaler Bauernaufstand (Tirol)
- 1653 Schweizer Bauernaufstand
- 1667–1671 Großer Bauernaufstand in Russland unter Stepan auch Stenka Rasin (1630–1671)
- 1680 Böhmischer Robotaufstand
- 1773–1775 Großer Bauernaufstand in Russland unter dem **KOSAKEN** Jemeljan Iwanowitsch Pugatschow (um 1742–1775)
- 1775 Robotaufstand in Böhmen

KOSAKEN waren freie Verbände von Reitertruppen, die von flüchtigen russischen und ukrainischen Leibeigenen und Abenteurern gebildet wurden und in der südlichen Steppe Russlands und der Ukraine lebten.

Öffentlichkeit stark rezipiert. Im **Oberösterreichischen Bauernkrieg 1626** standen neben den sozialen Ursachen auch konfessionelle Probleme (Auflehnung gegen die Rekatholisierung) und der Kampf gegen die Bayern, die das Land Oberösterreich für ihre Unterstützung des Kaisers im Dreißigjährigen Krieg als Pfand bekommen hatten, im Vordergrund. Die brutale Herrschaft des bayrischen Statthalters Adam Graf Herberstorff (1585 – 1629) und die konsequente Durchführung der Gegenreformation führten zu einem Bauernaufstand unter Stefan Fadinger (um 1585 – 1626) und seinem Schwager Christoph Zeller († 1626). Eine Zeit lang waren die Bauern erfolgreich, wurden aber letztlich bei Eferding und Gmunden geschlagen.

Aufgaben zum Selbsttest

- Welche Ursachen hatten die bäuerlichen Erhebungen?
- Wie verlief der große deutsche Bauernkrieg und was waren seine Folgen?

Literatur

Peter Blickle, **Unruhen in der ständischen Gesellschaft 1300 – 1800** (Enzyklopädie deutscher Geschichte 1), München 3. Auflage 2012.

Peter Blickle, **Der Bauernkrieg**. Die Revolution des Gemeinen Mannes, München 4. Auflage 2012.

Horst Buszello (Hg.), **Der deutsche Bauernkrieg**, Paderborn-München-Wien-Zürich 3. Auflage 1995.

Peter Feldbauer, **Bauern im Widerstand**. Agrarrebellionen und Revolutionen in Ländern der Dritten Welt und im vorindustriellen Europa (Beiträge zur historischen Sozialkunde Beiheft 1), Wien u. a. 1992.

André Holenstein, **Bauern zwischen Bauernkrieg und Dreißigjährigem Krieg** (Enzyklopädie deutscher Geschichte 38), München 1996.

Winfried Schulze, **Bäuerlicher Widerstand und feudale Herrschaft in der Frühen Neuzeit** (Neuzeit im Aufbau 6), Stuttgart-Bad Cannstatt 1980.

Das Heilige Römische Reich nach Karl V. | 7.9

Mit dem Augsburger Religionsfrieden und der Abdankung Karls V. als Kaiser war zwar ein gewisser Einschnitt in der Reichspolitik erreicht, aber der Stellenwert der konfessionellen Konflikte noch lange nicht beseitigt. Zwar hatte die Entwicklung der ersten Hälfte des 16. Jahrhunderts zu einer Durchsetzung der Konfessionalisierung geführt und die Verteilung der Konfessionen in den Territorien war weitgehend abgeschlossen, aber vielen Auseinandersetzungen in Europa und auch im Heiligen Römischen Reich lagen Kombinationen von politischen und konfessionellen Motiven zugrunde.

Kaiser Ferdinand I., der Karl V. nachfolgte, war zwar ein entschiedener Vertreter des Katholizismus, aber im Gegensatz zu seinem Bruder auch zu Kompromissen bereit, wie seine Rolle beim Zustandekommen des Augsburger Religionsfrieden deutlich zeigt. Auch in den direkt von ihm beherrschten habsburgischen Erbländern, noch mehr in Böhmen und Ungarn musste er den Lutheranern und teilweise auch den Calvinern in Ungarn nachgeben, obwohl er auch schon entscheidende Voraussetzungen für die Gegenreformation, etwa mit der Berufung der Jesuiten nach Wien 1551 und nach Prag 1556, schuf. Durch die osmanische Bedrohung und den Kampf um Ungarn, den er führte, hatte er einen großen Geldbedarf, den die Stände zwar zu bewilligen bereit waren, allerdings war ihre Zustimmung an konfessionelle Zugeständnisse gebunden. Die habsburgischen Länder wurden nach seinem Tod unter seine drei Söhne aufgeteilt, dafür gab es viele Motive, aber das wichtigste scheint die religiöse Position seines ältesten Sohnes und Erben zu sein. Erzherzog Maximilian hatte als **Kaiser Maximilian II.** (1527 – 1576) starke Neigungen zum Protestantismus, ohne sich allerdings wirklich zu einem Übergang zu dieser Konfession entscheiden zu können. Seine konfessionelle Haltung war und ist langfristig ein Thema der Forschung, wobei ihn die neuesten Ergebnisse als Mann der *via media*, der *dritten Kraft*, also als einen zwischen den Konfessionen Stehenden einordnen. Zum Teil durch seine positivere Haltung zum Protestantismus, zum Teil durch die Bedrängung durch die Osmanen gewährte er den österreichischen Ständen – besonders dem Adel, da die Rechtssituation für die Städte weitgehend ungeklärt war – in der *Religionskonzession* 1568 und dann nochmals in der *Religionsassekuration* 1571 Privilegien, die eine freie Religionsausübung ermöglichten. Seine Regierungszeit war eine Periode der Blüte für den Protestantismus im östlichen Österreich und in Böhmen. Ungarn war ja – außerhalb des Reiches liegend und dreigeteilt – ohnehin von jeder Form des religiösen Durchgreifens der Katholisierung weit entfernt.

Wegen der konfessionellen Unentschiedenheit Maximilians, der seinem Vater zwar geschworen hatte, katholisch zu bleiben, wurden andere Teile der Erblande an seine jüngeren Brüder gegeben: Karl II. von Innerösterreich (1540 – 1590) erhielt Steiermark, Kärnten und Krain (das als Innerösterreich zusammengefasst wird) und Ferdinand von Tirol (1529 – 1595) regierte in Tirol und **VORDERÖSTERREICH** (auch Vorlande). Seine Länder waren weit weg von der Grenze mit den Osmanen und weitgehend katholisch geblieben, sodass Ferdinand weniger politisch als kulturell hervortrat, er war einer der großen Sammler im Hause Habsburg.

VORDERÖSTERREICH auch Vorlande, bezeichnet den Streubesitz der Habsburger westlich von Tirol in Vorarlberg, der Schweiz, dem Elsass, Baden-Württemberg und Schwaben

Maximilian II. hatte eine ganze Reihe von Söhnen, der älteste, Erzherzog Rudolf (1552 – 1612) wurde in Spanien – um ihn vom „ketzerischen“ Einfluss seines Vaters zu entfernen – erzogen und als **Kaiser Ru-**

dolf II. Nachfolger seines Vaters im Reich, in Donauösterreich (Ober- und Niederösterreich), Böhmen und Ungarn. Trotz seiner katholischen Erziehung in Spanien war Rudolf relativ tolerant, obwohl auch die Gegenreformation in seiner Regierungszeit erhebliche Fortschritte machte.

Einige Krisenfälle im Reich zeigen deutlich, wie eng machtpolitische, dynastische und konfessionelle Fragen miteinander verknüpft waren. Ein besonders sensibles Problem stellte sich in Köln, wo der Kurfürst, Erzbischof Gebhard Truchsess von Waldburg (1547–1601) zum Protestantismus übertrat (und eine Protestantin heiratete) und entgegen dem geistlichen Vorbehalt sein Territorium in ein weltliches Fürstentum umwandeln wollte. Daraus entstand der **Kölner Krieg 1583–1588**, in dem Waldburg abgesetzt und exkommuniziert wurde und Ernst von Bayern (1554–1612), der schon Bischof von Freising, Hildesheim und Lüttich war, zum Kurfürst von Köln ernannt wurde. Mit ihm setzte eine bis in das 18. Jahrhundert anhaltende Reihe Kölner Kurfüsten ein, die aus dem bayerischen Adelsgeschlecht der Wittelsbacher stammten. Die zweite große Streitigkeit entstand in Straßburg, einer protestantischen Stadt mit dem Bischof des katholisch gebliebenen Elsass. 1584 kam es zu einer Doppelwahl, wobei einer der Gewählten ein Katholik und der andere ein Protestant war. Im lange andauernden **Straßburger Kapitelstreit 1584–1602** setzten sich letztlich auch in dieser Angelegenheit die Katholiken durch und Kardinal Karl von Lothringen (1567–1607), der schon Bischof von Metz, Toul und Verdun war, wurde Bischof von Straßburg.

Rechtlich noch komplizierter war die Frage des *ius reformandi* der Städte. In den habsburgischen Ländern etwa wurde die Frage immer bewusst unklar formuliert, im Reich stand ihnen dieses Recht zur Reformation nicht zu. In der **Reichsstadt Aachen** nahm die Zahl der Calviner stark zu, sodass im Jahre 1580 ein calvinistischer Bürgermeister die Mehrheit erhielt, obwohl der Rechtslage nach nur ein Katholik gewählt werden konnte. Die Stadt wurde 1593 von Kaiser Rudolf II. mit der Reichsacht belegt und auch hier setzte sich die katholische Seite durch. Ähnlich erging es der Reichsstadt **Donauwörth**, die konfessionell gemischt war und wo es zu Reibereien zwischen Katholiken und Lutheranern gekommen war. Rudolf II. beauftragte 1608 den bayrischen Herzog mit der Vollstreckung der Reichsacht, was dessen Interessen entgegenkam, einerseits wurde Donauwörth dadurch eine bayrische Landstadt und andererseits wieder katholisch. Die Wittelsbacher standen in vorderster Front im Kampf um die Wiederherstellung des katholischen Glaubens, sie hatten die Reformation nicht nur in Bayern ferngehalten, sondern waren in den Bistümern Freising, Hildesheim, Lüttich, Köln und Münster, die regelmäßig zur Versorgung der jüngeren Söhne dienten, auch in weiten Teilen Nord- und Westdeutschlands erfolgreich im Sinne des Katholizismus tätig.

Die Verschärfung der Situation und die Erfolge der Gegenreformation, z. B. die Vertreibung der Protestanten im Fürstbistum Würzburg und die Durchsetzung der Rekatholisierung in Salzburg, Bamberg oder Fulda verängstigten die Protestanten und führten zur Vorgeschichte des Dreißigjährigen Krieges (→ vgl. Kap. 7.12.4).

Aufgaben zum Selbsttest

- Wie gestaltete sich die weitere konfessionspolitische Situation im Reich?
- Welche Konflikte waren besonders brisant?

Literatur

Viktor Bibl, **Maximilian II.** Der rätselhafte Kaiser. Ein Zeitbild, Hellerau bei Dresden 1929.
Jochen Birkenmeier, **Via regia. Religiöse Haltung und Konfessionspolitik Kaiser Maximilians II. (1527 – 1576)**, Berlin 2008.
Robert J.W. Evans, **Rudolf II.** Ohnmacht und Einsamkeit, Graz u. a. 1980.
Winfried Schulze, **Deutsche Geschichte im 16. Jahrhundert** 1500 – 1618 (Moderne deutsche Geschichte 1), Darmstadt 1997.
Karl Vocelka, **Rudolf II. und seine Zeit**, Wien u. a. 1985.

7.10 | Der Osten Europas zwischen der Habsburgermonarchie, dem Osmanischen Reich, Polen und Russland

Der Osten und Südosten Europas hatte sich im späten Mittelalter dramatisch verändert. Die Expansion des **Osmanischen Reiches** in Europa erreichte einen Höhepunkt mit der vollständigen Beseitigung des Byzantinischen Reiches durch die Eroberung von Konstantinopel 1453. Zu diesem Zeitpunkt war schon ein großer Teil Südosteuropas osmanisch. Unter Sultan Süleyman (um 1494 – 1566) setzte eine neue dynamische Expansionsphase ein, er eroberte 1521 Belgrad, eine Stadt, die als Schlüsselfestung des Balkans galt und 1522 Rhodos. Mit seinem Feldzug 1526 und dem Sieg gegen die Ungarn in der Schlacht von Mohács standen die Osmanen in Mitteleuropa. Der junge ungarische (und böhmische) König Ludwig II. starb in der Schlacht. Er war mit einer Habsburgerin verheiratet und seine Schwester war die Frau des Habsburgers Ferdinand I. Dieser erhob nun Erbansprüche auf Ungarn (und Böhmen), aber die ungarischen Stände bestanden auf dem Prinzip der Wahl. 1527 wurden zwei Könige – beide ganz rechtmäßig – gewählt und gekrönt, einerseits Ferdinand I. und andererseits der ungarische Fürst von Siebenbürgen Johann Szapolyai *oder auch Zápolya* (1487–1540). In den Krieg der beiden mischten sich die Osmanen ein, die natürlich starke Eigeninteressen verfolgten. Sultan Süleyman drang 1529 bis Wien vor und belagerte die Stadt. Allerdings war er erst spät im Jahr nach Wien gekommen, der Wasserstand der Flüsse war hoch und die schwere Belagerungsartillerie konnte nicht mitgebracht werden. Das rettete Wien, das schlecht befestigt war, ebenso wie die Tatsache, dass die osmanischen Truppen wegen des herannahenden Winters unverrichteter Dinge abziehen mussten.

Der Krieg in Ungarn ging aber weiter, 1532 versuchte Süleyman nochmals nach Wien vorzudringen, belagerte aber dann nur die Festung Güns. Dennoch blieben die Osmanen letztlich erfolgreich und setzten sich in der ungarischen Tiefebene fest. Das alte Ungarn (dazu gehörten noch Teile anderer heutiger Staaten wie Rumänien, Slowakei, Kroatien, Serbien und Österreichs) wurde dreigeteilt. Ferdinand I. konnte den Westen des Landes – in einem langen Streifen von der heutigen Slowakei bis an die adriatische Küste in Kroatien reichend – für sich gewinnen, Siebenbürgen fiel an Szapolyai und seine Nachfolger und die Mitte Ungarns wurde osmanisch. Ferdinand musste für sein Gebiet einen Tribut (fein als „Ehrengeschenk" umschrieben) an den Sultan zahlen und Siebenbürgen war eine Art von Vasallenstaat der Osmanen, in dem die jeweiligen Fürsten versuchten, eine Art Schaukelpolitik zwischen Wien und Istanbul zu betreiben. Die Osmanen waren damit die einflussreichste Macht im alten Königreich der Heiligen Stephanskrone.

Der lange Grenzverlauf zwischen den Habsburgern und dem Osmanischen Reich bildete in der Folge einen ständigen Konfliktherd. Nach osmanischem Recht wurde der Waffenstillstand mit dem Kaiser (Friede konnte nur mit muslimischen Staaten herrschen) durch Einfälle mit weniger als 4.000 Mann ohne Artillerie nicht verletzt, was zu ständigen Grenzkämpfen führte, unter denen die Bevölkerung erheblich litt. Die Verteidigung der Grenze war teuer, was auch intern Konsequenzen für die habsburgischen Gebiete hatte. Die Stände nutzten ihr Steuerbewilligungsrecht, um konfessionelle Forderungen durchzusetzen; der Spruch „Der Türk ist der Lutheraner Glück" spielt auf diese Wechselwirkung an.

Aus diesem ständigen Kleinkrieg an der Grenze ragen einige militärische Aktionen hervor, die als „Türkenkriege" bezeichnet werden. 1566 belagerte der greise Sultan Süleyman die Festung Szigetvár und starb vor dieser Festung.

Nicht von den österreichischen, sondern von den spanischen Habsburgern wurde ein militärisch zwar wenig nützlicher, aber psychologisch wichtiger Sieg erzielt. Im Jahre 1571 schlug eine spanisch-venezianische Flotte der *Heiligen Liga* (die auch von anderen italienischen

Staaten und vom Papst unterstützt wurde) die osmanische Flotte in der letzten Galeerenschlacht der Weltgeschichte unter dem Oberbefehl des illegitimen Sohnes Karls V. Don Juan de Austria (1547 – 1578) bei Lepanto (Griechenland).

1592 begann der so genannte *lange Türkenkrieg* Kaiser Rudolfs II., der sich über weite Strecken vom Kleinkrieg an der Grenze nur unwesentlich unterschied. Parallel zu dieser Auseinandersetzung der beiden großen Mächte machte eine Erhebung des ungarischen (reformierten) Adels unter Stefan Bocskay (1557 – 1606), der sich gegen den Zentralismus Wiens und die gegenreformatorischen Bestrebungen wandte, den Habsburgern zu schaffen. Der Krieg mit den Osmanen endete mit dem Frieden von Zsitvatorok 1606, in dem Kaiser Rudolf II. als gleichwertiger Partner anerkannt wurde und die bisherigen Tributzahlungen durch ein einmaliges Ehrengeschenk abgelöst werden sollten. Auf diesen Friedensschluss folgte eine relativ lange Periode der Ruhe an der osmanisch-habsburgischen Grenze, die Konflikte flammten erst 1664 wieder auf. Das ist deshalb so wichtig, weil ein Zweifrontenkampf in der Zeit des Dreißigjährigen Krieges für die Habsburgermonarchie desaströs geworden wäre.

Einen sehr großen und mächtigen Staat bildete das **Königreich der Polen mit dem Großfürstentum Litauen**, das ursprünglich vom Schwarzen Meer bis an die Ostsee reichte. Die Vereinigung kam durch eine Eheschließung zustande und Polen konnte damit seine Expansion nach Osten sichern. Władysław II. Jagiełło (vor 1362 – 1434) vergrößerte das polnische Territorium, das im ständigen Kampf mit dem Deutschordensstaat stand. 1410 konnte der Deutsche Orden in der Schlacht von Tannenberg geschlagen werden. Durch den Reichtum an Söhnen der Jagiełłonen musste man zur Versorgung dieser Nachkommen die Anwartschaft auf neue Territorien anmelden und war in Böhmen und Ungarn erfolgreich, wo auf die Luxemburger und Habsburger die Jagiełłonen folgten.

Am Wiener Fürstentag 1515 kam es zwischen den Königen Sigismund I. von Polen und Litauen (1467 – 1548), Władysław II. von Böhmen und Ungarn (1456 – 1516) und Kaiser Maximilian I. zu einen Bündnis, das mit der Doppelhochzeit und den Erbverträgen (→ vgl. Kap. 4.5) die Zukunft des ostmitteleuropäischen Raumes stark beeinflussen sollte.

Der polnische Staat breitete sich nach Süden in Richtung Schwarzes Meer aus und geriet dadurch in Konflikt mit dem Osmanischen Reich, wobei vor allem die Krimtataren als Vasallen des Sultans in Polen und Litauen angriffen. Als Reaktion siedelten die Polen freie Wehrbauern an der Grenze an, was schließlich zur Entstehung der ukrainischen Kosaken führte. Der weitere Gegner des polnisch-litauischen Staates war das aufsteigende Großfürstentum Moskau, mit dem von 1492 bis 1522 fast

Abb. 27

Die Wiener Doppelhochzeit 1515, Holzschnitt von Albrecht Dürer

ständig Kriege geführt wurden, in denen Litauen große Gebiete verloren gingen.

Die expansive Kraft des polnischen Königtums erlosch im 16. Jahrhundert zunehmend. Im Inneren gewann der im *Sejm* (Landtag) vertretene Adel an Macht, allerdings entwickelten sich auch einige Städte wie Krakau, Danzig, Thorn oder Lublin zu blühenden Handelsstädten. Auch in dieser Zeit waren Erfolge der polnischen Politik zu verzeichnen, 1525 unterwarf sich der Ordensstaat, der säkularisiert wurde, der polnischen Lehenshoheit und in der Union von Wilna 1561 kamen Kurland, Livland und Estland unter polnische Oberhoheit.

Der große Gegner von Polen-Litauen wurde zunehmend das aufsteigende Russland, im Jahre 1558 fiel der erste gekrönte Zar Russlands Iwan IV. der Schreckliche (1530–1584) in Livland ein und begann einen 25-jährigen Krieg. Die Personalunion zwischen Polen und Litauen wurde als Reaktion darauf in der Lubliner Union 1569 zu einer Realunion umgewandelt. Die beiden Länder wurden zu einer *Rzeczpospolita* (Republik) unter einem auf Lebzeiten gewählten König und Großfürsten. An der Königswahl war der gesamte Adel beteiligt; da auch verarmte Adelige gleiches Stimmrecht hatten, war der Stimmenkauf verbreitet. Die Macht des Königs war sehr eingeschränkt und auch der Sejm konnte durch das **LIBERUM VETO**, das jedem Abgeordneten zustand, behindert werden. Im Gegensatz zu diesen seit dem 16. Jahrhundert sich verstärkenden Zeichen des Machtverfalls, erlebte Polen im 16. Jahrhundert eine kulturelle Blüte.

LIBERUM VETO Im polnischen Landtag (Sejm) stand durch das *liberum veto* im 17. Jahrhundert jedem Abgeordneten das Recht zu, durch einen Einspruch (Veto) jeden Beschluss zu verhindern.

Nach dem Tod des letzten Jagiełłonen Sigismund II. August (1520–1572) wurde der französische Prinz Heinrich von Valois (später Heinrich III. von Frankreich 1551–1589) gewählt, der allerdings nach wenigen Monaten das Land fluchtartig verließ, um seine Chancen auf den französischen Thron wahrzunehmen. Er erließ die *Articuli Henriciani*, die eine Frühform der Verfassung darstellten und auch die verschiedenen Konfessionen in Polen großzügig tolerierten.

In den darauf folgenden Wahlen, in denen auch die Habsburger versuchten, ihren Kandidaten zu platzieren, wurden Herrscher aus verschiedenen Familien gewählt. 1578 wählte man den schwedischen König Sigismund III. Wasa (1566 – 1632), der auch jagiełłonische Wurzeln hatte, allerdings 1599 in Schweden abgesetzt wurde und Krieg mit Schweden führte, in dem Polen Territorien verlor. Er verlegte die Hauptstadt des Landes von Krakau nach Warschau. Gleichzeitig griff er auch in die Thronwirren in Russland nach dem Tod des Zaren Boris Godunow (1552 – 1605) ein und war in Kämpfe mit dem Osmanischen Reich verwickelt.

Während sich der Verlust des Großmachtstatus Polens in dieser ersten Hälfte der Frühen Neuzeit langsam vorbereitete, war auf der anderen Seite der **Aufstieg Russlands** in derselben Zeitspanne deutlich sichtbar.

Das Zentrum der Bestrebungen, Russland zu einem mächtigen Staat zu machen, lag in Moskau, dessen Herrscher schon im Mittelalter in Konflikte mit Litauen und Livland geraten waren. Vor allem das Erstarken Polens im 14. Jahrhundert förderte die Expansion Litauens nach Osten und führte zu Kämpfen mit Moskau. Langfristig von Bedeutung waren im späten Mittelalter der Aufstieg Moskaus zum Großfürstentum, das andere Konkurrenten ausschalten konnte und schließlich die *Sammlung der russischen Erde*, was bedeutete, dass man das Gebiet des frühmittelalterlichen Staates der Kiewer Rus wiederherstellen wollte. Parallel dazu verlief der Kampf gegen die Tataren (*Goldene Horde*). Es gelang die Abschüttelung der Oberherrschaft der Tataren, deren Macht im 16. Jahrhundert bereits in Auflösung war.

Besonders während der Regierungszeit des ersten Zaren Iwan IV., der zielstrebig und brutal vorging, war der lang anhaltende Konflikt mit Litauen um die Vorherrschaft zentral, aber auch im Inneren des Reiches wurde mit der *Selbstherrschaft* (Autokratie) des Zaren und der Begrenzung des Einflusses von Kirche und Adel eine wesentliche Grundlage des russischen Staates geschaffen. Gleichzeitig mit den Kämpfen gegen die Tataren erfolgte auch eine stille – in Europa kaum zur Kenntnis genommene – Expansion Russlands nach Osten bis zum Pazifik, den es im 17. Jahrhundert erreichte.

Trotz seiner unzweifelhaft großen Erfolge hinterließ Iwan IV. bei seinem Tod ein zerrüttetes Land, für seinen geistig zurückgebliebenen Sohn übernahm Boris Godunow (1552 – 1605) die Regentschaft und wurde 1598 selbst Zar. Auf seine Regierung folgte dann die Zeit der Wirren (*Smuta*), in der die Polen in die Geschicke des Zarenreiches eingriffen und mehrere falsche Söhne Iwans des Schrecklichen (falscher Dimitri) auftauchten. Die Russen wollten keinen Fremden als Zaren und suchten daher einen russischen und orthodoxen Kandidaten, der von den Landständen in dem 16-jährigen Michael Romanow (1596–1645) gefunden wurde. Er begründete die Dynastie der Romanows, die bis zur Oktoberrevolution 1917 herrschte. Durch diese Wirren nach dem Tod Iwans IV. wurde der Aufstieg Russlands gebremst und erst über ein halbes Jahrhundert später mit großem Erfolg weiter betrieben.

Langfristig gingen also aus den Auseinandersetzungen im Osten Europas die Habsburgermonarchie und Russland als starke Mächte der späten Neuzeit hervor, während Polen und seit dem 18. Jahrhundert auch das Osmanische Reich zunehmend bedeutungslos wurden.

Aufgaben zum Selbsttest

- Welche Mächte standen im Osten und Südosten Europas in Konkurrenz?
- Erklären Sie die Grundlagen des Abstiegs bzw. Aufstiegs einzelner Staaten in der ersten Hälfte der Frühen Neuzeit?

Literatur

Brian L. Davies (Hg.), **Warfare in Eastern Europe 1500–1800** (History of Warfare 72), Leiden 2012.
Suraiya Faroqhi, **Geschichte des Osmanischen Reiches**, München 7. Auflage 2018.
Jörg K. Hoensch, **Geschichte Polens**, Stuttgart 3. Auflage 1998.
Rudolf Jaworski/Christian Lübke/Michael G. Müller, **Eine kleine Geschichte Polens**, Frankfurt am Main 2000.
Andreas Kappeler, **Kleine Geschichte der Ukraine**, München 5. Auflage 2019.
Andreas Kappeler, **Russische Geschichte**, München 7. Auflage 2016.
Klaus Kreiser, **Der Osmanische Staat 1300–1922** (Oldenbourg Grundriss der Geschichte 30), München 2. Auflage 2008.
Josef Matuz, **Das Osmanische Reich.** Grundlinien seiner Geschichte, Darmstadt 4. Auflage 2006.

Spanien (und Portugal) im Siglo de Oro | 7.11

Die beiden Mächte auf der iberischen Halbinsel, die am Beginn der Neuzeit als Weltmacht zu bezeichnen sind, Spanien und Portugal, konnten ihre Bedeutung auf die „Entdeckungen“ der Neuen Welt, den Handel und die Ausbeutung der Kolonien zurückführen. Noch dazu war unter Karl V. die Politik Spaniens mit der europäischen eng verflochten, da

Karl auch Kaiser des Reiches war. Nach der Abdankung Karls V. erhielt sein Nachfolger als spanischer König **Philipp II.** auch die Niederlande, die Franche-Comté und die italienischen Besitzungen (Mailand, Neapel, Sizilien und Sardinien).

Philip war bestrebt die Politik seines Vaters fortzusetzen, der Sieg über die Muslime und die „Ketzer" lag ihm sehr am Herzen, in seinen Herrschaftsgebieten unterdrückte er alle Freiheitsbestrebungen und alle vom Katholizismus abweichenden Meinungen. Er führte aus religiösen Gründen Krieg gegen die Osmanen (Lepanto → vgl. S. 142) und gegen England. Als zweite Frau hatte er 1554 die katholische Königin Maria von England, genannt die Blutige (1516 – 1558), geheiratet, um dieses Land für den katholischen Glauben zurückzugewinnen. Maria starb früh und Philipp warb vergeblich um ihre jüngere Schwester, die spätere Königin Elisabeth I., genannt *Virgin Queen* (1533 – 1603).

Große Aufmerksamkeit – auch in der Literatur – fand seine Beziehung zu seinem Sohn Don Carlos (1545 – 1568), der von seinem Vater verhaftet wurde und jung starb; die Spekulationen über eine Ermordung durch Philipp II. beherrschten lange diesen Forschungsgegenstand.

1580 starb in **Portugal** die Dynastie der Avis aus, unter der das Land zu einer der führenden Handelsmächte Europas aufgestiegen war. Der letzte Avis-König Sebastian versuchte sich 1578 in Marokko festzusetzen, aber die Schlacht bei al-Qasr al-Kabir endete mit einer Katastrophe und der junge König starb auf dem Schlachtfeld. Noch zwei weitere Jahre hielt ein Kardinal aus dem Hause Avis die Macht in Händen, dann ging das Land an Spanien über und blieb bis 1640 unter Vorherrschaft der Habsburger.

Noch einmal griff Philipp nach England, in der Absicht das Land zu rekatholisieren. Den Vorwand dazu lieferte die Enthauptung der katholischen schottischen Königin Maria Stuart (1542 – 1587) – ebenfalls ein literarscher Stoff – durch Elisabeth I. Die für diesen Zweck gebaute **ARMADA** geriet in Stürme, und die Schiffe, die dies überstanden hatten, wurden von den wendigeren englischen Schiffen besiegt. Die Katastrophe beendete alle Bemühungen um eine weitere Invasion in England. Sein Nachfolger **Philipp III.** (1578 – 1621) war wie sein Vater überaus fromm, aber politisch unbegabt, sein Günstling, der Herzog von Lerma (mit vollem Namen Francisco Gómez de Sandoval y Rojas, Marqués de Denia, Duque de Lerma 1553 – 1625) führte den Staat und bereicherte sich entsprechend.

ARMADA Aus dem spanischen Wort *armada* für „die Bewaffnete", bezeichnet die spanische Flottenstreitmacht.

Unter dem Nachfolger Philipps III., seinem Sohn **Philipp IV.** (1605 – 1665) begann der unaufhaltsame Abstieg Spaniens, bei dem Portugal verloren ging. Philipp III. und der IV. hatten die Autonomie Portugals nicht respektiert und waren im Lande unbeliebt. Ein Aufstand des

Herzogs von Braganza beendete 1640 die spanische Herrschaft und das Oberhaupt der Familie Braganza wurde als Johann IV. (1604–1656) zum König ausgerufen.

Philipp IV. war ganz von seinem Günstling Gaspar de Guzman conte di Olivares (1578–1645) beeinflusst, auf dessen Anraten er auch in den Dreißigjährigen Krieg eintrat, in dem Spanien unter dem bedeutenden Feldherrn Ambrosio Spinola (1569–1639) im Jahre 1625 die Einnahme von Breda gelang (vgl. Titelbild des Bandes). Das spanische Heer wurde durch die *Union de las armas* 1626 gestellt, welche durch die Kontingente der Provinzen eine Armee von 140.000 Mann finanzieren sollte. Die Folge war ein Staatsbankrott. Das Goldene Zeitalter Spaniens (und Portugals), das auch kulturell sehr fruchtbar war, ging zu Ende und die großen Geldmittel aus der neuen Welt hatten zu keinem wirtschaftlichen Aufschwung des Landes geführt. Spanien wurde in der Folgezeit zu einem der ärmsten Länder Europas.

Das **Goldene Zeitalter Spaniens**, das *Siglo de Oro* war vor allem auf dem Gebiet der Literatur und der Malerei sehr fruchtbar. In der Musik war Spanien weniger von Bedeutung. Schriftsteller wie Miguel de Cervantes (1547–1616) mit seinem berühmten Roman *Don Quijote* oder die Dramatiker Lope de Vega (1562–1635) und Pedro Calderón de la Barca (1600–1681) standen alle in naher Beziehung zum Königshof. Von europäischer Bedeutung sind auch die Maler El Greco (um 1541–1614), der aus Kreta stammte, Jusepe de Ribera (1591–1652), Francisco de Zurbarán (1598–1664), Diego Velázquez (1599–1660) und Bartolomé Esteban Murillo (1618–1682). In Portugal schuf um diese Zeit der Dichter Luís de Camões (1524/25–1579/80) das bedeutende Epos *Os Lusíades*, in dem er die Geschichte Portugals behandelte.

Aufgaben zum Selbsttest

- Welche Faktoren trugen zum Abstieg Spaniens am Ende des Goldenen Zeitalters bei?

Literatur

Pedro Barceló, **Kleine Geschichte Spaniens** (Hg. Peer Schmidt), Stuttgart 2013.

Walther L. Bernecker, **Spanische Geschichte**. Von der Reconquista bis heute, Darmstadt 2. Auflage 2012.

Walther L. Bernecker, **Spanische Geschichte vom 15. Jahrhundert bis zur Gegenwart**, München 5. Auflage 2010.

Walther L. Bernecker/Horst Pietschmann, **Geschichte Spaniens**. Von der Frühen Neuzeit bis zur Gegenwart, Stuttgart 5. Auflage 2010.

Walther L. Bernecker/Horst Pietschmann, **Geschichte Portugals vom Spätmittelalter bis zur Gegenwart**, München 3. Auflage 2014.

7.12 Die Verflechtung konfessioneller und politischer Konflikte

Viele der Kriege und Konflikte der Frühen Neuzeit können mit gleicher Berechtigung als politische Auseinandersetzungen zwischen Staaten und als religiöse Konflikte gelesen werden, wie das auch die Beispiele aus dem Reich gezeigt haben. Religion stand im Mittelpunkt des Kalküls von Herrschern, wurde aber vielfach aus opportunistischen Gründen vernachlässigt, so verbündeten sich Herrscher unterschiedlicher Konfession, wenn es ihren Machtinteressen diente. Die Entwicklungen in den Niederlanden, in Frankreich und England wie auch der Dreißigjährige Krieg zeigen diese Gemengelage zwischen religiösen, politischen und dynastischen Motiven deutlich auf.

7.12.1 Der Freiheitskampf der Niederlande

Das im späten Mittelalter entstandene Burgund wurde durch die Hochzeit Maximilians I. mit der Erbin Maria von Burgund für das Haus Habsburg erworben (→ vgl. Kap. 4.5). Das Herzogtum bestand aus vielen durch Erbschaft, Eheschließung und Kriege erworbenen Provinzen, die alle ihre eigenen Rechte und Privilegien hatten. Das Gebiet gliederte sich in Teile, die heute zu Frankreich gehören (obere Lande) und die heutigen Benelux-Staaten (niedere Lande). Nach dem Tod Maximilians kam Burgund (wo der spätere Kaiser Karl V. aufgewachsen war) endgültig an die spanische Linie des Hauses. Waren die politischen Verhältnisse in der Regierungszeit Karls V., der auch Gebiete dazugewann, relativ ruhig, so wurden auf der konfessionellen Ebene Lutheraner und Calviner verfolgt. Der religiöse Fanatismus der Gegenreformation, aber auch die völlige Missachtung der politischen Freiheiten und Rechte der Provinzen sowie die Befürchtungen der Niederländer „hispanisiert" zu werden, begannen sich in der Regierungszeit Philipps II. zu verschärfen. Die Einführung der Inquisition und andere unpopuläre Maßnahmen, besonders die immer höher werdenden Steuern, führten schließlich zu einem **Protest des Adels und der Städte gegen die spanischen Herren**. Die Vertreter des Adels wurden als *Geusen*, das heißt als Bettler beschimpft, sie nahmen dieses Wort auf und machten es zu einer Art Kampfbegriff. Die beiden Führer des Aufstandes waren der Statthalter von Flandern Lamoral Egmond (1522 – 1568) und Philipp Horn Graf von Montmorency (zwischen 1518 und 1526 – 1568). Die Statthalterin Margarethe von Parma (1522 – 1586), eine uneheliche Tochter Karls V., war kompromissbereit, aber Philipp II. sandte den Herzog von Alba (1507 – 1582), der in den Niederlanden schrecklich wütete und mittels eines Sondergerichts – dem *Blutrat* – die „Rebellen" aburteilen ließ. 1568 wurden Egmond und Horn hingerichtet, was in Europa großen Widerhall erfuhr und die Vorurteile gegen die Spanier verschärfte. Die Hinrichtung der beiden Führer des Widerstandes führte dann zum so genannten **achtzigjährigen Krieg,** die Führung der Aufständischen übernahm Wilhelm von Oranien (1533 – 1585), der einige Erfolge erzielen konnte. Die Kriegführung wurde von militärisch hervorragend trainierten Söldnern (*Wassergeusen*), die exerzierten und Disziplin zeigten und nach den strategischen Regeln der Antike operierten (man spricht von der *Oranischen Heeresreform*), geprägt. Herzog Alba musste schließlich 1573 abberufen werden. 1576 folgte ihm der Sieger von Lepanto Don Juan de Austria, der unter dem Druck der Generalstaaten erst einen Abzug der spanischen Truppen zusagte, dann aber den Kampf gegen die Protestanten wieder aufnahm. 1578 kam es zu einer **Spaltung des Landes**, die südlichen Provinzen vereinigten sich in der *Union von Arras* und schlossen mit Spanien Frieden, während die sieben niederländischen Provinzen sich in der *Utrechter Union* vereinigten. 1581 erklärten sie den spanischen König in ihrem Land als abgesetzt und gründeten die Republik der Sieben Vereinigten Provinzen (*Generalstaaten*). Die Städte Gent, Brügge, Antwerpen und Brüssel, die stark unter dem Einfluss des Calvinismus standen, wurden bis 1585 von spanischen Truppen unter dem neuen Statthalter, dem Neffen Philipps II. Alessandro Farnese (1545 – 1592), erobert und damit war die Grenze zwischen den südlichen (das spätere Belgien) und nördlichen (die späteren Niederlande) Provinzen weitgehend festgelegt. Die Unabhängigkeit dieser nördlichen, protestantischen Niederlande wurde erst im Westfälischen Frieden 1648 anerkannt.

Literatur

Dirk Maczkiewitz, **Der niederländische Aufstand gegen Spanien (1568 – 1609)**. Eine kommunikationswissenschaftliche Analyse (Studien zur Geschichte und Kultur Nordwesteuropas 12), Münster u. a. 2005.

Michael North, **Geschichte der Niederlande**, München 4. Auflage 2013.

Die Hugenottenkriege 7.12.2

Ein besonders gutes Beispiel für die Verflechtung konfessioneller und dynastischer Fragen ist die Situation in Frankreich in der zweiten Hälfte des 16. Jahrhunderts. Schon vor der Jahrhundertmitte hatten sich in Frankreich Calviner verbreitet, die als Hugenotten bezeichnet wurden. Die Schätzungen der Anzahl von Hugenotten in Frankreich gehen weit auseinander, aber man kann annehmen, dass etwa eine Million Hugenotten (etwa zehn Prozent der Bevölkerung) in Frankreich lebten.

Zunächst waren die Konflikte gering, wenn man von vereinzelten Übergriffen absieht, erst unter König Heinrich II. verschärfte sich die Lage. Mit dem *Blutbad von Vassy* 1562 begann eine **Serie von acht Religionskriegen** in Frankreich, den so genannten Hugenottenkriegen. 1562 ermordete der mächtige Führer der katholischen Fraktion François I. Herzog von Guise (1519 – 1563) mit seinen Gefolgsleuten 32 Protestanten beim Gottesdienst. Louis I. von Bourbon, Fürst von Condé (1530 – 1569), der Begründer des Hauses Condé, einer Seitenlinie der Bourbonen, rief die Calviner zum Widerstand auf und damit begann der erste Religionskrieg. Neben den religiösen Fragen war auch der Kampf um die Macht, in dem die Königswitwe Katharina von Medici (1519 – 1589) eine gewichtige Rolle spielte, von Bedeutung. Im Frieden, der schon 1563 geschlossen wurde, bekamen die Hugenotten das Recht der Religionsausübung in ihren Hochburgen, aber auch danach kam es zu Kämpfen und Massakern. 1567 brach der Krieg erneut aus, in dessen Verlauf König Karl IX. (1550 – 1574) in Paris belagert wurde, in diesen Kampf griff auch der Prinz Johann Kasimir von der Kurpfalz (1543 – 1592) auf Seiten der Hugenotten unter Condé ein. Wieder kam es zu einem Frieden, der allerdings schon im Jahr darauf endete. Karl IX. versuchte den Protestantismus zu verbieten und die Hugenotten zu vertreiben, die sich nach La Rochelle zurückzogen. 1570 wurde wieder ein Friedensvertrag in Saint-Germain-en-Laye geschlossen, die Hugenotten bekamen vier befestigte Städte und die Erlaubnis, ihre Religion weiter ausüben zu dürfen.

Doch auch dieser Friede wurde bald gebrochen. Als der hugenottische Admiral Gaspard de Coligny (1519 – 1572) Einfluss auf den König und Katharina von Medici gewann, sollte eine Ehe zwischen dem protestantischen Anführer Heinrich von Navarra (später König Heinrich IV. 1553 – 1610) und der Schwester Karls IX., Margarete von Valois (1553 – 1615) den Frieden sichern. Am 24. August 1572 wurden ca. 3.000 Protestanten, die zur Hochzeit nach Paris gekommen waren, ermordet. Nach dem Tagesheiligen wurde dieses Ereignis als ***Bartholomäusnacht*** bekannt, auch außerhalb von Paris wurden etwa 10.000 Protestanten ermordet. Heinrich von Anjou (der spätere König von Polen und dann als Heinrich III. König von Frankreich) belagerte La Rochelle, schloss aber – als er polnischer König werden sollte und religiöse Toleranz signalisieren musste – bald Frieden. Als er nach dem kurzen polnischen Intermezzo als König nach Frankreich zurückkehrte, begann die Einschränkung des Gottesdienstes der Hugenotten erneut, Resultat war der fünfte Religionskrieg. In diesem Krieg erreichten die Hugenotten – mit Ausnahme von Paris und dessen Umkreis – in ganz Frankreich das Recht auf freie Religionsübung. Daraufhin bildeten die Katholiken eine Heilige Liga und

Abb. 28

Bartholomäusnacht 1572, Gemälde von François Dubois

begannen erneut einen sechsten Religionskrieg zur Vernichtung der Calviner, der fast unmittelbar in den siebenten überging.

Der letzte Akt der Hugenottenkriege ist ganz von dynastischen Fragen geprägt. Der voraussichtliche Thronerbe und jüngere Bruder König Heinrichs III. war gestorben und damit wäre der Hugenotte Heinrich von Navarra der nächste in der Nachfolge gewesen. Heinrich von Guise wollte aber keinen Hugenotten auf dem französischen Thron, die Liga zwang König Heinrich dazu, den Hugenotten alle Rechte abzusprechen und Heinrich von Navarra von der Thronfolge auszuschließen, mit dem er sich vorher geeinigt hatte, dass er nach einem Übertritt zum Katholizismus sein Nachfolger werden sollte. So kam es zum letzten und achten Religionskrieg, der auch nach den handelnden Personen *Krieg der drei Heinriche* benannt ist. 1588 ließ Heinrich III. seinen Gegner Heinrich von Guise ermorden, zehn Jahre später wurde er selbst umgebracht. Heinrich von Navarra konvertierte zum Katholizismus (der oft zitierte Spruch „Paris ist eine Messe wert" ist historisch nicht belegt), wurde als Heinrich IV. König und machte den Katholizismus zur offiziellen Religion, er gewährte allerdings den Hugenotten eingeschränkte Toleranz. Das **Edikt**

von Nantes 1598 beendete die Hugenottenkriege, diese bekamen Sicherheitsplätze im Süden Frankreichs, allerdings verringerte sich ihre Zahl dramatisch – bei ihrer Vertreibung unter Ludwig XIV. stellten sie nur mehr einen Anteil von ca. fünf Prozent der Franzosen.

Literatur

Barbara Dölemeyer, **Die Hugenotten**, Stuttgart 2006.
Ulrich Niggemann, **Hugenotten**, Köln-Wien u.a. 2011.

7.12.3 | Dynastisch-konfessionelle Konflikte in England

Im späten Mittelalter wurde nach langen Auseinandersetzungen zwischen den Häusern York und Lancaster Heinrich VII., der Erbe der Lancaster aus dem Hause Tudor, König, und die Herrschaft in England stabilisierte sich. **König Heinrich VIII.** (1491 – 1547) führte wenig effizient Krieg mit Frankreich, den die Schotten zu Einfällen in Nordengland nützten, sie wurden aber in der Schlacht von Flodden Field 1513 geschlagen, in der der schottische König James IV. fiel. Sein Sohn war minderjährig und seine Mutter aus dem Hause Tudor übernahm die Herrschaft, was den Einfluss Heinrichs VIII. auf den nördlichen Nachbarn stärkte.

Das Hauptproblem Heinrichs VIII. war zunächst ein dynastisches, denn in seiner Ehe mit Katharina von Aragón (1485 – 1536) gab es keinen männlichen Thronerben, aber eine Tochter (die spätere Königin Maria die Katholische, auch die Blutige genannt). Der König lernte Anne Boleyn kennen, die sich allerdings mit der Rolle als Mätresse nicht begnügte und damit ungewollt eine langfristige konfessionelle Veränderung in England ins Rollen brachte. Als der Papst sich nämlich weigerte, die Ehe Heinrichs mit Katharina zu scheiden, gründete Heinrich VIII. die anglikanische Kirche (→ vgl. Kap. 7.4), die zunächst dogmatisch am Katholizismus festhielt. Die *Suprematsakte*, die auch das Parlament bestätigte, legte 1534 endgültig die Unabhängigkeit der englischen Kirche von Rom fest und bestätigte auch die Funktion des Königs als Oberhaupt der nationalen Kirche.

Aus der Ehe mit Anne Boleyn ging ebenfalls eine Tochter, die spätere Königin Elisabeth I., hervor. Anne Boleyn wurde 1536 hingerichtet und Heinrich heiratete die Hofdame Jane Seymour (1509 – 1537), die nun endlich einen männlichen Erben, den Thronfolger Eduard (als König Eduard VI. 1537 – 1553) gebar.

Als Heinrich VIII. nach einer weiteren Ehe starb, folgte Eduard, der noch minderjährig war, seinem Vater nach, starb aber schon mit 15 Jahren, was zu einer langen Krise im Hause Tudor führte.

Nachdem Heinrich VIII. die **anglikanische Staatskirche** begründet hatte, wollten einige eine Annäherung an die Reformation, andere wollten eine Beibehaltung der alten Glaubenspraktiken. Das Uniformitätsgesetz

(*Act of Uniformity*) von 1549 und die beiden *Books of Common Prayers* legten eine Gottesdienstordnung fest, die stark vom Protestantismus beeinflusst war. Hatten die Berater des jungen Königs die Kirchenpolitik in Richtung des Protestantismus verändert, so war seine Nachfolgerin Maria eine strikte Anhängerin des Katholizismus. Damit zeigte sich auch in England die Verknüpfung konfessioneller und dynastischer Konflikte sehr deutlich. Alle diese konfessionellen und dynastischen Streitigkeiten fanden vor dem Hintergrund großer sozialer Probleme der Bevölkerung statt. John Dudley, Duke of Northumberland (1504–1553), der als wichtigster Berater des minderjährigen Königs fast selbst regiert hatte, versuchte die Thronbesteigung Marias zu verhindern und eine Nichte Heinrichs VIII., Jane Grey (1536/37–1554) zur Königin zu machen, die allerdings nur wenige Tage regierte.

Maria die Katholische (auch die Blutige genannt) war zunächst mit ihrer Rekatholisierungspolitik recht vorsichtig, erst nach ihrer Ehe mit Philipp II. von Spanien wurde die Gangart rauer und 1554 wurde die anglikanische Kirche sogar wieder Rom unterstellt. Als Maria 1558 starb, bestieg ihre jüngere Halbschwester **Elisabeth I.** den Thron. Eine Reihe von Faktoren sind für ihre Herrschaft maßgeblich: die Durchsetzung der Reformation und der wachsende Einfluss auf Schottland; das Scheitern der spanischen Invasion mit der Armada 1588 und der zunehmende Einstieg der Briten in den Kolonialismus (→ vgl. Kap. 8.3).

Eine weitere Konfliktzone mit dynastischen und religiösen Elementen war die Auseinandersetzung zwischen Elisabeth I. und **Maria Stuart** (1542–1587), der Tochter König Jakobs V. von Schottland (1512–1542). Maria Stuart führte ein abenteuerliches Leben, das Stoff für zahlreiche dichterische Bearbeitungen bot. Sie wurde wenige Tage nach ihrer Geburt Königin von Schottland und war als Urenkelin Heinrichs VII. auch die katholische Anwärterin auf den englischen Thron. Durch ihre Heirat mit Franz II. von Frankreich (1544–1560) wurde sie auch Königin von Frankreich. Als junge Witwe kehrte sie nach Schottland zurück und war mit politischen und konfessionellen Reibereien konfrontiert. Sie heiratete Henry Stewart Lord Darnley (1545/1546–1567), der bald ermordet wurde, daraufhin schloss sie eine weitere Ehe mit seinem mutmaßlichen Mörder. Aus der Ehe mit Lord Darnley ging ein Sohn namens Jakob hervor, der später als **Jakob I.** König von England, Schottland und Irland (1566–1625) der Nachfolger Elisabeths I. wurde. Maria Stuart dankte schon 1567 in Schottland zu seinen Gunsten ab und ging ins Exil nach England, wo sie von Königin Elisabeth 18 Jahre gefangen gehalten und schließlich wegen Hochverrats 1587 hingerichtet wurde.

Jakob I. war relativ tolerant, unterstützte allerdings seinen Schwiegersohn Friedrich von der Pfalz kurz im Dreißigjährigen Krieg. Er verweigerte selbst nach dem *Gunpowder plot* 1605 – einem Versuch der Katholiken den König und das Parlament in die Luft zu sprengen, was auf der britischen Insel zu einer starken Ablehnung der Katholiken führte – eine Verfolgung dieser Gruppe. Seine großen Spannungen mit dem Parlament und seine Neigung zum Absolutismus gehören in die Vorgeschichte des englischen Bürgerkrieges 1642 bis 1649 (→ vgl. Kap. 8.2).

Literatur

Hans-Christoph Schröder, **Englische Geschichte**, 7. Auflage 2017.
Dietrich Schwanitz, **Englische Kulturgeschichte**, 2 Bde. Tübingen 1995.
Peter Wende, **Das britische Empire. Geschichte eines Weltreichs,** München 2012.
Peter Wende, **Großbritannien 1500–2000** (Oldenbourg Grundriss der Geschichte 32), München 2001.

7.12.4 Der Dreißigjährige Krieg (1618 – 1648)

Der Dreißigjährige Krieg ist ein Ereignis, in dem unterschiedliche Interessen der Staaten eine Rolle spielten und miteinander interagierten. Zunächst sind die konfessionellen Gegensätze von Bedeutung, aber auch die Konflikte zwischen Ständen und Kaiser auf der Ebene des Reiches und der Länder und schließlich im Großen gesehen, der Konflikt der Habsburger mit Frankreich.

Gegen Ende des 16. und am Beginn des 17. Jahrhunderts hatte sich die Lage im Reich und in den habsburgischen Ländern zugespitzt. Durch die reichspolitischen Streitigkeiten in Köln, Straßburg und Donauwörth (→ vgl. Kap. 7.9) bildeten sich militärisch-politische Bündnisse der Katholiken (*Liga*) und Protestanten (*Union*), und auch am Reichstag 1608 konnten sich die Konfessionsparteien auf keinen gemeinsamen *Reichstags-Abschied* einigen und gingen ohne Ergebnis auseinander.

Einen weiteren politischen Streit löste der Tod des Herzogs Johann Wilhelm von Jülich-Kleve-Berg (1562 – 1609) aus, da sowohl die protestantischen bzw. calvinischen Kurfürsten von Brandenburg und Pfalz-Neuburg als auch der katholische Kaiser Ansprüche auf das Gebiet geltend machten. Der Konflikt, in den sich auch die Niederlande und Frankreich einmengten, endete im Vertrag von Xanten (1614) mit einem Kompromiss, und einer Teilung zwischen Pfalz und Brandenburg, was für die Bevölkerung der jeweiligen Teilgebiete einen Konfessionswechsel im Sinne der jeweils neuen Territorialherren bedeutete.

In den **habsburgischen Ländern** hatte die Gegenreformation in der Regierungszeit Rudolfs II. Fortschritte erzielt, vor allem in den Städten, als dem schwächsten Glied der Kette, war es zur gewaltsamen „Bekehrung" gekommen und unter Kardinal Melchior Khlesl (1552 – 1630) wurde auch eine Klosteroffensive gestartet, die ebenfalls den Zielen der Gegenreformation dienen sollte. Khlesl war auch der wichtigste Berater des ehrgeizigen jüngeren Bruders Kaiser Rudolfs II., Matthias (1557–1619), der in den österreichischen Ländern Statthalter des Kaisers, der seine Residenz nach Prag verlegt hatte, war. In der Auseinandersetzung der beiden Brüder, dem so genannten *Bruderzwist*, musste allerdings die Gegenreformation etwas zurückgenommen werden, da beide Parteien die weitgehend protestantischen Stände als Bündnispartner zu gewinnen versuchten. Rudolf II. gab den Ständen Böhmens (und Schlesiens) den *Majestätsbrief*, der ihnen eine Reihe von konfessionellen Zugeständnissen machte, dieser Vertrag sollte später einer der Auslöser des großen Krieges sein.

Nach dem Tod Rudolfs folgte Matthias ihm als Kaiser und König in Böhmen und Ungarn nach und die konfessionelle Situation vor allem in Böhmen verschärfte sich erneut.

Da Matthias kinderlos war, musste er seine Nachfolge regeln, nach langen Verhandlungen und dem Ausscheiden anderer Kandidaten fiel die Wahl auf Erzherzog Ferdinand von Innerösterreich (als Kaiser Ferdinand II. 1578–1637). Dieser war von den Jesuiten und seiner bayrischen Mutter stark beeinflusst und hatte in seinen Ländern Steiermark, Kärnten und Krain vehement die Gegenreformation durchgeführt. Von seiner Haltung her war er gewillt, die „Seuche der Ketzerei“ auch mit Waffengewalt zu beseitigen.

Der Konflikt entzündete sich 1618 an der Auslegung des **Majestätsbriefes Rudolfs II.** in Böhmen, der den Kirchenbau auf königlichem Gut gestattete, zu dem die Protestanten allerdings auch das Klostergut rechneten. Der Protest gegen Matthias gipfelte im Prager Fenstersturz am 23. Mai 1618, der als Beginn des Dreißigjährigen Krieges gelten kann.

Der böhmische Aufstand unter der Führung von Heinrich Matthias von Thurn (1567–1640) war der Beginn des großen Krieges, dessen erste Phase als **böhmisch-pfälzischer Krieg (1618–1623)** bezeichnet wird. Als Gegenkönig

Info

Prager Fenstersturz

▶ Das Ereignis des Jahres 1618 wird auch als zweiter Prager Fenstersturz bezeichnet, denn schon am Beginn der Hussitenkriege wurden in Prag katholische Ratsherren aus dem Fenster des Neustädter Rathauses in Prag geworfen (man spricht auch von einem dritten Prager Fenstersturz 1948, der die Ermordung des Außenministers Jan Masaryk meint).

Die oft gelesene Darstellung, dass die königlichen Statthalter Jaroslav Borsita Graf Martinitz (1582–1649) und Wilhelm Slavata (1572–1652) sowie der Sekretär Philipp Fabricius (vor 1608–nach 1628) trotz des Sturzes von 17 Metern unverletzt geblieben seien, weil sie in einem Misthaufen gefallen waren, ist widerlegt. Diese Legende scheint die bösartige protestantische Antwort auf die katholische Erklärung, die heilige Maria hätte die Katholiken gerettet, gewesen zu sein.

Abb. 29

Prager Fenstersturz, zeitgenössische Graphik im Theatrum Europaeum

in Böhmen wurde der Calviner Friedrich V. von der Pfalz (1596 – 1632) gewählt, der wegen seiner kurzen Regierungsdauer in Böhmen als *Winterkönig* bezeichnet wird. Die protestantischen Stände nahmen mit den Gegnern der Habsburger, Frankreich und dem Osmanischen Reich, diplomatische Beziehungen auf und verbündeten sich mit dem anti-habsburgischen Fürsten von Siebenbürgen Gábor Bethlen (um 1580 – 1629). Schon in der ersten Phase waren also alle drei Elemente konfessioneller, politischer und ständischer Prägung des Konfliktes vorhanden.

Das für die habsburgischen Länder entscheidende Ereignis geschah gleich zu Beginn des Krieges. 1620 wurden in der Schlacht am Weißen Berg in der Nähe von Prag die protestantischen, ständischen Truppen von den katholischen, kaiserlichen besiegt. Nach dem Sieg der katholischen Sache brach ein Strafgericht über Böhmen herein: Ferdinand II. ließ 27 „Rebellen“ hinrichten und große Güterkonfiskationen folgten. Die Schlacht am Weißen Berg hatte weitreichende Folgen für die Habsburgermonarchie, denn einerseits verstärkten sich die absolutistischen Tendenzen und andererseits wurde in der **Vernewerten Landesordung 1627** Böhmen zum Erbkönigtum gemacht und alle christlichen Konfessionen außer dem Katholizismus verboten. Als Folgeerscheinung der böhmischen Verhältnisse führte Ferdinand II. auch in den anderen Erbländern die Gegenreformation kompromisslos durch, der protestantische Adel wurde vor die Alternative Konversion oder Auswanderung gestellt. Eine weitere Folgeerscheinung der siegreichen Gegenreformation war auch das Vordringen einer Fülle von meist aus dem romanischen Süden stammenden Orden in den Ländern der Habsburgermonarchie, die das Land mit einem Netzwerk an Klöstern und Kirchen überzogen. Diese neuen Orden, allen voran die Jesuiten, führten eine langfristige „innere Missionierung" durch, die kulturell prägend für die Donaumonarchie war. Jesuitische Erziehung, Jesuitentheater und ein üppiger barocker Bau und Umbau von Klöstern und Kirchen bestimmen das Bild der Epoche und trugen zu der oft gehörten Bezeichnung Österreichs als „Klösterreich" wesentlich bei. Auch die barocke Frömmigkeit in der speziellen Form der **PIETAS AUSTRIACA** der Habsburger begann mit dem Prager Fenstersturz. Für Mitteleuropa war dieses Ereignis ein wesentlicher Wendepunkt und die schon lange geltende Trennung der Geschichte der Habsburgermonarchie durch die tschechische Historiographie in eine Zeit vor und nach dem Weißen Berg, gewinnt in neueren Darstellungen der Geschichte zunehmend an Bedeutung. Speziell in Böhmen kam es zu grundlegenden sozialen Veränderungen: Der protestantische Adel verlor seine Besitzungen und zunächst nahmen katholische böhmische Geschlechter (der Hauptgewinner der Umverteilung war Albrecht von Wallenstein, Albrecht Wenzel Eusebius von Waldstein, 1583–1634) und dann in einer zweiten Phase nach der Ermordung Wallensteins viele romanische und deutsche adelige Familien, die natürlich alle streng katholisch waren, diese Besitzungen ein, was zu einer völligen Umgestaltung der böhmischen Adelslandschaft führte.

PIETAS AUSTRIACA Eine spezielle habsburgische Form der gegenreformatorischen Frömmigkeit mit einer starken Kreuzes-, Eucharistie-, Heiligen- und speziell Marienverehrung. Diese von den Habsburgern gepflegten Formen beeinflussten die volkstümliche Frömmigkeit stark.

Der Krieg verlagerte sich nun in die Kurpfalz, die von den Truppen der katholischen Liga besetzt wurde, Kurfürst Friedrich verlor seine Kurwürde, die an Herzog Maximilian I. von Bayern (1573–1651) für seine Unterstützung des Kaisers überging; er war seit 1623 Kurfürst des Heiligen Römischen Reiches.

Der Krieg schien für die katholische Seite gewonnen, aber Frankreich brachte, um den Habsburgerkaiser zu schwächen, ein Bündnis der protestantischen Staaten zustande und motivierte durch **SUBSIDIENZAHLUNGEN** den dänischen König Christian IV. (1577–1648) zum Krieg. Christian konnte als Verteidiger des Protestantismus auftreten, verfolgte aber auch territoriale Interessen im Norden Deutschlands. So kam es zum **Dänisch-Niedersächsischen Krieg (1625–1629)**, in dem die katholische Seite mit dem böhmischen Adeligen Wallenstein und Johann t'Serclaes Graf von Tilly (1559–1632) zwei hervorragende Feldherren hatte, die den Krieg entschieden. Die Dänen mussten Frieden schließen und Ferdinand II. er-

SUBSIDIEN sind (finanzielle) Unterstützungen für jemanden, der Leistung im Sinne des Geldgebers vollbringen soll. Meist unterstützt ein Staat den anderen auf diese Weise im Krieg.

RESTITUTION Betrifft in diesem Zusammenhang die Rückgabe der enteigneten Kirchengüter der katholischen Kirche.

ließ 1629 das **RESTITUTIONSEDIKT**, das den Besitzstand der katholischen Partei mit dem Stichjahr 1552 wieder herstellte.

Am Kurfürstentag zu Regensburg erzwangen die Stände die Absetzung Wallensteins, der zu mächtig zu werden drohte.

Wieder motiviert durch die französische Politik, die Verteidigung des Protestantismus und die Ostseeinteressen griff nun der schwedische König Gustav II. Adolf (1594 – 1632) in den Krieg ein. Damit kam es zur dritten Phase des Krieges, dem **Schwedischen Krieg (1630 – 1635)**. Gustav Adolf besiegte Tilly, der vorher mit seinen Truppen Magdeburg zerstört und geplündert hatte, bei Breitenfeld und war auch weiterhin erfolgreich. Nach dem Tod Tillys drangen die Schweden weit nach Süden vor, und der Kaiser bestellte 1632 Wallenstein in seiner Not erneut zum Feldherrn mit besonderen Vollmachten.

Info

Albrecht Wenzel Eusebius von Wallenstein

▶ Er stammte aus einem alten böhmischen Herrenstandsgeschlecht der Herrn zu Valdštejna und trat in habsburgischen Dienst, am Beginn des Dreißigjährigen Krieges gewann er an Bedeutung. Er stellte dem Kaiser eine Armee zur Verfügung und wurde bald oberster Feldherr. Sein äußerer Aufstieg war durch große Gütererwerbungen aus den konfiszierten protestantischen Besitzungen und durch hohe Titel (Herzog von Friedland, Fürst von Sagan, Herzog von Mecklenburg) gekennzeichnet. 1630 musste ihn der Kaiser unter dem Druck der Reichsfürsten, die um ihre *Libertät* fürchteten, entlassen, 1632 wurde er wieder mit dem Oberkommando betraut und schließlich 1634 ermordet.

Einen Rückschlag erlitt die schwedische Armee, als Gustav Adolf in der Schlacht bei Lützen 1632 fiel. Nach der Schlacht von Lützen verhandelte Wallenstein wegen eines Friedensschlusses; was er eigentlich vorhatte, ist in der Forschung umstritten, vielleicht wollte er sogar böhmischer König werden. Im Pilsener Revers 1633 versicherte sich Wallenstein der Treue seiner Offiziere, dennoch wurde er im Auftrag oder zumindest mit dem Wissen des Kaisers in Eger ermordet.

Im selben Jahre wurden die Schweden in der Schlacht bei Nördlingen geschlagen und verloren Süddeutschland, die Folge war der Friede von Prag 1635, der den Kampf zwischen Kaiser und Reichsständen weitgehend beendete.

Dennoch kam es zu keinem allgemeinen Frieden, denn die Schweden waren noch im Lande und Frankreich trat nun selbst in den Krieg ein – die letzte lange Phase des Dreißigjährigen Krieges wird daher **Französisch-Schwedischer Krieg** (1635–1648) genannt. Die Kampfhandlungen wurden immer undurchsichtiger und keine Entscheidung zeichnete sich ab.

Abb. 30

Der Zeitungsverkäufer, Flugschrift 1631

Die **Kriegführung im Dreißigjährigen Krieg** war durch einige militärische und strategische Neuerungen gekennzeichnet. Zwar kämpfte man noch immer vorwiegend mit Söldnertruppen, vor allem einer Infanterietruppe, die seit der Bildung der Landsknechthaufen im späten Mittelalter der dominierende Teil der Armee wurde. Neben dem Sold spielten auch Plündern und Beutemachen eine große Rolle für die Soldaten, die außerdem häufig brandschatzten, mordeten und vergewaltigten.

Die Heere waren teuer und daher klein (etwa 20.000 Mann) und man setzte sie ungern in der großen Feldschlacht aufs Spiel. Söldner kämpften nicht um einer Sache (z.B. der Religion) willen, sondern für Geld und konnten daher problemlos die Seite wechseln, also einmal den Schweden, dann dem Kaiser dienen. Da das Nachschubwesen nicht ausgebildet war, ernährten sich die Armeen aus dem Land. Man nahm den Bauern alle Lebensmittel weg, wodurch diese nicht selten verhungerten. Häufig wurden sie von den Soldaten gefoltert und ihre Frauen und Töchter vergewaltigt. Die Syphilis (der *Franzos* genannt) verbreitete sich während des Dreißigjährigen Krieges sehr schnell. Eine lesenswerte Beschreibung der Soldateska und ihrer Gräueltaten gibt eines der literarischen Meisterwerke der Zeit, der Roman *Simplicius Simplicissimus* von Hans Jakob Christoffel von Grimmelshausen.

Truppenbewegungen waren oft nicht strategisch motiviert, sondern durch die Versorgungslage bestimmt, hatte man eine bestimmte Region „kahlgefressen", musste man weiterziehen, um wieder neue Nahrungsquellen zu erschließen.

Im Dreißigjährigen Krieg kämpften unterschiedliche Truppen, die Soldtruppen mit unterschiedlicher Bewaffnung (Spieß, Arkebuse, Pike), das spanische Heer mit großer Kriegserfahrung und einer äußerst disziplinierten Kampfesweise im so genannten *spanischen Viereck* und die Truppen Wallensteins. Seine Söldner erhielten pünktliche Soldzahlungen, sie waren ohne konfessionelle Bindung und es gab eine strenge Lager- und Kriegszucht. Die Plünderungserlaubnis und der Grundsatz *der Krieg ernährt den Krieg* trug zur Verwüstung des Kriegsgebietes erheblich bei. Zum Schrecken des Krieges in seiner Endphase wurde das schwedische Heer, das zunächst eine sehr gute Kampfmoral für König und Luthertum hatte, aber zunehmend verrohte und entartete.

Ein wesentlicher Faktor der Kriegsführung war auch die Wirtschaft, die für die Soldaten produzierte, Wallenstein etwa hat seine Söldner selbst ausgerüstet und an diesem Unternehmen gut verdient.

Schon einige Jahre vor dem Ende des Krieges begannen Friedensverhandlungen in Münster (für Kaiser und Frankreich) und Osnabrück (für Kaiser, Reich und Schweden), die allerdings erst 1648 zu einem Abschluss kamen. Der **Westfälische Friede von 1648** beendete den langen Krieg und war einer der großen Friedenskongresse der Neuzeit, dessen Resultate lange nachwirkten.

Die großen territorialen Veränderungen der Friedensschlüsse betrafen vor allem den Norden des Reiches: Schweden erhielt Vorpommern und Rügen, Wismar und die Bistümer Bremen und Verden als Lehen des Reiches, womit Schweden Sitz und Stimme im Reichstag hatte. Brandenburg bekam den Rest Pommerns und die Bistümer Magdeburg, Halberstadt, Minden und Cammin. Bayern wurde die Oberpfalz zugesprochen und es behielt die siebente Kurwürde. Für die Pfälzer wurde eine achte Kurwürde (verbunden mit dem Erzschatzmeisteramt) geschaffen. Im Reich wurde der konfessionelle Besitzstand von 1624 wiederhergestellt, nur in den kaiserlichen Erblanden war das Recht des Kaisers unbeschränkt. Auch eine Reihe kleinerer Gebietsveränderungen, vor allem im geistlichen Besitz, war ebenfalls beschlossen worden.

Frankreich sprach der Vertrag die Bistümer Metz, Toul und Verdun zu, die faktisch seit 1552 in ihrem Besitz waren, dazu kamen noch Breisach, Teile des Elsass, der Sundgau und Schutzrechte über zehn Städte im Elsass. Die Schweiz, ein real schon seit langem unabhängiger Staat, wurde nun auch rechtlich aus dem Reich ausgegliedert. Spanien gab die Niederlande auf und diese wurden auch vom Reich als unabhängiger Staat anerkannt.

Religionspolitisch gab es neben kleineren Veränderungen des Augsburger Religionsfriedens von 1555 eine wichtige Entscheidung: Die Calviner wurden mit den Katholiken und Lutheranern gleichgestellt. Auch ein Schutz der protestantischen Minderheit in den Reichsgremien wurde beschlossen, die Minderheit durfte nicht überstimmt werden.

Die **Folgen des Dreißigjährigen Krieges** waren sowohl demographisch als auch wirtschaftlich verheerend, allerdings muss man hinsichtlich der Ausmaße in den verschiedenen Regionen differenzieren, da manche Gebiete des Heiligen Römischen Reiches unmittelbarer Kriegsschauplatz, andere nur indirekt betroffen waren. Zu den Verlusten in den Kriegshandlungen bei Soldaten und Zivilbevölkerung kamen die von den Soldaten verschleppten Seuchen, neben der Syphilis vor allem einige kleinere Pestepidemien, die Massaker an der Zivilbevölkerung und die Opfer durch den Hunger in den von den Soldaten verwüsteten Gebieten hinzu. In vielen Fällen waren die Folgen des großen Krieges noch bis ins 18. Jahrhundert bemerkbar. Besonders betroffen von Bevölkerungsverlusten waren Schwaben, die Pfalz, Thüringen, Sachsen und Brandenburg, wo man die Bevölkerungsverluste sehr hoch (bis zu zwei Drittel) ansetzt. Das Problem bei diesen Zahlen ist, dass sich die verschiedenen Publikationen stark widersprechen, da ja auch keine wirkliche statistische Grundlage gegeben ist und die Aussagen auf „intelligenten Schätzungen" beruhen. Auch Bayern, Böhmen und Hessen hatten einen starken Bevölkerungsrückgang bis zur Hälfte der Einwohner. Insgesamt ging die Bevölkerung (gerechnet auf das heutige Deutschland) von 1618 bis 1648 von 21 Millionen auf rund 13 Millionen zurück, wobei ca. die Hälfte der ländlichen und ca. ein Drittel der städtischen Bevölkerung starben.

Der Mangel an Lebensmitteln und gewerblichen Produkten, der noch lange anhielt, führte zu Problemen im Wirtschaftsleben, und auch die Münzverschlechterungen in der *Kipper- und Wipperzeit* beeinträchtigten die Wirtschaft und das Leben der Menschen nachhaltig. Schon vor dem Dreißigjährigen Krieg und speziell in den 1620er und 1630er Jahren bewirkten die Reichsfürsten durch die Senkung des Edelmetallanteils der Münzen eine Münzentwertung, die zu großen Teuerungen führte. Erst gegen Ende des 17. Jahrhunderts konnte sich das Land von den Folgen des Dreißigjährigen Krieges erholen.

Aufgaben zum Selbsttest

- Wie war der Verlauf des Dreißigjährigen Krieges?
- Welche Rolle spielte Religion, welche Politik?
- Beschreiben Sie die Folgen des Dreißigjährigen Krieges und des Westfälischen Friedens.

Literatur

Johannes Arndt, **Der Dreißigjährige Krieg** 1618–1648, Stuttgart 2009.
Klaus Bußmann/Heinz Schilling (Hg), **1648 – Krieg und Frieden in Europa** (Ausstellungskatalog), Münster 1999.
Fritz Dickmann, **Der Westfälische Frieden** (Hg. von Konrad Repgen), Münster 7. Auflage 1998.
Heinz Duchhardt (Hg.), **Der Westfälische Friede.** Diplomatie – politische Zäsur – kulturelles Umfeld – Rezeptionsgeschichte (Historische Zeitschrift Beihefte N.F. 26), München 1998.
Christoph Kampmann, **Europa und das Reich im Dreißigjährigen Krieg.** Geschichte eines europäischen Konflikts, Stuttgart 2. Auflage 2013.
Georg Schmidt, **Der Dreißigjährige Krieg,** München 9. Auflage 2018.
Cicely V. Wedgwood, **Der Dreißigjährige Krieg,** Hamburg 2011.

7.13 | Ein Zeitalter der Krise? Europa um 1600

Die Forschung über das späte 16. und das frühe 17. Jahrhundert hat diese Jahrzehnte als Zeit der Krisen eingeschätzt. Man spricht von der Krise der 1590er Jahre und dann auch von einer Krise der 1620er Jahre, wobei diese Symptomatik nur auf einige Gebiete Europas zutrifft, in den Niederlanden war das 17. Jahrhundert das *Goldene Zeitalter.*

Eine **Klimaverschlechterung,** die *kleine Eiszeit*, begann schon im 13. Jahrhundert, erlebte aber eine Steigerung in der Zeit zwischen 1570 und 1630. Die Durchschnittstemperatur lag um 1 bis 2 Grad niedriger, die Winter waren sehr kalt und die Sommer feucht, was die Erträge der Landwirtschaft herabsetzte, der Nahrungsmittelspielraum verkleinerte sich und es kam zu sozialen Revolten. Dazu kamen Seuchen wie Pest und rote Ruhr und ein dadurch bedingter Bevölkerungsrückgang.

Folgen dieser Krisenerscheinungen könnten die Judenverfolgungen in Deutschland wie etwa in Speyer 1603, in Wetzlar 1609, in Frankfurt am Main 1614 oder in Worms 1615 mit bedingt haben.

Ein anderes Phänomen, das man immer wieder mit diesen Krisen in Zusammenhang brachte, waren die **Hexenverfolgungen**, die allerdings auch viele andere Erklärungsmuster haben. Gerade die Erforschung der Hexen und ihrer Verfolgung wurde in den letzten Jahrzehnten zu einem zentralen Thema der Frühneuzeitforschung.

Abb. 31

Aufbruch zum Hexensabbat, Gemälde von David Teniers d.J.

Der Glaube an Hexen, die durch Zauber Schaden, Krankheit und Tod hervorrufen können, ist ein weltweites Thema, das in manchen Gebieten des Globus bis heute nachwirkt. In Europa entstand allerdings ein spezifisches Hexenbild, das die Verfolgungen von ca. 1430–1780 auslöste. Im Gegensatz zum populären Glauben ist die Hexenverfolgung keine Angelegenheit des „finsteren Mittelalters", sondern eine Erscheinung der Frühen Neuzeit, der Höhepunkt wurde – parallel zur „Krise Europas" – in den Jahren von 1560 bis 1630 erreicht, insbesondere in den 1580er Jahren und in der Zeitspanne von 1626 bis 1630.

Die Definition des Begriffes „Hexe" in der Frühen Neuzeit beruhte auf den magischen Vorstellungen der Menschen, die auch in vielen anderen Lebensbereichen deutlich merkbar waren. Zwei Anschauungen kamen im europäischen Hexenbegriff zusammen, einerseits der im Volk verbreitete Hexenbegriff und andererseits das Konstrukt der Eliten, die den Hexen ein Teufelsbündnis unterstellten und sie dadurch mit der Ketzerei in Verbindung brachten – mit der Folge des Verbrennens als Strafe für die Ketzer. Da diese Interpretation in der orthodoxen Kirche im Osten Europas fehlte, gab es dort zwar die Vorstellung von „Hexen", aber keine Verfolgungen.

In diesem Hexenbild des Westens spielte das 1486 erschienene Buch *Malleus maleficarum* (Hexenhammer) von Heinrich Kramer genannt Institoris (um 1430–1505), in dem auch die Verhaltensweisen bei den Verhören der Hexen festgelegt wurden, eine wichtige Rolle. Auch andere Elemente des Hexenbildes wie die Flugerlebnisse und der Hexensabbat waren in den Befragungen, die unter Folter erfolgten, wichtig und führten „natürlich" zu entsprechenden Bestätigungen des Konstrukts. Kam eine Hexenverfolgung in Gang, so nannten die ersten Beschuldigten Namen von anderen, die am Hexensabbat teilgenommen hatten, was zu weiteren Verhaftungen führte. Solche Wellen der Hexenverfolgung waren unterschiedlich dimensioniert, man unterscheidet zwischen *small panic trials* und *large-scale witch-hunts*. Der Verlauf war meist ähnlich, man beschuldigte jemanden der Hexerei – häufig ältere Frauen oder sozial am Rande der dörflichen Gesellschaft Stehende – die betreffende Person wurde inhaftiert, verhört und gegebenenfalls gefoltert und gab dabei die Namen anderer vermeintlicher Hexen preis. Kam es zu einer Verurteilung, wurde die Hexe verbrannt.

In den Krisenjahren 1560 bis 1580 und dann wieder 1626–1630, kam es in weiten Teilen Europas, in England, Frankreich, dem Baltikum, Ungarn, Österreich, der Schweiz und Oberitalien zu massiven Verfolgungswellen.

Besonders einzelne Bischöfe des Reiches verfolgten die Hexen intensiv und die Zahl der Hinrichtungen ging in die Tausende, allerdings waren Hexenverfolgungen auch in protestantischen Gebieten wie in der Kurpfalz, in England, Holland oder in Grafschaften wie Nassau, Schaumburg oder Lippe möglich, wenn auch die Opferzahlen niedriger waren. Die meisten Opfer waren Frauen, aber auch viele Männer und Kinder, im Nordosten (Island, Estland, Finnland) sogar mehr Männer als Frauen.

Insgesamt schätzt man, dass in Europa zwischen 40.000 und 60.000 Menschen als Hexen hingerichtet wurden, davon etwa 25.000 im Heiligen Römischen Reich. Die oft zitierte Zahl von neun Millionen Opfern ist völlig aus der Luft gegriffen und geht auf eine Schrift von Gottfried Christian Voigt (1740–1791) aus dem Jahre 1786 zurück, die von dem Wiener Theologie-Professor Georg Gustav Roskoff (1814–1889) *übernommen und* schließlich von der NS-Propaganda popularisiert wurde – die Zahl spukt heute noch in der Literatur herum.

Die Hexenverfolgungen wurden meist auch von der Bevölkerung akzeptiert, allerdings regte sich vereinzelt schon früh der Widerstand, z.B. bei dem Jesuiten Friedrich Spee von Langenfeld (1591–1635), dem Verfasser der Schrift *Cautio Criminalis* (Rechtliche Bedenken wegen der Hexenprozesse) von 1631, doch der große Umschwung zu einer Kritik an der Hexenverfolgung erfolgte erst in der Zeit der Aufklärung. Aber noch im späten 18. Jahrhundert wurden vereinzelt Hexen verbrannt, der letzte Prozess auf dem Boden des Reiches fand 1775 im katholischen Fürststift Kempten statt, die letzter Hexe wurde 1782 im reformierten Kanton Glarus hingerichtet, was allerdings damals eine Welle der Empörung im aufgeklärten Europa auslöste.

Aufgaben zum Selbsttest

- Wodurch kam es zu den Krisen um 1600 und welche Phänomene könnten als Folge dieser Krise betrachtet werden?

Literatur

Wolfgang Behringer, **Kulturgeschichte des Klimas**. Von der Eiszeit bis zur globalen Erwärmung, München 5. Auflage 2010.

Wolfgang Behringer, **Hexen. Glaube, Verfolgung, Vermarktung**, München 5. Auflage 2009.

Wolfgang Behringer, **Kulturelle Konsequenzen der „Kleinen Eiszeit“** (Veröffentlichungen des Max-Planck-Instituts für Geschichte 212), Göttingen 2005.

Johannes Dillinger, **Hexen und Magie** (Historische Einführungen 3), Frankfurt 2. Auflage 2018.

Miroslav Hroch/Josef Petráň, **Das 17. Jahrhundert, Krise der Feudalgesellschaft?** (Historische Perspektiven 17), Hamburg 1981.

Helmut G. Koenigsberger, **Die Krise des 17. Jahrhunderts**, in: Zeitschrift für historische Forschung 9 (1982), S. 143–165.

Walter Rummel/Rita Voltmer, **Hexen und Hexenverfolgung in der Frühen Neuzeit**, Darmstadt 2. Auflage 2012.

Charles Zika, **The Appearance of Witchcraft**. Print and Visual Culture in Sixteenth-Century Europe, London u. a. 2009.

Zeitalter des Absolutismus – oder Barockzeitalter (1648 – 1789)

8

Überblick

Wie alle Epochenbezeichnungen ist auch der Titel dieses Kapitels in Frage zu stellen. Absolutismus – sieht man einmal von der rezenten Kritik an diesem Begriff ab – bezieht sich auf eine Form des politischen Systems, die sich in großen Teilen Europas durchsetzte. Aber mit diesem Begriff ist nicht die Geschichte des gesamten Kontinents zu charakterisieren, so nahm die britische Insel eine Sonderentwicklung.

Der **Begriff Absolutismus** ist vor allem in der älteren Geschichtsschreibung etwa des 19. Jahrhunderts sehr negativ besetzt, wird als Gegensatz zum vom Liberalismus verlangten und letztlich durchgesetzten konstitutionellen Staat gesehen. Eines der Charakteristika des Absolutismus war ja die fehlende Kontrolle des Herrschers im Sinne der von der Aufklärung entwickelten Gewaltenteilung. Der Herrscher machte die Gesetze (Legislative), führte sie durch (Exekutive) und bestimmte auch die Rechtsprechung (Judikative). Daher werden Wörter wie **DESPOTISMUS** oder **TYRANNEI** besonders häufig als Synonyme für Absolutismus verwendet.

DESPOTISMUS Uneingeschränkte Herrschaft eines Staatsoberhauptes.

TYRANNEI Herrschaft eines Tyrannen, also eines Herrschers, der keine Legitimität hat.

Eine andere Bezeichnung der Epoche, die in der neueren Einschätzung der Historikerinnen und Historiker, als Ersatz für den „Absolutismus“ dienen könnte, ist ebenso problematisch. Die Bezeichnung **Barockzeitalter** trifft auch nicht auf alle Gebiete Europas im gleichen Ausmaß zu. Der Begriff Barock ist dabei nicht rein kunsthistorisch zu verstehen, obwohl die Durchsetzung dieses Stils eng mit der Ausbreitung einer bestimmten Lebensform zusammenhängt. Barock als Epochenbegriff zielt auf bestimmte Verhaltensweisen, die sich in verschiedenen Bereichen der menschlichen Existenz finden lassen. Zunächst ist Barock stärker mit dem Katholizismus und speziell in Mitteleuropa mit der „siegreichen Kirche“ (*ecclesia triumphans*) verbunden, als mit der eher nüchternen Welt der Reformation. Neben der Kirche spielen auch die Höfe in dieser Zeit eine zentrale kulturelle Rolle, was natürlich wieder mit dem Phänomen des Absolutismus zusammenhängt. Diese hierarchisch strukturierten Gebilde des Hofes sind in der modernen Analyse der Gesellschaft und Politik der Zeit maßgeblich; zunächst marginal erscheinende Phänomene wie Feste, Mäzenatentum und Zeremoniell werden pars pro toto zu wichtigen Bereichen der Annäherung an die Epoche.

Der Schweizer Historiker Peter Hersche (geb. 1941) hat in seinem leider international viel zu wenig rezipierten Buch „Muße und Verschwendung" die barocke Kultur Europas auf breiter Basis untersucht und charakterisiert. Im Barock, das alle Schichten beeinflusst und sozial von Adel und Bauern getragen wird, während die Bürger weniger Einfluss haben, steht für ihn die Dominanz des Kulturell-Religiösen im Mittelpunkt, vorherrschend ist die Kirche. Damit ist die katholische Kirche gemeint, denn Barock im Vollsinn gibt es nur im katholischen Europa. Charakterisiert wird die Epoche, die er von 1600 bis 1750 ansetzt, durch Genuss und Daseinsfreude, Arbeit wird nur zur Befriedigung der unmittelbaren Lebensbedürfnisse verrichtet, Landwirtschaft und – ein oft hochstehendes – Handwerk dominieren wirtschaftlich. Neben dieser Muße im täglichen Leben ist auch die Verschwendung ein charakteristisches Kennzeichen der Epoche, was vor allem auf die Oberschichten zutrifft. Hersche sieht in der Barockzeit die letzte Epoche, in der der Süden kulturell vorherrschend ist, während dann seit der Aufklärung der protestantische Norden und sein Wertesystem die Herrschaft antritt. Barock im katholischen Europa, in dem die Menschen auch im 18. Jahrhundert noch fern der Aufklärung waren, ist eine Kultur der Nichtmodernisierung, die dann durch die protestantisch geprägte Modernisierung (politische Strukturen, Protoindustrialisierung, Rationalisierung, moderne Naturwissenschaften etc.) abgelöst wird.

8.1 | Der Absolutismus und seine Spielarten

Die Periode der konfessionellen Konflikte stand stark im Zeichen der ständischen Macht, was in der Konfessionalisierung des Reiches, in der sich die einzelnen Territorialherren gegen den Kaiser durchsetzten, deutlich wird. In vielen Territorien waren auch die Landstände im Laufe des späten Mittelalters mächtig geworden und die Reformation führte in manchen Gebieten – allen voran in der Habsburgermonarchie – dazu, dass die religiöse Differenz zwischen den Ständen (besonders dem Adel) und dem Herrscher zu einem bestimmenden Element der Politik wurde.

Die Stände hatten das Recht der Steuerbewilligung, was ihnen eine starke Position gegenüber dem Herrscher einräumte. Selbstverständlich sind europaweit gesehen die Verhältnisse sehr unterschiedlich, aber ganz allgemein gesehen waren die Stände stark und in einem Gleichgewicht mit dem Herrscher, in der Formel „Kaiser und Reich", die man auch auf die einzelnen Staaten herunterbrechen könnte, kommt zum Ausdruck, dass die Herrschaft nicht allein vom Kaiser, sondern gemeinsam mit den Ständen ausgeübt wird.

Tendenziell veränderte sich diese Situation im 17. Jahrhundert und traditionell spricht man nun – das politische System betreffend – vom Absolutismus. Allerdings ist dieser Begriff in der letzten Zeit stark diskutiert und hinterfragt worden. Vor allem die simplifizierte Vorstellung, die Generationen von Schülern in den Lehrbüchern vorfanden, dass der Herrscher ganz allein regierte und die volle Fülle der Macht hatte, muss selbstverständlich korrigiert werden.

Traditionell wird Absolutismus als eine Herrschaftsform definiert, in der der **Herrscher** aus seiner Machtvollkommenheit heraus **ohne Mitwirkung der Stände** regiert. Nach der Rechtsauffassung der Zeit sind die Herrscherrechte unteilbar, liegen ausschließlich beim Herrscher, der auch gegen den Willen des Volkes entscheiden kann. Er selbst unterliegt nicht dem Recht (*princeps legibus solutus*), wovon sich der Name Absolutismus ableitet.

Absolutismus ist das Resultat des schon im 16. Jahrhundert einsetzenden Verdichtungsprozesses staatlicher Herrschaft. Typische Elemente der absolutistischen Staatsform wären die Entstehung stehender Heere und der Ausbau des bürokratischen Apparats, der vor allem personell enorm anwuchs. Die Kontrolle der Wirtschaft im Rahmen der ökonomischen Theorie des Merkantilismus und ein verstärkter Einfluss auf die Kirche wären ebenfalls als Elemente der neuen Staatsform zu nennen.

Diese Verstärkung der Position des Herrschers, die vor allem immer wieder am „idealtypischen" Beispiel Ludwigs XIV. von Frankreich dargestellt wurde, kann aber vielfach relativiert werden, denn die Machtverteilung im Staat war viel komplizierter und auch die königliche Machtfülle des absolutistischen Herrschers unterlag Beschränkungen durch Institutionen des Staates. Wenn das selbst auf Frankeich unter Ludwig XIV. zutrifft, dann umso mehr auf andere Staaten Europas, besonders auf die Territorien des Reiches. Im Sinne der alten Definition des Absolutismus fehlten hier wesentliche Elemente und man könnte von einem „Protoabsolutismus" sprechen. Der habsburgische Kaiser konnte

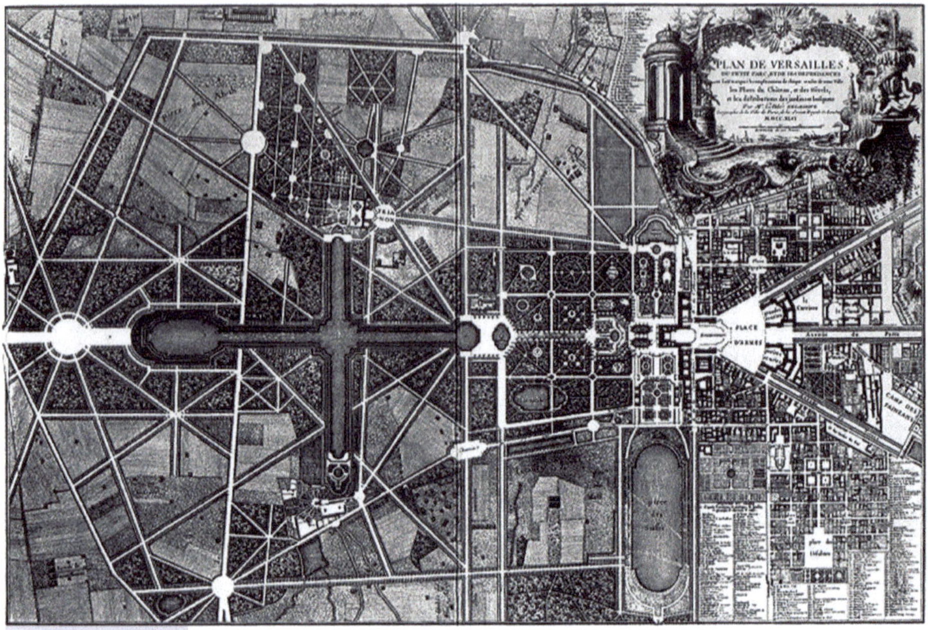

Abb. 32

Plan von Versailles von Jean Delagrive 1746

im Reich keineswegs absolutistisch regieren, ganz im Gegenteil, seine Macht wurde durch den Westfälischen Frieden und die darauf folgende Realpolitik zunehmend eingeschränkt, auch deshalb, weil die einzelnen Territorialstaaten des Reiches (wie Bayern, Sachsen, Pfalz oder Brandenburg) sich mit auswärtigen Mächten, vor allem Frankreich, gegen den Kaiser verbünden konnten. In seinen Erbländern, also Österreich und Böhmen (Ungarn war ja bis Ende des 17. Jahrhunderts und auch darüber hinaus ein Sonderfall), konnte sich der habsburgische Kaiser stärker durchsetzen, aber auch hier war der Einfluss der Kirche (der Absolutismus der Habsburger wird oft als konfessioneller Absolutismus bezeichnet) und auch der Landstände noch immer beträchtlich.

Eine weitere Ebene der Diskussion bildeten die Fragen, wie der Herrscher an Macht gewinnen konnte und welche Schichten der Bevölkerung an dieser Macht beteiligt waren. Dabei spielten in der Diskussion vor allem die Thesen von Norbert Elias eine große Rolle, dessen Anschauungen allerdings in letzter Zeit ebenfalls kritisch hinterfragt wurden. Die **höfische Gesellschaft**, deren Vorstellung **Norbert Elias** – wie nicht anders zu erwarten – am Beispiel Frankreichs entwickelte, trug und bestimmte das Herrschaftssystem der Epoche. Den Herrschern war es seit dem späten Mittelalter zunehmend gelungen, die Chancenmonopolisierung bei Hof durchzusetzen, das Privileg die Steuern einzuheben und das Gewaltmonopol waren Teil dieser Stärkung der herrscherlichen Position. Aber auch Rangerhöhungen – die Symbole der Macht wie Titel und Ehren waren konstitutiv für die Adeligen zur Absicherung ihrer Position bei Hofe – waren Instrumente der **DOMESTIZIERUNG** des Adels, der auch an den Hof gezogen wurde und dadurch die (widerständige) Macht in den Provinzen einbüßte. Bei Hofe musste dieser Adel um die Nähe zum Herrscher buhlen und dazu auch, um seine Konkurrenten auszustechen, einen verschwenderischen Wettkampf um Prestige (Feste, Bauten, Gärten etc.) führen, der die Eliten beschäftigte und von ihren möglichen politischen Ambitionen abhielt.

DOMESTIZIERUNG
Der Begriff, sonst für Wildtiere angewandt, wird in diesem Fall auf Menschen übertragen.

Haben viele Forscher diesem Ansatz von Elias zugestimmt, so wurde eine andere These von ihm, die mit der Entstehung des Absolutismus eng verknüpft ist, kritisiert. Elias meinte, etwas vereinfacht ausgedrückt, dass das Geschick des Herrschers, den alten Adel gegen das durch Bildung neu aufgestiegene Bürgertum auszuspielen, zu seiner Machtfülle geführt habe. Dem stellten andere, vor allem **Perry Anderson** (geb. 1938) Gegenentwürfe zur Seite, die ebenfalls verkürzt ausgedrückt, meinten, dass gerade die Integration des Adels in das Herrschaftssystem der wesentliche Faktor für die Entstehung des Absolutismus gewesen sei.

Elemente dieses idealtypischen Absolutismus finden sich in den meisten europäischen Staaten, allerdings in unterschiedlicher Form und Intensität. Zeitlich gesehen wurde dieser Absolutismus in vielen europäischen Staaten durch die Gedanken der Aufklärung modifiziert. Allerdings ist zu bedenken, dass damit das Herrschaftssystem in seinen Grundfesten gleich blieb, das Substantiv ist in der Bezeichnung **aufgeklärter Absolutismus** mindestens gleichwertig mit dem Adjektiv. Der Terminus aufgeklärter Absolutismus, der von dem deutschen Historiker **Wilhelm Roscher** (1817–1894) stammt, ist ebenfalls problematisch, weil auch der zweite Bestandteil der Bezeichnung, das Wort „aufgeklärt“ nicht einfach zu definieren ist.

Diese Spielart des Absolutismus, in dessen Zentrum der Begriff der Reform stand, war ebenfalls nicht in ganz Europa verbreitet, insbesondere Frankreich – wo die Aufklärung so starke Wurzeln hat – führte keine Reformen durch, was viele Historikerinnen und Historiker als Ursache für die Revolution von 1789 sahen. Besonders starke Einflüsse der Aufklärung auf den Regierungsstil sind in Preußen, in Russland und in der Habsburgermonarchie festzustellen. Auch dieser Begriff wird oft zu einer Epochen-Feinbezeichnung verwendet, und ist in seiner Konstruktion umstritten.

Sicherlich wichtig für die Veränderung des Lebens der Menschen war der Säkularisationsprozess im Sinne einer rationalistischen Entzauberung der Welt (Max Weber), der durch die Reformen gefördert, aber von der Bevölkerung nicht immer freudig aufgenommen wurde. Die Aufklä-

PARAMETER Kenngröße oder Kennzahl.

UTILITARISMUS Grundlage der Bewertung jeder Handlung ist in dieser Anschauung das Nützlichkeitsprinzip.

rung hat neben der philosophischen Bedeutung dieser Strömung auch die politischen Ideen der Menschen stark geprägt. Für den aufgeklärten Absolutismus waren aber nicht die Ideen der Menschenrechte und der Gewaltenteilung von zentraler Bedeutung, wenn auch Teile dieser Vorstellungen – etwa der Diskurs um die Folter oder die religiöse Toleranz – Bedeutung für den aufgeklärten Absolutismus hatten und geradezu als **PARAMETER** seiner Durchsetzung gesehen werden können.

Im Hintergrund des Einflusses auf den Staat ist natürlich auch die Entstehung der bürgerlichen Gesellschaft, die Leserevolution des 18. Jahrhunderts, der verstärkte Einfluss der Naturwissenschaften (→ vgl. Kap. 8.9) und die Ausbildung verschiedener gelehrter Sozietäten, Akademien, Rosenkreuzer und Freimaurerlogen zu sehen. Gerade die Logen, deren wachsender Einfluss mit der Gründung der ersten Großloge in London 1717 zusammenhängt, waren für die Verbreitung der Ideen der Aufklärung und für die Entstehung einer Trägerschicht der aufgeklärten Reformen wichtig.

In Preußen und der Habsburgermonarchie spielte die Reform des altertümlich strukturieren Staates die Hauptrolle, neben Forderungen der Aufklärung nach Bildung oder Toleranz standen vor allem Nützlichkeitserwägungen im Sinne des **UTILITARISMUS** und zentralistische Tendenzen in der Staatsverwaltung im Vordergrund. Man darf nicht übersehen, dass die Aufklärung nicht nur zur Freiheit, sondern auch zur Kontrolle der Untertanen erheblich beitrug. Der Begriff *Policey*, der schon seit dem Beginn der Neuzeit immer wieder auftaucht, bestimmte die Reformen der aufgeklärten Monarchen und erfuhr dabei eine Verengung im Sinne eines Einflusses des Staates auf seine Untertanen.

Auch nach der Französischen Revolution des Jahres 1789 war der Absolutismus nicht vorbei, in vielen Staaten wurde auch weiterhin absolut regiert oder neue Variationen des alten Themas durchgesetzt (Neo-Absolutismus).

Verbunden mit dem politischen System des Absolutismus ist wirtschaftlich betrachtet der **Merkantilismus**. Mit der Kameralistik (die deutsche Variante des Merkantilismus) geriet auch die Wirtschaft verstärkt unter die Kontrolle der Herrschenden. Der wichtigste Gesichtspunkt für den Herrscher war es, genügend Geld für seine Politik und sein Vergnügen zur Verfügung zu haben. Der Finanzminister Ludwigs XIV., Jean-Baptiste Colbert (1619 – 1683), entwickelte ein Wirtschaftssystem, das die Staatskasse des Sonnenkönigs füllen sollte. Der *Merkantilismus* (manchmal auch *Colbertismus* genannt) ging davon aus, dass man wie ein Kaufmann handeln sollte (daher der Name vom lat. *mercator* = Kaufmann). Der Staat sollte kostengünstig Rohstoffe einkaufen, diese mit Hilfe von billigen Arbeitskräften zu Luxuswaren und anderen hochwertigen Dingen verarbeiten und dann teuer verkaufen. Die hohen Gewinne sollten in die Staatskasse fließen und den Staat finanzieren.

Der Geldbedarf des absolutistischen Staates lag vor allem in der Diplomatie (der französische König zahlte vielen ausländischen Politikern „Pensionen", heute würde man von **LOBBYISMUS** sprechen), dem Heerwesen, da die Armeen ständig anwuchsen, und schließlich den verschwenderischen Repräsentationskosten.

LOBBYISMUS Form der Interessensvertretung in Politik und Gesellschaft durch Beeinflussung von Politikern.

Die Grundidee des Merkantilismus, die Vermehrung des Staatsschatzes, wurde durch eine Reihe von Maßnahmen umgesetzt: Ausländische Waren (außer Rohstoffe) wurden hoch besteuert, Rohstoffe (vor allem aus den Kolonien) sollten billig eingeführt werden; die Errichtung von Manufakturen wurde gefördert; um die Löhne der Arbeiter niedrig zu halten, wurden die Preise der Lebensmittel geregelt; für den Transport der Waren wurden Straßen und Kanäle ausgebaut und der Export von teuren Waren ins Ausland wurde intensiv betrieben.

Das System funktionierte eine Zeit lang gut, doch als auch andere Staaten ähnlich wirtschafteten, kam es bald zu einem Ende dieser erfolgreichen Wirtschaftspolitik. Leidtragende waren die ärmeren Schichten der Bevölkerung: die Arbeiter in den Manufakturen, die unter schlimmen Bedingungen arbeiteten und die Bauern, die durch die Regelung der Lebensmittelpreise litten.

Schon im 16. Jahrhundert hatte die Wirtschaft im Frühkapitalismus eine Form der Massenproduktion entwickelt, die vom traditionellen Handwerk abwich. Im **Verlagssystem** wurden große Mengen an Gütern (vor allem bei Textilien) produziert. Das mittelalterliche und frühneuzeitliche Handwerk, das vor allem in den Städten angesiedelt war, erzeugte Waren in erster Linie auf Bestellung. Der Kunde kam zum Handwerker und bestellte ein bestimmtes Produkt, z.B. Schuhe in einer bestimmten Größe, Farbe und Form. Der Handwerker fertigte diese Schuhe als Einzelstück, gewissermaßen wie ein kleines „Kunstwerk" an. In der Zeit der **Protoindustrialisierung** veränderte sich diese Produktionsweise in Richtung einer Massenanfertigung von Waren, dabei nahm man viele Formen der industriellen Produktion vorweg, nur die Maschinen fehlten. Manufakturen (lat. *manu facere* = mit der Hand erzeugen) sind wie Fabriken Orte, in denen Arbeiter gemeinsam an einem Produkt arbeiten. Das passiert nicht wie im handwerklichen Betrieb, indem ein Handwerker einen Gegenstand von Anfang bis Ende erzeugt, sondern im so genannten *arbeitsteiligen Prozess*. Die Herstellung einer Sache wird in kleine Schritte zerlegt, die jeder ungelernte Arbeiter einfach lernen kann. Erst am Ende entsteht ein fertiges Produkt, das viele Arbeiter gemeinsam hergestellt haben. Die Lage der Arbeiterinnen und Arbeiter in diesen Fabriken war schlecht, es gab lange Arbeitstage und geringen Lohn. Frauen und Kinder hatten schon davor in bäuerlichen Betrieben oder Handwerkshaushalten gearbeitet, doch jetzt fiel ihre Arbeit öffentlich auf. Das hängt mit der Trennung von Arbeits- und Wohnstätte zusammen. Bauern und Handwerker haben im gleichen Haus gelebt und gearbeitet. Die Arbeiterinnen und Arbeiter der Fabriken hingegen verließen jetzt ihre Wohnung und begaben sich auf den oft weiten Weg in die Manufaktur oder Fabrik. Damit ist eine große Veränderung des Lebensstils und des Lebensgefühls (Trennung von Arbeits- und Privatwelt) verbunden.

Die Ideen des Merkantilismus wurden nicht nur vom Staat, sondern auch von vielen Adeligen bereitwillig aufgenommen. Die Steigerung der Einnahmen war auch für die Adeligen erstrebenswert, denn ihre Anwesenheit bei Hof, der Prunk und Aufwand, den sie dort betreiben mussten, um zu repräsentieren, war kostspielig.

So gingen viele adelige Grundherren zur **Eigenwirtschaft** über. Sie gaben Felder nicht mehr an untertänige Bauern aus, sondern bewirtschaften sie „selbst“. In Wirklichkeit machten sie natürlich keine der schweren Arbeiten, sondern steigerten die Dienstleistungen (*Robot, Frondienst*) der Bauern immer mehr, was die Lage der Bauern weiter verschlechterte. Daneben gingen die Grundherren zu sehr arbeitsintensiven Produktionen über, deren Arbeitskräfte ebenfalls die untertänigen Bauern waren. Dazu gehörte z.B. der Anbau von Hopfen, dessen Ernte sehr langwierig war oder die Anlage von Fischteichen, deren Abfischen ebenfalls viele Arbeitskräfte erforderte.

Zusätzlich begannen viele Adelige mit der Anlage von Manufakturen: Bierbrauereien, Glas-, Porzellan- oder Textilfabriken. Die Rohstoffe dazu kamen dabei wieder von untertänigen Bauern, z.B. Hopfen und Gerste (für Malz) zum Bierbrauen oder Wolle und Hanf für die Erzeugung von Stoffen.

In der Zeit der Aufklärung wurde der Merkantilismus als führende Wirtschaftstheorie vom **Physiokratismus** (griechisch für *Herrschaft der Natur*) abgelöst, dessen führender Vertreter François Quesnay (1694–1774) war. Quesnays zentrale These sagte aus, dass die Landwirtschaft die einzige Quelle der Wertschöpfung und damit des Reichtums der Nation sei. Die im Merkantilismus so stark betonte gewerbliche Produktion formt hingegen dieser Auffassung nach die Produkte der Primärproduktion nur um.

Aufgaben zum Selbsttest

- Charakterisieren und problematisieren Sie die Epochenbegriffe Absolutismus, Barock, aufgeklärter Absolutismus.
- Wie funktionierte das Wirtschaftssystem des Merkantilismus?

Literatur

Perry Anderson, **Die Entstehung des absolutistischen Staates**, Frankfurt am Main 1979.
Fritz Blaich, **Die Epoche des Merkantilismus**, Wiesbaden 1973.
Markus Cerman (Hg.), **Proto-Industrialisierung in Europa**. Industrielle Produktion vor dem Fabrikzeitalter (Beiträge zur historischen Sozialkunde Beiheft 5), Wien 1994.
Cesare Cuttica/Glenn Burgess (Hg.) **Monarchism and Absolutism in Early Modern Europe** (Political and Popular Culture in the Early Modern Period 4), London 2012.
Heinz Duchhardt, **Barock und Aufklärung** (Oldenbourg Grundriss der Geschichte 11), Berlin 5. Auflage 2015.
Norbert Elias, **Die höfische Gesellschaft**. Untersuchungen zur Soziologie des Königtums und der höfischen Aristokratie, Frankfurt am Main 9. Auflage 1999.
Dagmar Freist, **Absolutismus**, Darmstadt 2008.
Nicholas Henshall, **The Myth of Absolutism**. Change and Continuity in Early Modern European Monarchy, London 1992.
Peter Hersche, **Muße und Verschwendung**, Europäische Gesellschaft und Kultur im Barockzeitalter, 2 Bde., Freiburg im Breisgau-Wien u. a. 2006.
Peter Hersche, **Italien im Barockzeitalter 1600–1750**. Eine Sozial- und Kulturgeschichte, Wien u. a. 1999.
Rudolf Vierhaus, **Deutschland im Zeitalter des Absolutismus** (1648–1763) (Deutsche Geschichte 6), Göttingen 2. Auflage 1984.

Der englische Sonderweg | 8.2

Schon der erste Stuartkönig Jakob I. (→ vgl. Kap. 7.12.3) war stark von absolutistischen Ideen beeinflusst und kam daher in **Konflikt mit dem Parlament**. Dieser Kampf verstärkte sich unter seinem Sohn Karl I. (1600–1649), in dessen Regierungszeit das *long parliament* tagte, das von 1640 bis 1660 zusammen war und damit das Recht erstritt, nicht aufgelöst zu werden. Der Konflikt, in dem auch königliche Beamte auf Grund von Parlamentsbeschlüssen des Ober- und Unterhauses (**IMPEACHMENT**) angeklagt und hingerichtet wurden, hatte sowohl religiöse als auch wirtschaftlich Gründe und war auch eine Art von Generationenkonflikt. 1642 brach dann, als die Spannungen sich verstärkten, der Bürgerkrieg aus, in dem bald die Gegner des Königs (nach ihrer Frisur *Roundheads* genannt) gegenüber den Royalisten (*Cavaliers* genannt) tonangebend wurden. Die zentrale Rolle bei diesen Ereignissen hatte **Oliver Cromwell** (1599–1658), der Kommandant der Truppen des Parlaments (*New Model Army*), die puritanisch geprägt waren, inne. König Karl I. wurde gefangengenommen, flüchtete aber, was zu erneuten Kampfhandlungen führte. Die Parlamentstruppen siegten, „säuberten" das Parlament von ihren Gegnern und setzten sich auch konfessionell durch. Alle kirchlichen Instanzen oberhalb der Pfarren wurden aufgelöst und damit gelang es, das presbyterianische System zu etablie-

IMPEACHMENT ist ein spezielles Amtsenthebungsverfahren zunächst durch das englische Parlament.

ren. Dem König, der wieder gefangen genommen worden war, wurde der Prozess gemacht und er wurde 1649 hingerichtet. Seinem Sohn Karl II. (1630 – 1685) war allerdings die Flucht nach Frankreich gelungen.

Die Regierung lag nun im Wesentlichen in den Händen von Cromwell, der wichtige Weichenstellungen für die zukünftige Politik und Stellung Großbritanniens in die Wege leitete. Die Navigationsakte (*Navigation Act*) 1651 verbot allen nicht-britischen Schiffen die Einfuhr von Waren, womit auch Seekriege gegen die Niederlande begannen. Langfristig gesehen begründete das den Aufstieg der Briten zur wichtigsten Seemacht der Welt.

Das Parlament wurde von Cromwell 1653 aufgelöst, ihm folgte das *Parliament of Saints*, das von Puritanern und radikalen *Levellers*, die für „moderne" Werte (Demokratie, freie Gesellschaft, Gleichheit vor dem Gesetz, Religionsfreiheit) eintraten, gebildet wurde. Das Königtum endete und wurde durch eine **Republik unter einem *Lord Protecor*** (Cromwell auf Lebenszeit) abgelöst. Nach Cromwells Tod versuchte sein Sohn die Herrschaft zu übernehmen, doch ein neu konstituiertes Parlament berief Karl II. zurück auf den Thron, der eine strikte **Restaurationspolitik** betrieb und gegen die Puritaner vorging. Seine absolutistischen Tendenzen führten zwar zu Spannungen, aber der Konflikt brach erst aus, als sein Bruder, der Katholik Jakob II. (1633 – 1701), König werden sollte.

Im Kontext dieses Konflikts entwickelten sich Vorläufer der späteren politischen Parteien im Parlament, die *Tories* als Anhänger der Monarchie und der anglikanischen Staatskirche und die protestantisch presbyterianischen *Whigs*, die keinen katholischen König wollten und sich letztlich durchsetzten. In der **Glorreichen Revolution** (*Glorious Revolution*) wurde Jakob II. gestürzt und der Ehemann seiner protestantischen Tochter, der Statthalter der Niederlande Wilhelm III. von Oranien-Nassau (1650 – 1702) zum König ernannt. Der Preis für die Berufung war die *Bill of Rights*, die er 1689 unterzeichnen musste, durch die die britische Verfassungsentwicklung endgültig von der in Europa verbreiteten absolutistischen Form des politischen Systems abwich. Die Bill of Rights schuf eine konstitutionelle oder parlamentarische Monarchie, in der die Macht des Königs klar definiert und kontrolliert war. Das Parlament spielte eine zentrale Rolle in der Gesetzgebung (der König musste es fragen, wenn Gesetze beschlossen oder verändert wurden) und behielt vor allem das Recht der Steuerbewilligung. Das Verbot eines stehenden Heeres schwächte ebenfalls die Macht der Krone. Einige Bestimmungen sind zu Vorläufern moderner Menschenrechte geworden, wie etwa die Unabhängigkeit der Gerichte, die Bestimmung, dass niemand ohne richterlichen Befehl verhaftet werden durfte, oder die Freiheit der Rede.

Den Abschluss der dynastischen Wirren bildete 1701 der *Act of Settlement*, mit dem die Nachfolge in England an das Haus Hannover überging.

Aufgaben zum Selbsttest

- Wie kam es zustande, dass die Entwicklung des politischen Systems in Großbritannien ganz andere Wege ging als auf dem Kontinent?

Literatur

John Adamson (Hg.), **The English Civil War**. Politics, Religion and Conflict 1640–49, Basingstoke u.a. 2009.
Charles W. A. Prior/Glenn Burgess (Hg.), **England's Wars of Religion,** Revisited, Farnham u.a. 2011.
Hans-Christoph Schröder, **Englische Geschichte,** München 7. Auflage 2017.

Englischer und französischer Kolonialismus | 8.3

Während Spanien und Portugal ihre Kolonien schon im 16. Jahrhundert gegründet hatten, waren England und Frankreich etwas später eingestiegen. Beide Mächte standen in unterschiedlichen Teilen der Welt im Wettbewerb miteinander und bekämpften sich auf diesen Kontinenten, aber auch die Kriege in Europa geschahen vor dem Hintergrund der kolonialen Konkurrenz.

Die Hauptschauplätze des Konfliktes der beiden westeuropäischen Mächte waren im Zeitalter des Absolutismus Nordamerika und Indien. England versuchte im Gegensatz zu anderen europäischen Staaten schon früh in **Nordamerika** nicht nur Handelskolonien, die der Ausbeutung des Landes dienen sollten, zu gründen, sondern auch Siedlungskolonien. Während sie zu Beginn des 17. Jahrhunderts noch nicht sehr erfolgreich waren, begann in den 1620er Jahren eine vor allem religiös motivierte Siedlerbewegung in Richtung Nordamerika (→ vgl. Kap. 8.11). 1630 wurde dann eine ebenfalls puritanische Kolonie in Boston gegründet und die Siedler breiteten sich zunehmend an der Ostküste Amerikas aus. Heute noch bestehende amerikanische Bundesstaaten (Rhode Island, Maryland, Pennsylvania etc.) gehen auf diese Besiedelung zurück. 1681 etwa gründete der Quäker William Penn (1644–1718) eine Kolonie, die er als „heiliges Experiment" verstand und in der unter der Berufung auf persönliche Freiheit, Brüderlichkeit und Toleranz Siedler und die einheimische Bevölkerung zusammenleben sollten. Gerade das Beispiel Pennsylvania zeigt auch, dass viele der neuen Bewohner Amerikas nicht nur aus England kamen, sondern auch aus anderen Teilen Europas, besonders nach 1683 wurden dort auch viele deutsche Bauern angesiedelt.

Neben den religiösen Motiven war Amerika auch das Ziel für Menschen, die reich werden wollten, sie träumten den *amerikanischen Traum*, dessen Nachwirkungen noch lange anhielten. Den Ureinwohnern, den *Native Americans* (Indianer) wurde das Land weggenommen, sie selbst wurden durch Krankheiten und Gewalt dezimiert und fast gänzlich vernichtet. Das Vorgehen der Briten war besonders skrupellos gegenüber der Urbevölkerung, nicht nur Verträge verschafften ihnen Land, sondern auch militärische Unternehmungen. Tabak und Baumwolle, die im Süden mit Hilfe von schwarzen Sklaven produziert wurde, waren die Hauptexporte aus den Kolonien. Die Siedler, religiöse Gruppen, Bauern, Abenteurer, Missionare und Goldsucher kamen aus verschiedenen europäischen Ländern, anfangs aber vorwiegend aus England. Außer England konkurrierten ursprünglich auch andere europäische Staaten um die Besiedelung Nordamerikas, Schweden siedelten sich in Delaware an und die Niederländer kauften 1626 die Insel Manhattan und gründeten dort Nieuw Amsterdam, das 1644 von den Engländern annektiert und in New York umbenannt wurde. Auch die spanischen Besitzungen dehnten sich im Süden und Westen Nordamerikas aus, aber die wichtigste Konkurrenz zu den Briten waren die Franzosen, die allerdings nicht so sehr an Siedlungsland (*Farmer*), sondern vor allem am überaus profitablen Pelzhandel (*Trapper*) und an der Missionierung interessiert waren. Ähnlich wie England versuchte aber auch Frankreich Siedlungskolonien in der Neuen Welt zu schaffen. In der Mitte des 18. Jahrhunderts hatten sich die 13 britischen Kolonien (die später zu den USA werden sollten) sowie französisch und spanisch dominierte Gebiete in Nordamerika etabliert.

Eine wesentliche Entscheidung über die Kolonien in Nordamerika fiel im Siebenjährigen Krieg 1756 – 1763. Vom Premierminister von Großbritannien William Pitt dem Älteren (1708 – 1778) stammt der berühmte Satz, dass Kanada auf den Schlachtfeldern in Schlesien gewonnen werde. Während die Gebietsveränderungen in Europa gering waren, setzte sich Großbritannien in der Kolonialpolitik auf Kosten Frankreichs in Nordamerika und Indien durch. Der Krieg wurde allerdings nicht nur in Europa, sondern auch in Nordamerika geführt und begann dort schon 1754; in der britischen Geschichtsschreibung wird er als *French and Indian War* bezeichnet. Im Friedensschluss nach dem Siebenjährigen Krieg verlor Frankreich einen Teil von Louisiana an Spanien, einen anderen an Großbritannien, das sich auch Kanada einverleiben konnte.

Ganz anders war die Situation in **Indien**, das zu keiner Siedlungskolonie der Europäer wurde. Das am Beginn der Neuzeit reiche Land unter der Herrschaft muslimischer Mogule lebte vor allem vom Handel mit Gewürzen, Seide und Bauwollstoffen. Handelsgesellschaften unterschiedlicher europäischer Länder – alle voran die britische *East India Company* – mischten sich in diesen Handel ein und gründeten dazu Stützpunkte an der Küste.

In der zweiten Hälfte des 18. Jahrhunderts dehnten die Briten auf Kosten der Franzosen und Portugiesen ihren Einflussbereich aus: Nach der Schlacht von Plassey 1757, in der der letzte unabhängige Herrscher in Bengalen besiegt wurde, wuchs der britische Einfluss, sodass nach und nach der indische Subkontinent zur alleinigen Machtsphäre der Briten wurde. Millionen Inder starben im Zuge dieser Auseinandersetzungen. Die Zahl der Europäer blieb allerdings klein, sie kamen als Soldaten, Kaufleute oder Beamte. Die Ausbeutung Indiens war groß, man kaufte billig Rohstoffe ein, ruinierte durch hohe Steuern die einheimische Erzeugung von Textilien und verkaufte teuer die englischen Waren. England wurde durch diese Politik reich und zum *workshop of the world* (Werkstatt der Welt), während die Bevölkerung Indiens verarmte und das Land zum *Armenhaus der Welt* wurde.

Aufgaben zum Selbsttest

- Welche markanten Unterschiede gibt es zwischen der Kolonisierung Nordamerikas und Indiens?
- Welche Entscheidungen beeinflussten den Ausbau des britischen Kolonialgebietes?

Literatur

John Huxtable Elliott, **Empires of the Atlantic World.** Britain and Spain in America 1492–1830, New Haven, Conn. u. a. 2006.
David Eltis (Hg.), **Slavery in the Development of the Americas**, Cambridge 2004.
Gilles Havard/Cécile Vidal, **Histoire de l'Amérique française**, Paris 2003.
Wolfgang Reinhard, **Kleine Geschichte des Kolonialismus**, Stuttgart 2. Auflage 2018.
Louis H. Roper/B. van Ruymbeke (Hg.), **Constructing Early Modern Empires.** Proprietary Ventures in the Atlantic World, 1500–1750 (The Atlantic World 11), Leiden u. a. 2007.
Alan Taylor, **American Colonies.** The Settling of North America, New York u. a. 2002.
John C. Weaver, **The Great Land Rush and the Making of the Modern World**, 1650–1900, Montréal u. a. 2003.

Die Zeit der Kabinettskriege | 8.4

Das 17. und 18. Jahrhundert sind durch eine hohe Intensität an Kriegen charakterisiert. Montesquieu (Charles-Louis de Secondat, Baron de Montesquieu, 1689–1755) hat 1748 trefflich festgestellt: „Der Geist der Monarchie ist Krieg und Vergrößerung". In der Frühen Neuzeit wurden in Europa über 50 größere Kriege geführt, die Zahl der Friedensjahre war gering, für die Habsburgermonarchie etwa nur 29 Prozent der Jahre im 17. Jahrhundert und 38 Prozent im 18. Jahrhundert.

Auch die Heeresstärken wuchsen ständig an, besonders nach dem Dreißigjährigen Krieg wurde ein Höhepunkt erreicht. Zu den steigenden Steuerleistungen für die Bezahlung der Söldnertruppen kamen auch andere Probleme für die Zivilbevölkerung, die zunehmend zu Opfern der Soldateska wurden; Plünderungen und Wegnahme von Lebensmitteln, Gewalt und Brutalität, Folter und Vergewaltigung der Bevölkerung waren an der Tagesordnung.

Die Gründe für diese Kriege waren mannigfaltig, aber sie dienten meist der Expansion einer Monarchie auf Kosten der anderen, waren Erbfolgekriege oder hatten konfessionelle Streitigkeiten als Hintergrund.

Die Kriege standen lange Zeit im Zentrum des Geschichtsbildes und schon die Schulkinder mussten die Siege des jeweiligen Vaterlandes lernen, die Niederlagen wurden meist weniger beachtet. Die moderne Militärgeschichtsforschung ist über diese einfache Form der Betrachtung der Vergangenheit lange hinweggegangen, wenn auch einzelne konservative Gruppen immer noch die alte Militärgeschichte hochhalten.

In diesem Kapitel werden die wichtigsten Kriege des späten 17. und 18. Jahrhunderts charakterisiert, europäische Bündnissituationen, Ursachen und Anlässe der Kriege, Resultate und Friedensschlüsse werden kurz umrissen. Die wichtigsten Schlachten und Ereignisse werden nur in Tabellenform wiedergegeben.

Die Konflikte mit dem Osmanischen Reich

Kämpfe mit dem Osmanischen Reich standen im Gegensatz zu den Kriegen zwischen christlichen europäischen Staaten unter einem stark ideologischen Gesichtspunkt. Man kämpfte nicht nur um Territorien und Einflussbereiche, sondern auch gegen den „Erbfeind der Christenheit", gegen „Ungläubige", gegen die Anhänger der nicht-christlichen Religion des Islam. Dabei kamen alte Kreuzzugsideen immer wieder auf, führten aber nie zu einer gemeinsamen Aktion der europäischen christlichen Staaten gegen die Osmanen. Da das Osmanische Reich mit seinem stehenden Heer fast ständig Krieg führte, der sich einmal gegen die Russen, dann wieder gegen die Polen oder die Habsburger oder aber auch gegen Persien richtete, waren die jeweils nicht betroffenen Staaten froh, diesmal nicht angegriffen zu werden. So kamen praktisch niemals Bündnisse zustande, die Einigkeit im Kampf gegen die Osmanen erkennen lassen.

Schon seit 1526 waren die Habsburger in einer ständigen Auseinandersetzung mit dem Osmanischen Reich entlang einer Grenze, die von der heutigen Slowakei bis an die Adria reichte (→ vgl. Abb. 4). 1606 kam es zu einem Friedensschluss, der relativ lange anhielt und durch das diplomatische Geschick der Habsburger auch während des Dreißigjährigen Krieges Bestand hatte.

Die Machtverhältnisse der beiden großen Monarchien änderten sich in dieser Zeit. Während das Osmanische Reich stagnierte, entwickelte sich das Habsburgerreich zu einem mächtigen Gebilde. Das Osmanische Reich war neuerungsfeindlich, es entstanden keine innovativen wirtschaftlichen Strukturen (wie in Europa in der Protoindustrialisierung) und das alte System der Devçirme-Klasse wurde ebenso wie das Feudalsystem durch die Erblichkeit der Positionen – diese war ab 1600 durch das weitgehende Erlöschen der Knabenlese notwendig geworden – ausgehöhlt. Zudem waren die Sultane, wie es oft heißt, „in den Freuden des Harems" erschlafft, jedenfalls keineswegs sehr tatkräftig. Die Habsburgermonarchie hatte hingegen durch Zentralisierung der Herrschaft einen besseren Zugriff auf die Ressourcen gewonnen, vor allem durch die Protoindustrialisierung ihre wirtschaftliche Produktivität gesteigert und war seit dem Ende des Dreißigjährigen Krieges mit einem stehenden Heer besser für den Kampf gerüstet.

In den 1660er Jahren kam es in dem im Niedergang befindlichen Osmanischen Reich zu einer Periode der Reformen, die nach der Familie Köprülü, die zwei aufeinanderfolgende Großwesire stellte, benannt wird. Das zeigt deutlich, dass die eigentliche Macht im Staate nicht mehr der Sultan, sondern der Großwesir innehatte.

Durch diese kurzzeitige Stärkung des Osmanischen Reichs wurde der Staat auch außenpolitisch aktiv, was sich 1664 in einem erneuten Krieg äußerte. Trotz militärischer Erfolge auf habsburgischer Seite schloss der Kaiser einen unvorteilhaften Frieden, um sich den Rücken frei zu halten im Kampf gegen Frankreich – was zu einem der Aufstände des Adels in Ungarn führte.

Damit werden zwei Grundsätze der Politik der Habsburger sichtbar: einerseits die Furcht vor dem Zweifrontenkrieg mit den beiden „Erbfeinden", den Franzosen und den Osmanen, und andererseits die entscheidende Tatsache, dass der Kampf gegen die Osmanen und Franzosen sehr häufig von Aufständen des ungarischen Adels begleitet war. Das war schon im langen Türkenkrieg Rudolfs II. mit Stefan Bocskay der Fall und sollte vor allem die Kriege des Zeitalters des Absolutismus begleiten. Die dilettantisch angelegte Magnatenverschwörung endete mit einigen Todesurteilen gegen bekannte und bedeutende ungarische Adelige.

Im Osmanischen Reich folgte der Schwiegersohn eines der beiden Wesire aus der Familie Köprülü, Kara Mustafa (1634/35–1683) als Großwesir. Er plante etwas, was dem größten Sultan des Reiches, Süleyman, nicht gelungen war, die Eroberung der „Stadt des Goldenen Apfels", der kaiserlichen Residenzstadt Wien. Vielleicht stand im Hintergrund die Überlegung, nach einem solchen spektakulären Erfolg den Sultan ab-

Info

Widerstand gegen die habsburgische Herrschaft in Ungarn

KURUZEN Ursprüngliche Bezeichnung für die Kreuzzugsteilnehmer, die 1514 den Bauernkrieg führten, später dann für die antihabsburgischen Aufständischen im 17. und beginnenden 18. Jahrhundert.

▶ Die Doppelwahl von 1527 führte in einen Bürgerkrieg zwischen Johann Szapolyai und dem Habsburger Ferdinand I., die Konflikte zwischen dem Kaiser und den Fürsten von Siebenbürgen hielten auch nach dem Tod Szapolyais an.
Während des langen Türkenkrieges Rudolfs II. kam es zum Bocskay Aufstand, der mit dem Frieden von Wien 1606 endete.
Als Reaktion auf den „Schandfrieden" von Eisenburg 1664 entstand die *Magnatenverschwörung*, an deren Ende Peter Zrinyi (1621–1671), Franz Christoph Frangepan (1643–1671) und der steirische Adelige Hans Erasmus von Tattenbach (1631–1671) hingerichtet wurden.
Der Widerstand wurde fortgesetzt von Emmerich Thököly (1657–1705), der als Führer der **KURUZEN** tätig war, und sich auch an der Belagerung Wiens beteiligte.
Der Aufstand von Franz II. Rákóczi (1676–1735), auch Kuruzenkrieg genannt, von 1703 bis 1711 war der letzte Kampf des antihabsburgischen ungarischen Adels in der Barockzeit und endete mit dem Frieden von Sathmar.

setzen zu können und eine eigene Dynastie zu begründen. 1683 stand ein riesiges Heer – in dem nicht nur Muslime, sondern auch viele Angehörige der christlichen Balkanvölker kämpften – vor Wien, das belagert wurde. Dieses Mal war allerdings eine *Heilige Liga*, die Papst Innozenz XI. Odescalchi (1611–1689) initiiert hatte, entstanden, in der mehrere italienische Staaten, die Hilfsgelder zahlten, Venedig, Polen und der Kaiser vereinigt waren. Der polnische König Jan III. Sobieski (1629–1696) hatte schon vor seiner Wahl zum König gegen die Osmanen gekämpft und beteiligte sich vielleicht aus ähnlichen Gründen wie Kara Mustafa an diesem Bündnis. Polen war ja eine Wahlmonarchie und Sobieski könnte die Umwandlung in eine Erbmonarchie angestrebt haben. Er befehligte als Ranghöchster – Kaiser Leopold I. (1640–1705) hatte Wien verlassen und war nach Passau geflüchtet – die Schlacht auf dem Kahlenberg, deren militärische Planung von Karl V. von Lothringen (1643–1690) stammte. Die Kampfhandlungen endeten mit einem Sieg über das Osmanische Heer. Kara Mustafa floh nach Belgrad, wo er im Auftrag des Sultans umgebracht, bzw. hingerichtet wurde. Kaiser Leopold I. reagierte nun ganz anders als 1664, denn er setzte trotz des Krieges mit Frankreich den Kampf im Osten fort. In einem **langen Krieg bis 1699** wurde Schritt für Schritt das osmanische Ungarn erobert, besonders die Einnahme der alten Hauptstadt Budapest brachte großes Prestige und führte dazu, dass die ungarischen Stände das Erbrecht der Habsburger in Ungarn im Mannesstamm anerkannten.

In der letzten Phase des Krieges griff Prinz Eugen (1663–1736), der davor gegen Frankreich gekämpft hatte, in den Kampf ein und seine

Siege führten unmittelbar zum Friedensschluss 1699, in dem die Habsburger den größten Teil des alten Ungarn, das sie seit 1526 beanspruchten, gewinnen konnten. Die Dreiteilung des Landes war beendet, sowohl der osmanische Teil, als auch Siebenbürgen kamen unter die Herrschaft Kaiser Leopolds I. Venedig erhielt die Halbinsel Morea (Peloponnes) und Polen bekam das 1672 verlorene Podolien und noch weitere Teile der Ukraine zugesprochen.

Info

Prinz Eugen von Savoyen (1663–1736)

▶ Das Mitglied einer herrschenden Familie war auch ein Großneffe des französischen Kardinals Mazarin (1602–1661) und sollte zunächst eine geistliche Laufbahn einschlagen. 1683 kam er nach Wien und stieg in den Feldzügen in Ungarn und in Italien rasch in der militärischen Hierarchie auf. Er führte die Endphase des Türkenkrieges vor 1699, den Spanischen Erbfolgekrieg, den ersten Türkenkrieg Karls VI. und den polnischen Thronfolgekrieg. Er war Statthalter der Niederlande und ein wichtiger Ratgeber dreier Kaiser. Kuturell bedeutsam sind seine Bautätigkeit (Stadtpalais und Belvedere in Wien etc.), seine Sammlungen (vor allem der reichen Bibliothek) sowie sein Ausdruck naturwissenschaftlichen Interesses (Menagerie, Glashaus).

Sowohl 1683 als auch 1699 werden als **Wendepunkte der Geschichte des Balkans und der Auseinandersetzung mit dem Osmanischen Reich** gewertet. Die Habsburger waren aus einer langen Defensive 1683 in eine Offensive im Südosten übergegangen und der Friede von Karlowitz war der erste, zu dem der Sultan durch eine nicht-islamische Macht gezwungen wurde und markierte nun endgültig den Abstieg des Großreiches, der sich allerdings schon länger angekündigt hatte.

Nachdem die Habsburgermonarchie ab 1700 mit der spanischen Erbfolgefrage beschäftigt war (→ vgl. Kap. 8.4) blieb die Front gegen die Osmanen zunächst ruhig. Nach kleineren Erfolgen und Siegen gegen Russland versuchte das Osmanische Reich eine Revision des Friedens von Karlowitz und griff die venezianischen Territorien in Griechenland an. Die Habsburgermonarchie mischte sich in den Kampf ein, und Prinz Eugen siegte in kurzer Zeit. Vor allem seine Eroberung von Belgrad – ein strategisches Meisterstück – blieb in der Erinnerungskultur dominant und brachte diese strategisch wichtige Stadt mit der Festung Kalemegdan in die Hand der Habsburger. Der Friedensschluss auf Grund des militärischen Besitzstandes führte nicht nur zur dauerhaften Erwerbung der letzten Teile des alten Ungarn (Banat), sondern auch zu Gebietsgewinnen in Nordserbien, die allerdings in einem weiteren Krieg gegen die Osmanen durch Kaiser Karl VI. (1685–1740) im Bündnis mit Russland – schon nach dem Tod des Prinzen Eugen – wieder verloren gingen.

Info

Kriege der Habsburger mit den Osmanen

- 1663/64 Nach langer Friedenszeit seit 1606 beginnt mit einem Konflikt in Siebenbürgen ein Krieg der Habsburger gegen die Osmanen
- 1664 in der Schlacht bei Mogersdorf/St.Gotthard siegt ein kaiserliches Heer erstmals gegen eine osmanische Hauptarmee unter dem Großwesir
- 1664 Der Kaiser schließt schnell den „Schandfrieden“ von Eisenburg
- 1671 Eine Verschwörung des ungarischen Hochadels („Magnatenverschwörung“) wird niedergeschlagen.
- 1672–1676 Polnisch-Osmanischer Krieg
- 1683 Zweite Belagerung Wiens durch die Osmanen – Entsatzschlacht auf dem Kahlenberg
- 1686 Eroberung der Festung Ofen (Teil von Budapest) durch die kaiserlichen Truppen
- 1687 Kaiserlicher Sieg bei Harsány (Zweite Schlacht bei Mohács)
- 1687 Der ungarische Landtag zu Preßburg garantiert den Habsburgern das Erbrecht im Mannesstamm
- 1697 Sieg des Prinzen Eugen bei Zenta
- 1699 Friede von Karlowitz
- 1716–18 Erster Türkenkrieg Kaiser Karls VI.
- 1716 Sieg des Prinzen Eugen bei Peterwardein
- 1717 Prinz Eugen erobert Belgrad
- 1718 Friede von Passarowitz
- 1737–39 Zweiter Türkenkrieg Kaiser Karls VI.
- 1739 Friede von Belgrad
- 1787–1791 Erfolgloser Türkenkrieg Josephs II.
- 1791 Der Friede von Sistowa beendet diesen Krieg

Dieser Krieg zeigte deutlich, dass die religiösen Motive nicht mehr entscheidend waren und machte auch schon deutlich, dass die eigentlichen Rivalen am Balkan die Habsburgermonarchie und Russland (die dieses Mal noch ein etwas problematisches Bündnis hatten) waren.

Noch weniger erfolgreich war dann ein Krieg gegen die Osmanen, den Joseph II. gemeinsam mit Russland führte, der auch das Ende des Kampfes mit den Osmanen von Seiten der Habsburgermonarchie bedeutete. Die nationalen Probleme am Balkan, die beide multinationale Imperien betrafen, führten sie auch politisch im 19. Jahrhundert enger zusammen.

Konflikte zwischen Frankreich und dem Reich

Ein anderer permanenter Konfliktherd auf diplomatischer und militärischer Ebene war das Verhältnis zu Frankreich, das mit dem Heiligen

Römischen Reich und speziell mit der Dynastie der Habsburger einige Streitpunkte hatte. Bezogen auf das Reich ging es vorrangig um die Grenzen zwischen den beiden Staaten, die vor allem in der Zeit des Sonnenkönigs Ludwig XIV. in Richtung Osten verschoben wurden. Eine andere Problematik, die seit der habsburgischen Erwerbung Burgunds im späten Mittelalter schwelte, war immer noch indirekt mit dem französischen Anspruch auf das alte Burgund, das jetzt die spanischen bzw. die freien Niederlande waren, verbunden. Daneben waren auch Lothringen und das Elsass Gebiete, die Frankreich an sich ziehen wollte. Bezeichnend ist die **Réunionspolitik** Ludwigs XIV., in der französische Gerichtshöfe feststellten, dass eine bestimmte Stadt oder Region eigentlich zu Frankreich gehörte und die französischen Truppen dann dieses Gebiet besetzten.

Viele kleinere Kriege wurden im Laufe des 17. Jahrhunderts geführt, aber der Gegensatz zwischen den habsburgischen Kaisern und den französischen Königen spielte auch in die großen Kriege der Zeit (z. B. spanische Erbfolge) hinein. Das Hauptproblem war, dass Ludwig XIV. die Hegemonie in Europa anstrebte, was die Habsburger zu verhindern suchten. Dieser Kampf hatte neben der diplomatisch-militärischen auch eine kulturelle Dimension, denn der französische Hof in Versailles war Vorbild und Maßstab für die anderen Herrscher Europas in Sachen Kultur und Repräsentation.

Info

Die Kriege zwischen Frankreich und dem Kaiser

- 1667 Die Armeen Ludwigs XIV. fallen in den spanischen Niederlanden ein
- 1670 Angriff Ludwigs XIV. auf Lothringen
- 1672 Krieg Frankreichs gegen die Niederlande
- 1673 Kaiser Leopold tritt in den Krieg gegen Frankreich ein
- 1678/79 Friede von Nijmegen
- 1679–83 Réunionspolitik Ludwigs XIV.
- 1681 Besetzung von Straßburg durch Ludwig XIV.
- 1688–97 Reichskrieg gegen Frankreich
- 1697 Friede von Rijswijk

Der Spanische Erbfolgekrieg

Eine der Auseinandersetzungen des beginnenden 18. Jahrhunderts hatte sich schon lange angekündigt. Der letzte spanische König aus dem Hause Habsburg Karl II. (1661–1700) war durch die ständigen Verwandtschaftsehen in der Casa de Austria schwer geschädigt und es war absehbar, dass er keinen männlichen Erben hinterlassen würde. Die Spekulationen über die Aufteilung des Erbes waren schon lange vor seinem Tod in Gange. Wieder ist der Konflikt zwischen Habsburgern und Bourbonen in einem größeren Kontext zu sehen. Beide Familien erhoben Anspruch auf das spanische (Allein)Erbe und ein Erfolg Frankreichs hätte die Hegemonie in der europäischen Politik bedeutet.

Sowohl die österreichischen Habsburger als auch die französischen Könige waren mannigfach mit den spanischen Habsburgern verschwägert. In der letzten Generation hatte Ludwig XIV. die ältere „Erbtochter" Marie Theresia (1638–1683) geheiratet, die allerdings – wie das üblich war – dabei auf ihre Erbansprüche auf Spanien verzichtet hatte. Kaiser Leopold I. hatte die jüngere Tochter des spanischen Königs Philipp IV. (1605–1665), Margarita Teresa (1651–1673), geehelicht, die allerdings nicht auf ihr Erbe verzichtete. Der Erbanspruch beider Familien war gegeben. Nachdem ein möglicher Kompromiss mit einem bayrischen Prinzen durch dessen frühen Tod scheiterte, war die Frage beim Tod Karls II. 1700 ungelöst. Der König hatte unter dem Einfluss seines franzosenfreundlichen Beichtvaters den Enkel Ludwigs XIV., Philipp von Anjou (später als Philipp V. König von Spanien, 1683–1746), zu seinem Nachfolger bestimmt. Leopold I. begann daraufhin – zunächst ohne Bündnispartner – den Spanischen Erbfolgekrieg. In einem Vertrag 1703 verzichtete Leopold auf sein spanisches Erbe zugunsten seines Sohnes Josef I. (1678–1711), der seinerseits zugunsten seines jüngeren Bruders Karl (später Kaiser Karl VI., 1685–1740) verzichtete. Zusätzlich wurde ein Geheimvertrag, das *Pactum mutuae successionis*, geschlossen, das die gegenseitige Erbberechtigung der beiden Linien festlegte. Damit sollten wieder zwei Linien der Habsburger entstehen, diesmal eine von Josef ausgehende ältere österreichische Linie und eine von Karl ausgehende jüngere spanische Linie.

Dieses Konzept, für das sich auch England als Bundesgenosse fand, das einen allzu großen Machtgewinn Frankreichs verhindern wollte, scheiterte allerdings am frühen und unerwarteten Tod Kaiser Josefs I. 1711, der keinen männlichen Erben hinterließ. So wäre eine Hegemonie des Habsburgers Karls VI., der Spanien, die überseeischen Besitzungen, das Königreich Neapel und Sizilien, die Niederlande und die Habsburgermonarchie in Mitteleuropa (Erbländer, Böhmen und Ungarn) beherrscht hätte, entstanden. Damit stieg England, das nicht nur die Hegemonie der Franzosen, sondern auch die der Habsburger nicht wollte, aus dem Krieg aus und Karl VI. musste Frieden schließen. Letztlich kam es damit zu einer Teilung des spanischen Erbes, Philipp von Anjou erhielt Spanien und die Überseekolonien, während Karl den Großteil der europäischen Besitzungen erhielt, die Niederlande, Neapel, Sardinien und Mailand. Sizilien ging an die Savoyer, England erwarb Gibraltar und Menorca sowie das Monopol für den Sklavenhandel in Lateinamerika (*Asiento de negros*). Außerdem gewann England in Nordamerika Neufund-

Info

Der Spanische Erbfolgekrieg

- 1700 Tod des letzten, da kinderlosen, spanischen Habsburgers König Karl II.
- 1701–14 Spanischer Erbfolgekrieg
- 1701 Siege der kaiserlichen Truppen bei Carpi und Chiara
- 1702 Eroberung von Landau durch kaiserliche Truppen, Franzosen und Spanier erobern Guastalla
- 1703 Erste Schlacht bei Höchstädt, Franzosen und Bayern besiegen Österreicher und Preußen
- 1704 Zweite Schlacht bei Höchstädt, Truppen des Reiches, Englands und Österreichs besiegen Frankreich und Bayern
- 1706 Prinz Eugen befreit Turin, das von den Franzosen belagert wurde
- 1708 Prinz Eugen siegt in den Niederlanden bei Oudenaarde
- 1709 Prinz Eugen siegt bei Malplaquet
- 1711 Friede von Satu Mare/Sathmar
- 1712 Friede von Utrecht
- 1713 Pragmatische Sanktion
- 1714 Friede von Rastatt

land (*Newfoundland*), Neuschottland (*Nova Scotia*) und Neubraunschweig (*New Brunswick*) von den Franzosen, da ja im Hintergrund auch der koloniale Konflikt mitschwang.

Karl VI. konnte sein Leben lang die Tatsache, dass er Spanien verloren hatte, nicht überwinden und führte den spanischen Königstitel als **ANSPRUCHSTITEL**, andererseits gelangten Teile des alten habsburgischen Titels (Erzherzog von Österreich, Herzog von Burgund etc.) in den bourbonisch-spanischen Königstitel und blieben dort bis ins 20. Jahrhundert bestehen.

ANSPRUCHSTITEL sind Titel, die man führte, ohne das betreffende Land zu besitzen, z. B. führten die Habsburger und spanischen Könige den Titel „König von Jerusalem". Dasselbe gibt es auch bei den Wappen (Anspruchswappen).

Der Große Nordische Krieg

Zeitgleich mit dem Spanischen Erbfolgekrieg verlief im Norden des europäischen Kontinents von 1700 bis 1721 ein Krieg um die Vorherrschaft im Ostseeraum. Seit dem Dreißigjährigen Krieg war Schweden die führende Macht im Norden. Im Jahre 1700 begann eine Allianz aus Russland, Polen (und Sachsen, das mit Polen in Personalunion verbunden war) und Dänemark-Norwegen einen Angriff auf Schweden, das von dem jungen und unerfahrenen König Karl XII. (1682–1718) regiert wurde. Überraschend blieb Karl XII. siegreich, Dänemark-Norwegen mussten schon 1700 Frieden schließen, Sachsen-Polen folgte 1706. Im Krieg gegen den letzten verbliebenen Gegner Russland erlitt Schweden in der Schlacht bei Poltawa eine vernichtende Niederlage, durch die die ehemaligen Gegner ermutigt wurden, den Kampf fortzusetzen. Schweden wurde in die Defensive gedrängt. Der König fiel 1718 in Norwegen, und die Friedensschlüsse von Stockholm, Frederiksborg und Nystadt markierten das Ende Schwedens als Großmacht und den Aufstieg Russlands unter Peter dem Großen (1672–1725) (→ vgl. S. 200).

Der Kampf um Positionen in Oberitalien

Nach dem Spanischen Erbfolgekrieg waren die Probleme zwischen den beiden Bewerbern um die Krone noch lange nicht gelöst. Der bourbonische König Philipp V. führte in Spanien das französische Verwaltungssystem ein, was ihm keine Sympathien brachte. Einer der wichtigsten Politiker war der italienische Kardinal Giulio Alberoni (1664–1752), der weite Teile Italiens an Spanien bringen wollte. Gemeinsam mit der zweiten Frau Philipps V., Elisabetta Farnese (1692–1766), wollte man Gebiete in Italien erwerben, was aber misslang, und Alberoni stürzte 1719. Elisabetta Farnese setzte es aber durch, dass ihr ältester Sohn 1731 für sich und seine Nachkommen das Herzogtum Parma und Piacenza erwarb, das 1735 im Frieden von Wien gegen Neapel und Sizilien getauscht wurde. Ein anderer Sohn der Elisabetta Farnese bekam nach erneuten Kämpfen 1748 im Frieden von Aachen nach dem österreichischen Erbfolgekrieg Parma und Piacenza. Damit wurden zwei Nebenlinien der spanischen Bourbonen (Bourbon-Sizilien und Bourbon-Parma) begründet, die lange Bestand hatten.

Der polnische Thronfolgekrieg

Vermengt war der internationale Konflikt in Italien, der zu unterschiedlichen kurzfristigen Bündnissen und auch zu wenig dauerhaften Friedensschlüssen und Ausgleichen führte, mit einem anderen Konflikt: der Frage der Thronfolge in Polen. Polen war ja – wie schon betont – keine Erb-, sondern eine Wahlmonarchie.

Als August der Starke (1660–1733), der Kurfürst von Sachsen und König von Polen war, 1733 starb, wollten die Habsburger und die Russen seinen Sohn Friedrich August II. (als August III. König von Polen, 1696–1763) zum nächsten König machen. Der französische König Ludwig XV. (1710–1774) setzte sich hingegen für seinen Schwiegervater Stanislaus Leszczyński (1677–1766) ein. In Folge der Streitigkeiten kam es zu Kämpfen zwischen den Parteigängern der beiden Kandidaten in Polen unter Einmischung der Großmächte, Leszczyński musste fliehen. Doch von Beginn an nahm der Konflikt eine internationale Dimension an: Frankreich erklärte der Habsburgermonarchie und Russland den Krieg, und Kämpfe am Rhein und in Italien begannen. Im Hintergrund stand noch ein anderes Problem, das Europa beschäftigte. Kaiser Karl VI. war der letzte lebende männliche Habsburger und hatte keinen Erben. 1713 war ein wichtiges Dokument entstanden, die *Pragmatische*

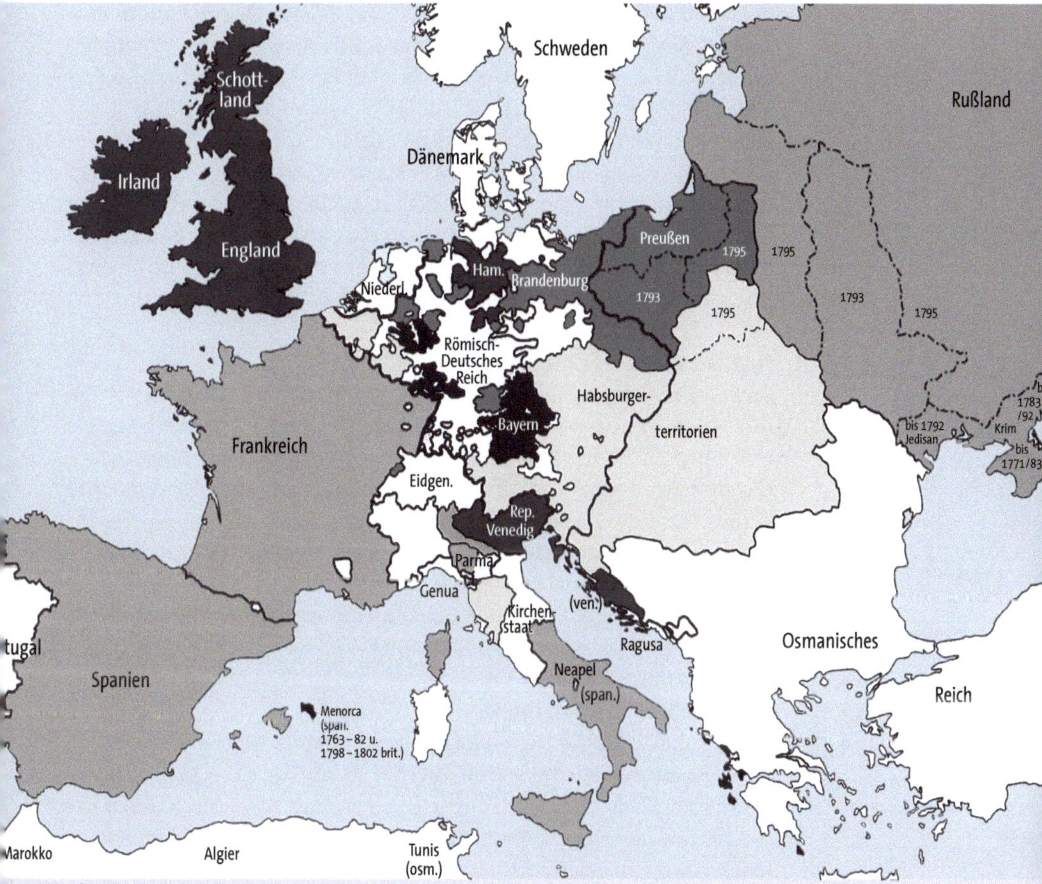

Abb. 33 *Europa vor 1789*

Sanktion. In dieser Urkunde erklärte Karl VI. – traumatisiert durch die Teilung des spanischen Erbes, die er hinnehmen musste – die von ihm regierten Länder als „unteilbar und untrennbar" und regelte die Erbfolge. Für den Fall eines männlichen Nachwuchses, den man noch erwartete, sollte klarerweise dieser Sohn erben, aber im Falle, dass er „nur" Töchter haben würde (was letztlich eintrat), sollten seine Töchter vor denen seines älteren Bruders Josef I. und denen seines Vaters Leopold I. erben. Damit wurde die übliche adelige Erbfolge, in der die ältere Linie bevorzugt wurde, umgedreht. Im Laufe des nächsten Jahrzehnts nahmen alle Länder der Monarchie die Pragmatische Sanktion an – zuletzt auch Ungarn – die damit zu einem ersten Staatsgrundgesetz wurde.

Immer klarer wurde im Laufe der Zeit, dass Maria Theresia, die älteste Tochter Karls VI. erben würde. Sie war mit Franz Stephan von Lothringen (ab 1745 Kaiser Franz I.) verlobt, was für Frankreich ein Problem darstellte. Im Wiener Präliminarfrieden 1735 wurde August III. als König von Polen bestätigt, der kinderlose Stanislaus Leszczyński bekam Lothringen, das nach seinem Tod an Frankreich fallen sollte, Franz Stephan musste darauf verzichten, bekam aber das Anrecht auf die Toskana, wo die Dynastie der Medici vor dem Aussterben stand. Neapel und Sizilien fielen an Spanien und Parma und Piacenza an Österreich. Im Wiener Frieden 1738 wurden diese Bestimmungen bestätigt.

Der Österreichische Erbfolgekrieg

Im Jahre 1740 trat ein Ereignis ein, auf das man in der europäischen Politik schon lange gewartet hatte: Mit dem Tod Karls VI. starb die Familie Habsburg im Mannesstamm aus. Um die Tradition dieser alten Dynastie aufrecht zu erhalten, führten die Nachkommen Maria Theresias und Franz I. Stephan den Namen Habsburg-Lothringen.

Karl VI. hatte versucht, im Laufe seiner Regierung die Pragmatische Sanktion von den großen Mächten Europas anerkennen zu lassen und dadurch manche politischen Möglichkeiten vorbeigehen lassen. Prinz Eugen hatte immer schon die Meinung vertreten, dass eine starke Armee das bessere Mittel zur problemlosen Nachfolge Maria Theresias in den habsburgischen Ländern sei.

Obwohl die Herrscher von Bayern und Sachsen, die jeweils mit Töchtern Josefs I. verheiratet waren, Ansprüche auf das Erbe Karls VI. stellten, wäre vielleicht eine friedliche Lösung möglich gewesen. Doch der Angriff des jungen preußischen Königs Friedrich II. auf Schlesien löste einen Kampf aus, der acht Jahre dauern sollte. Friedrich der Große beanspruchte große Teile des habsburgischen Schlesien auf Grund alter Verträge und marschierte in diesem protestantischen und weitgehend deutschsprachigen Gebiet ein.

Die weiteren Auseinandersetzungen bestehen aus zwei unterschiedlichen Ereignisketten, den beiden Schlesischen Kriegen zwischen Preußen und der Habsburgermonarchie und dem parallel dazu ablaufenden Österreichischen Erbfolgekrieg. In diesem stand Österreich, das mit Großbritannien und den Niederlanden verbündet war, einer Koalition aus Frankreich, Bayern und Spanien, der dann auch noch Preußen, Sachsen, Schweden, Neapel und die Kurfürsten von Pfalz und Köln beitraten, gegenüber. Zunächst drangen Bayern und Franzosen vor und besetzten Böhmen, Karl Albert von Bayern (1697–1745) wurde 1742 als Karl VII. zum Kaiser gewählt. Doch Maria Theresia konnte Böhmen zurückgewinnen und auch Bayern erobern, auch Siege in Italien gegen Spanien stärkten die Stellung der Habsburgermonarchie. Als auch Sardinien und Sachsen auf die Seite der Habsburgerin traten, musste Bayern im Frieden von Füssen 1745 Frieden schließen.

Die Erfolge Maria Theresias führten zum kurzen zweiten Schlesischen Krieg, der mit einer Bestätigung der Abtretung dieses Gebietes an Preußen endete. Der Krieg ging noch bis 1748 weiter – vor allem die kolonialen Konflikte zwischen Frankreich und England standen in den letzten Jahren im Vordergrund – und endete schließlich im Frieden von Aachen 1748.

Neben einer Rückgabe der Eroberungen änderte der Friedensschluss nicht viel, Maria Theresia musste auf Parma, Piacenza und Guastalla zugunsten einer bourbonischen Nebenlinie verzichten, und der preußische Besitz Schlesiens wurde wieder bestätigt. Kleinere Veränderungen in den Kolonien (Madras in Indien kam an die Briten) wurden ebenfalls festgelegt.

Info

Der Österreichische Erbfolgekrieg

- 1740 Tod Karls VI. Der Mannesstamm der Habsburger ist erloschen
- 1740–1742 Erster Schlesischer Krieg gegen Preußen
- 1740–1748 Österreichischer Erbfolgekrieg
- 1741 Gefecht bei Mollwitz, Sieg Preußens
- 1741 Schlacht bei Chotusitz, Sieg Preußens
- 1742 Frieden von Breslau, Verlust Schlesiens
- 1744–1745 Zweiter schlesischer Krieg
- 1745 Friede von Dresden, Verlust Schlesiens bestätigt
- 1745 Krönung Franz Stephans zum Kaiser unter dem Namen Franz I. in Frankfurt
- 1748 Friede von Aachen

Maria Theresia hegte eine tiefe Abneigung gegen Friedrich II., den sie als Monster bezeichnete, und konnte den Verlust der wirtschaftlich wertvollen Provinz Schlesien nicht verkraften. Die Feindschaft zwischen der Habsburgermonarchie und Preußen wurde zu einem Grundmotiv der europäischen Politik. Das andere seit langem bestehende Grundmuster war der Kampf zwischen Frankreich und England um die Kolonien, der dazu geführt hatte, dass die strikt katholischen Habsburger in ihrem Kampf gegen Frankreich mit einer „ketzerischen“ Macht, nämlich England zusammenarbeiteten.

Das änderte sich nach dem Österreichischen Erbfolgekrieg. Preußen näherte sich Großbritannien an, was die Habsburger in eine schwierige Lage brachte. Der neue Außenminister der Monarchie Wenzel Anton Graf Kaunitz (1711–1794) näherte die Politik der Habsburger daraufhin Frankeich an, und es entstand ein Wechsel der Bündnispartner, der mit

Info

Der preußisch-österreichische Gegensatz und das *renversement des alliances* vor dem Siebenjährigen Krieg

- 1756 Preußen schließt mit Großbritannien die Konvention von Westminster
- 1756 Französisch-österreichisches Defensivbündnis
- 1756–1763 Siebenjähriger Krieg
- 1756 Schlacht bei Lobositz, Sieg Preußens gegen Österreich
- 1757 Schlacht bei Kolin, Österreich besiegt Preußen und Stiftung des Maria-Theresien-Ordens
- 1757 Schlacht bei Groß-Jägersdorf, Russland besiegt Preußen
- 1757 Schlacht bei Roßbach, Preußen besiegt Frankreich und ein Reichsheer
- 1757 Schlacht bei Leuthen, Preußen besiegt Österreich
- 1758 Schlacht bei Hochkirch, Österreich besiegt Preußen
- 1759 Schlacht bei Kunersdorf, Österreich und Russland besiegen Preußen
- 1762 Preußische Siege bei Reichenbach und Freiberg
- 1763 Friede von Hubertusburg bestätigt Verlust Schlesiens (zu den kolonialen Veränderungen → vgl. S. 167)

der Bezeichnung ***renversement des alliances*** bezeichnet wird. Frankreich und die Habsburgermonarchie standen als Partner Preußen und Großbritannien gegenüber, was die neue Ausgangsituation des **Siebenjährigen Krieges** darstellte.

Die Polnischen Teilungen

Schon in anderen Entscheidungen der Kabinettskriege des 18. Jahrhunderts war über Länder (wie etwa die Toskana oder auch Lothringen) von den europäischen Großmächten entschieden worden, ohne die jeweilige Bevölkerung oder deren Repräsentanten einzubeziehen.

Eine besonders dramatische Politik wurde gegenüber Polen-Litauen betrieben. Der noch im 16. Jahrhundert ausgedehnte und mächtige Staat war nicht zuletzt durch die konsequente Durchsetzung des Prinzips der Königswahl zunehmend schwächer geworden. Dazu kam die geopolitisch ungünstige Lage zwischen Preußen im Westen und dem aufsteigenden russischen Reich im Osten.

Die Politik Polens wurde zunehmend von den Großmächten, vor allem von Russland beeinflusst und der Nordische Krieg sowie der polnische Thronfolgekrieg trugen ebenfalls zum Machtverfall bei. Selbst die Osmanen mischten sich im russisch-osmanischen Krieg 1768–1774 in die inneren Angelegenheiten Polens ein und versuchten die Ausdehnung der russischen Macht zu unterbinden.

1772 einigten sich Preußen und Russland auf die Erste Polnische Teilung, in der sie jeweils an ihr Land angrenzende Territorien gewannen. Die Habsburgerin Maria Theresia war zwar grundsätzlich gegen eine

Teilung Polens, beteiligte sich aber schließlich, um das Gleichgewicht der Kräfte zu wahren, und gewann Galizien-Lodomerien. Friedrich der Große spottete: „Sie weinte, doch sie nahm". In der Vermittlung des Friedens von Küçük Kaynarca zwischen dem Osmanischen Reich und Russland gewann die Habsburgermonarchie noch zusätzlich die Bukowina, die sie schon davor militärisch besetzt hatte.

In zwei weiteren Teilungen Polens in den Jahren 1793 und 1795 verschwand der Staat für 120 Jahre von der Landkarte Europas.

Aufgaben zum Selbsttest

- Beschreiben Sie die Gründe für die Kriege des 17. und 18. Jahrhunderts.
- Welche Hauptkonstellationen (Feindschaften) beeinflussten das Bündnissystem der Kriege in der Zeit des Absolutismus?
- Wie veränderte sich die Landkarte Europas?

Literatur

Guido Braun, **Von der politischen zur kulturellen Hegemonie Frankreichs 1648–1789** (Wissenschaftliche Buchgesellschaft Deutsch-Französische Geschichte 4), Darmstadt 2008.

Reed Browning, **The War of the Austrian Succession**, Phoenix Mill 1994.

Bertrand Michael Buchmann, **Österreich und das Osmanische Reich**. Eine bilaterale Geschichte, Wien 1999.

Heinz Duchhardt, **Das Zeitalter des Absolutismus** (Oldenbourg-Grundriss der Geschichte 11) München 3. Auflage 1998.

Ekkehard Eickhoff, **Venedig, Wien und die Osmanen**. Umbruch in Südosteuropa 1645–1700, Stuttgart 4. Auflage 2008.

Sven Externbrink (Hg.), **Der Siebenjährige Krieg (1756–1763)**. Ein europäischer Weltkrieg im Zeitalter der Aufklärung, Berlin 2011.

Marian Füssel, **Der Siebenjährige Krieg**. Ein Weltkrieg im 18. Jahrhundert, München 2010.

Erich Hassinger, **Brandenburg-Preußen, Schweden und Rußland 1700–1713** (Veröffentlichungen des Osteuropa-Institutes München 2), München 1953.

Walther Hubatsch, **Das Zeitalter des Absolutismus** 1600–1789 (Geschichte der Neuzeit 2), Braunschweig 4. Auflage 1975.

Friedhelm Berthold Kaiser (Hg.), **Die erste polnische Teilung 1772** (Studien zum Deutschtum im Osten 10), Köln 1974.

Stefan Smid, **Der Spanische Erbfolgekrieg**. Geschichte eines vergessenen Weltkriegs (1701–1714) Köln u. a. 2011.

Matthew Smith Anderson, **The War of the Austrian Succession, 1740–1748**, London u. a. 1995.

Rudolf Vierhaus, **Deutschland im Zeitalter des Absolutismus** (1648–1763) (Deutsche Geschichte 6), Göttingen 2. Auflage 1984.

Ernst Walter Zeeden, **Europa im Zeitalter des Absolutismus und der Aufklärung** (Studienbuch Geschichte 6), Stuttgart 1981.

8.5 | Österreich und Brandenburg-Preußen – Rivalen im Heiligen Römischen Reich und große Mächte Europas

Im Heiligen Römischen Reich, das sich im späten Mittelalter zu einem Verband von kleineren und größeren Territorialstaaten entwickelt hatte, waren die Habsburger, die von der Mitte des 15. Jahrhunderts bis 1740 in ununterbrochener Reihenfolge die Herrscher stellten, mächtig und tonangebend. Sie besaßen nicht nur innerhalb des Reiches, sondern mit Ungarn auch außerhalb desselben Territorien und die Habsburgermonarchie entwickelte sich spätestens um 1700 zu einer der großen Mächte Europas. Mehrere mittlere Staaten, wie Bayern, Sachsen oder Pfalz konnten zwar Bündnisse eingehen – mit oder auch gegen den Kaiser – waren aber politisch kein Gegengewicht zu den Habsburgern.

Das galt lange Zeit auch für das **Kurfürstentum Brandenburg**. Seit 1415 regierte dort die Familie Hohenzollern, östlich des Kurfürstentums entstand der Deutschordensstaat, der 1525 vom Hochmeister Albrecht von Brandenburg säkularisiert wurde. Am Beginn des 17. Jahrhunderts wurden von den brandenburgischen Herrschern auch Gebiete im Westen des Reiches (Cleve, Mark, Ravensburg, Ravenstein) erworben und schließlich konnte 1618 der außerhalb des Heiligen Römischen Reiches gelegene ehemalige preußische Ordensstaat mit Brandenburg vereinigt werden.

Der **Große Kurfürst Friedrich Wilhelm** (1620 – 1688) brach die Macht der Stände und baute einen gut organisierten Beamtenstaat mit einem funktionierenden System an Kontributionen, Grund- oder Kopfsteuern und indirekten Verbrauchssteuern (*Akzisen*) auf. Im Vertrag von Oliva 1660 zwischen Kaiser Leopold I., Friedrich Wilhelm, Karl XI. von Schweden (1655 – 1697) und Johann II. Kasimir von Polen-Litauen (1609 – 1672) wurde die Souveränität des hohenzollerschen Preußen endgültig bestätigt. Eine der Maßnahmen zur Steigerung der wirtschaftlichen Leistungen Brandburg-Preußens war die Aufnahme von ca. 20.000 Hugenotten, die durch Ludwig XIV. aus Frankreich vertrieben worden waren (→ vgl. S. 111), im Edikt von Potsdam 1685. Sie wurden vor allem in der Umgebung von Berlin angesiedelt und bauten hier eine frühe Textilindustrie auf.

1701 erfolgte eine Rangerhöhung, Kurfürst Friedrich III. (1657 – 1713) wurde 1701 als **Friedrich I. König in Preußen**. Unter dem **Soldatenkönig Friedrich Wilhelm I.** (1688 – 1740) führte ein drastischer Sparkurs zur Sanierung der Finanzen. Man setzte im Sinne der Ideen des Merkantilismus auf die Protoindustrialisierung und erhöhte auf diese Weise sowie durch die Neubesiedlung weiter Landstriche die wirtschaftlichen Leistungen Brandenburg-Preußens. Damit konnte Preußen die Führungsrolle in Norddeutschland gegenüber den Konkurrenten Hannover und Sachsen übernehmen. Die in Preußen durchgeführten Reformen des Schulwesens waren später als Vorbild für die Habsburgermonarchie richtungsweisend. 1717 wurde mit der Verordnung *Principia regulativa* die allgemeine Schulpflicht eingeführt, was später Friedrich der Große in seinem Generallandschulreglement 1763 bestätigte.

Friedrich Wilhelm I., der „Soldatenkönig", verdoppelte die Armee von 40 000 auf 80 000 Mann (auf 2,5 Mill. Einwohner), der Drill der Soldaten und die Etablierung der adeligen Offiziere als erster Stand im Staat machten Preußen zu einer führenden Militärmacht und legten auch den Grundstein für ein spezifisches „Preußenbild". Nach 1733 führte man das Kantonalsystem für die Heeresaufbringung ein, wodurch jeder Bezirk eine festgelegte Anzahl von Rekruten stellen musste. Die steigende Bedeutung des Heeres zeigt sich daran, dass im Jahr 1713 die Armee 2,3 Prozent der Bevölkerung umfasste und die Militärausgaben 43,9 Prozent der Staatsausgaben ausmachten, 1740 schon 3,8 Prozent der Bevölkerung unter Waffen standen und 75,5 Prozent der Staatsausgaben für die Armee aufgingen. 1732 wurden auch 15 000 – 20 000 protestantische Glaubensflüchtlinge aus Salzburg in Preußen aufgenommen, mit deren Hilfe man die Wirtschaftskraft des Landes weiter stärken konnte.

Obwohl damit die Entwicklung Preußens zu einer starken Macht im Reiche weitgehend vollzogen war, schien dieser Aufstieg für die Habsburger noch keineswegs gefährlich, denn die preußische Politik war – bei aller religiösen Verschiedenheit – weitgehend prohabsburgisch. Erst mit der Eroberung Schlesiens durch Preußen am Beginn des Österreichischen Erbfolgekrieges 1740 kam ein Faktor der europäischen Politik hinzu, der die Politik der Habsburgermonarchie des 18. und 19. Jahrhunderts entscheidend mitbestimmen sollte. Mit der Etablierung Preußens als einer der europäischen Großmächte entstand ein deutsches Gegengewicht zur habsburgischen Führungsposition im Reich. **Friedrich II.**, eben erst an die Regierung gekommen, nützte die Schwäche der habsburgischen Dynastie, die am 20. Oktober 1740 mit dem Tod Kaiser Karls VI. im Mannesstamme ausstarb, für einen spektakulären Streich. Zurückgreifend auf alte Verträge forderte er von Maria Theresia große Teile des wirtschaftlich starken, vorwiegend deutschsprachigen und protestantischen Schlesien. Der Zeitpunkt war auch in Anbetracht der europäischen politischen Großwetterlage günstig. Russland war in Kämpfe um die Thronfolge verwickelt, England, Frankreich und Spanien waren in Übersee kriegerisch gebunden, und die Gewitterwolken des österreichischen Erbfolgekrieges zogen sich am Horizont zusammen. Der Angriff auf Schlesien kam dennoch überraschend und verursachte einen nicht mehr zu heilenden Bruch zwischen Wien und Berlin, der sich politisch und emotional bis ins 20. Jahrhundert erhalten hat. Maria Theresia konnte Friedrich dem Großen diese Tat niemals verzeihen und hat ihn in der Folge gehasst und zutiefst verabscheut, sie nannte Friedrich II. einen „elenden König", „rechten Charlatan" und ein „Monstrum" und auch seine Untertanen kamen nicht gerade gut weg. Die habsburgische Herrscherin sprach von den Preußen als „Unmenschen" und „Barbaren". Natürlich kam dabei für die zwar als „aufgeklärte Monarchin" geltende Maria Theresia dazu, dass Friedrich in den Augen der frommen Katholikin ein Ketzer war, der außerdem dem gefährlichen Gedankengut der Aufklärung nahe stand.

Friedrich der Große, der älteste überlebende Sohn von insgesamt 14 Kindern des Königs Friedrich Wilhelm I., litt unter seinem überaus strengen, autoritären Vater, der keine Gelegenheit ausließ, seinen Sohn seelisch zu demütigen und körperlich zu bestrafen. Der Jüngling begeisterte sich für Literatur und Musik – Flötenunterricht musste er heimlich nehmen – und konnte sich mit dem militärischen Wesen seines Vaters sowie dem rauen Umgangston in dessen „Tabakskollegium" nicht anfreunden. 1729 entwarf er gemeinsam mit seinem acht Jahre älteren Freund Leutnant Hans Hermann von Katte (1704–1730) einen Fluchtplan nach Frankreich, der allerdings entdeckt wurde. Das Todesurteil gegen Katte, das sein Vater energisch forderte, wurde vor den Augen Friedrichs in Küstrin vollstreckt, er selbst entkam der Hinrichtung nur, nachdem sowohl Kaiser Karl VI. als auch Prinz Eugen für ihn interveniert hatten. Nach seiner Heirat mit Elisabeth Christine von Braunschweig-Bevern (1715–1797) wurde er Regimentschef in Ruppin und damit gewissermaßen rehabilitiert.

Seine Interessen waren vor allem schöngeistiger Art, schon 1738 komponierte er seine erste Sinfonie, traf Johann Sebastian Bach (1685–1750) und interessierte sich für Architektur, zu der er eigene Entwürfe beisteuerte. 1739 schrieb er den *Antimachiavell*, eine Auseinandersetzung mit diesem Klassiker der Staatslehre aus der Perspektive der Aufklärung, der er eng verbunden war. Friedrich korrespondierte mit Voltaire (1694–1778), traf ihn auch mehrfach, allerdings kam es 1753 zu einem Zerwürfnis der beiden. Auch später setzte sich der König mit Staatstheorie auseinander und legte seine Gedanken in seinem *Politischen Testament* (1752) und der Schrift *Regierungsformen und Herrscherpflichten* (1777) nieder. Am 31. Mai 1740 wurde Friedrich II. nach dem Tod seines Vaters König in Preußen (erst nach der polnischen Teilung ab 1772 nannte er sich König von Preußen). Seine Herrschaft im Inneren war stark vom aufgeklärten Gedankengut geprägt. Friedrich, der auch Freimaurer war, sah sich als „Erster Diener des Staates", er schuf schon am Beginn seiner Herrschaft zunächst inoffiziell die Folter ab und erfüllte damit eine der zentralen Forderungen der Aufklärung (→ vgl. Kap. 8.8). Der preußische König gewährte den christlichen Konfessionen Toleranz (mit der sprichwörtlich gewordenen Formulierung „Jeder soll nach seiner Façon selig werden"), war allerdings den Juden gegenüber weniger liberal, die er im *Revidierten General-Privileg* 1750 in sechs Klassen mit unterschiedlichem Niederlassungsrecht gliederte. Die Aufhebung der Zensur für den nichtpolitischen Teil der Zeitungen, der Neubau vieler Schulen oder die allgemeine Abschaffung oder Milderung der Leibeigenschaft waren Reformen im Geiste der Aufklärung.

Außenpolitisch positionierte er sich am 16. Dezember 1740 – der Tag, an dem er in Schlesien einmarschierte. Ein großer Teil seiner Regierungszeit war den militärischen Auseinandersetzungen mit der Habsburgermonarchie, an denen er unter großen Entbehrungen persönlich teilnahm, gewidmet. Nach dem *Ersten Schlesischen Krieg* (1740–1742) erfolgte ein weiteres Eingreifen in den durch seinen Überfall auf Schlesien ausgelösten Österreichischen Erbfolgekrieg im *Zweiten Schlesischen Krieg* (1744–1745). Zwar gab es auf beiden Seiten gewonnene und verlorene Schlachten, doch letztlich setzte der *Alte Fritz* sich durch, Schlesien blieb preußisch. Daran änderte auch der *Siebenjährige Krieg* (1756–1763) nichts. Fast wäre es am Ende dieses Krieges zu einer Katastrophe für Friedrichs Politik gekommen. Nach der vernichtenden Niederlage Preußens in der Schlacht von Kunersdorf rettete nur der unerwartete Tod der russischen Zarin Elisabeth (1709–1762) die Lage, denn ihr preußenfreundlicher Nachfolger Peter III. (1728–1762) kündigte das Bündnis mit der Habsburgermonarchie und schloss einen Separatfrieden mit dem Alten Fritz. Man sprach vom *Mirakel des Hauses Brandenburg*.

Die Kriege hatten wirtschaftlich und gesellschaftlich ihren Preis gefordert, doch begann unmittelbar nach dem Frieden von Hubertusburg 1763 der innere Wiederaufbau Preußens, das sogenannte *Retablissement*. Soldaten und Armeepferde wurden in der Landwirtschaft eingesetzt, die Trockenlegung von Sümpfen und der Straßen- und Kanalbau wurden vorangetrieben, die Inflation wurde beseitigt und die Protoindustrialisierung ausgebaut. Besonders der Kartoffelanbau lag Friedrich – ähnlich wie Joseph II. in der Habsburgermonarchie – sehr am Herzen und er dekretierte das Auspflanzen dieser Frucht.

In der *Ersten Polnischen Teilung* 1772 erweiterte der König von Preußen erneut das Staatsgebiet und im *Bayerischen Erbfolgekrieg* (1778–1779) wäre es fast nochmals zu einer großen Auseinandersetzung gekommen, die Maria Theresia allerdings durch einen schnellen Friedensschluss beendete.

Abb. 34

Allegorische Darstellung auf das Ende des Siebenjährigen Krieges

Sein Herrschaftssystem war bestimmt von der hohen Rolle des Militärs, was in Preußen Tradition war, vom absoluten Gehorsam der Untertanen und der besonderen Rolle der Beamten, die Friedrich auf vielen Inspektionsreisen kontrollierte. Sein Regierungsstil war bürokratisch, vieles erledigte er persönlich und versah die Schriftstücke, die über seinen Schreibtisch wanderten, mit entsprechenden Bemerkungen. Er starb 1786 im Schloss Sanssouci in seinem Sessel als gefürchteter Herrscher und als vereinsamter Mensch.

Löst man sich von der feindseligen österreichischen und der oft apologetischen borussischen Sicht Friedrichs, so bleiben sicherlich zwei Elemente von bedeutender Wirksamkeit. Einerseits hat er durch seine aufgeklärten Ideen Preußen in den inneren Strukturen verändert und modernisiert, andererseits ist es ihm gelungen, Preußen zu einer Großmacht in Europa werden zu lassen. Preußen war damit nicht nur der zweite mächtige Staat im Heiligen Römischen Reich, sondern stieg auch im gesamteuropäischen Kontext neben England, Frankreich, der Habsburgermonarchie und Russland zum gleichberechtigten Mitglied der **PENTARCHIE** auf, die Europas Politik des 18. und langen 19. Jahrhunderts dominierte.

PENTARCHIE Darunter versteht man die fünf (daher der Name) führenden Großmächte des 18. Jahrhunderts: England, Frankreich, die Habsburgermonarchie, Russland und Preußen.

Aufgaben zum Selbsttest

- Welche wirtschaftlichen, militärischen und politischen Maßnahmen trugen zum Aufstieg Preußens bei?

Literatur

Peter Baumgart (Hg.), **Erscheinungsformen des preussischen Absolutismus.** Verfassung und Verwaltung (Historische Texte Neuzeit 1), Germering 1966.
Peter-Michael Hahn, **Friedrich II. von Preußen. Autokrat und Selbstdarsteller**, Stuttgart 2012.
Johannes Kunisch, **Friedrich der Große.** München 2011.
Günther Lottes (Hg.) **Vom Kurfürstentum zum „Königreich der Landstriche".** Brandenburg-Preußen im Zeitalter von Absolutismus und Aufklärung (Aufklärung und Europa 10), Berlin 2004.
Ingrid Mittenzwei/Erika Herzfeld, **Brandenburg-Preußen 1648–1789.** Das Zeitalter des Absolutismus in Text und Bild, Köln 1987.
Gerhard Oestreich, **Friedrich Wilhelm I. Preußischer Absolutismus, Merkantilismus, Militarismus** (Persönlichkeit und Geschichte 96/97), Göttingen u.a. 1977.

Die Integration Russlands in die europäische Politik | 8.6

Schon im späten Mittelalter nach dem Fall von Byzanz wurden die ideologischen Grundlagen für den Machtanspruch Russlands gelegt, die unter Iwan IV. weiter verfolgt wurden. Durch die Zurückdrängung der Macht der Tataren besonders durch die Kosaken, die man systematisch einsetzte, war auch der Weg nach Osten, nach Sibirien geöffnet worden, dessen Ostzipfel 1648 erreicht wurde. Nach der Zeit der Wirren, die dem Tod Iwans IV. folgte, kamen die Romanows an die Macht. Man brauchte aber lange, um die Zeit der Wirren zu überwinden, erst mit Zar Alexei I. (1629–1676) kam es zu einer inneren Festigung Russlands, auf Kosten der Bauern, die unterdrückt wurden, ihre Abgaben wurden erhöht und die Leibeigenschaft festgeschrieben. In langen Kriegen konnte Alexei Litauen erwerben und übte auch die Herrschaft im **HETMANAT** Ukraine aus. Zwar gingen Teile der Gebiete verloren, aber Russland erwarb Smolensk und Kiew und stieß im Osten bis an die Grenzen Chinas vor.

HETMANAT Staatswesen im Gebiet der Ukraine, die unter der Führung eines Hetmans standen. Der Hetman war der zweithöchste Feldherr nach dem König in Polen und Litauen.

Ein gewichtiges Problem für die Entfaltung Russlands war, dass der Seeweg nach Westen, nach Europa und Amerika nur über den Hafen Archangelsk, der allerdings nur wenige Monate im Jahr eisfrei war, erfolgen konnte.

In der Folgezeit, die von Kriegen vor allem mit dem Osmanischen Reich geprägt war, kam es wieder zu Thronwirren, die schließlich zugunsten **Peters des Großen** (1672–1725) entschieden wurden, der seit

1689 an der Macht war. Peter, der ein großes Interesse an der Schifffahrt hatte, baute einerseits eine Flotte am Don, anderseits eroberte er 1696 die Festung Asow am Schwarzen Meer. 1697/98 begab er sich auf eine Reise nach Holland, wo er eine Zimmermannslehre bei einem Schiffsbauer absolvierte, und Deutschland. Er musste dann schnell wieder nach Russland zurückkehren, weil die Palastgarde der Strelitzen, die das erste stehende Heer in Russland bildeten, einen Aufstand durchführte, der von Peter blutig niedergeschlagen wurde.

Er war sehr westlich orientiert und schaffte es, das technologisch und gesellschaftlich rückständige Land, in dem in weiten Teilen noch mittelalterliche Verhältnisse herrschten, an den Westen heranzuführen. In seiner großen Auslandsreise, die ihn in zwei entwickelte Staaten Europas, die Niederlande und England geführt hatte, machte er sich mit den fortschrittlichen Technologien bekannt und wollte Russland modernisieren, nicht zuletzt, um mehr Geld einzunehmen und eine größere Armee aufzubauen. Um sein Ziel zu erreichen, brach er mit alten Traditionen. Die Armee wurde vor allem nach der katastrophalen Niederlage von Narva 1700 im Großen Nordischen Kriege unter westlichem Einfluss aufgebaut.

Peter schuf eine funktionierende Verwaltung mit einer neuen Gouvernement-Einteilung und mächtigen Zentralbehörden, ab 1703 baute er St. Petersburg an der Newa-Mündung und verlegte die Regierung von Moskau in seine neue Hauptstadt, die auch große wirtschaftliche Bedeutung durch den Handel mit Westeuropa gewann. Vor allem um die Armee entsprechend ausrüsten zu können, förderte Peter der Große die Anlage von Fabriken und Manufakturen. Zur Finanzierung des Staates führte er 1718 eine Kopfsteuer ein, die alle Männer des Landes bezahlen mussten. Peter der Große förderte auch die Aufklärung und die Wissenschaften im Lande, wobei auf diesem Gebiet ein starker Einfluss der Deutschen merkbar war; er gründete 1725 sogar eine Akademie der Wissenschaften. Wie bei vielen Reformern in der Zeit der Aufklärung fanden auch seine Maßnahmen nicht immer die Sympathie der Menschen, so musste er die Forderung, dass alle Männer sich den Vollbart abzurasieren haben, mittels einer Bartsteuer gewaltsam durchsetzen.

Peter der Große nahm den Titel *Imperator und Autokrat (Selbstherrscher) aller Russen* an und nannte sich im Zeremoniell *kaiserliche Majestät*, was eindeutig zeigt, dass er sich den anderen großen Mächten, insbesondere dem Kaiser des Reiches ebenbürtig fühlte. Nach seinem Tod wechselte die Macht im Staate zwischen verschiedenen Mitgliedern seiner Familie, die teils westlich und an Reformen orientiert waren, teils den Verwestlichungsprozess zu stoppen versuchten. Vor allem der Einfluss westlicher Berater verstärkte sich erheblich. 1740 kam schließlich eine uneheliche Tochter Peters des Großen, **Elisabeth Petrowna** (1709 – 1762) zur Herrschaft, die den Einfluss der Ausländer zurückdrängte und liberale Reformen (z.B. Abschaffung der Todesstrafe) durchführte. Sie förderte auch die Künste (z.B. Bau des Winterpalais in St. Petersburg) und Wissenschaften, so konnte der russische Universalgelehrte Michail Wassiljewitsch Lomonossow (1711 – 1756) die Moskauer Universität gründen. Außenpolitisch war Russland in dieser Zeit stets an der Seite der Habsburgermonarchie, auch als das Bündnis nach dem *renversement des alliances* gegen den wichtigsten Handelspartner Russlands, Großbritannien, gerichtet war. Nach einer kurzen Zwischenregierung ihres Mannes kam **Katharina die Große** (1729 – 1796) an die Macht, die eine Vertreterin des aufgeklärten Absolutismus war. Sie förderte Adel und Beamte, setzte aber viele Reformen durch und modernisierte das Land weiter. Man schuf Manufakturen, baute das Straßen- und Kanalnetz Russlands aus und intensivierte die landwirtschaftliche Produktion.

Info

Potjomkinsche Dorf

▶ Sprichwörtlich für diese Maßnahmen und auch die damit verbundenen Schwierigkeiten ist das Potjomkinsche Dorf (auch potemkinsches Dorf), eine Erfindung, die von Gegnern dieses wichtigen Beraters der Kaiserin ausgestreut wurde. Grigori Alexandrowitsch Potjomkin (1739 – 1791) war mit der Besiedelung der Krim beauftragt und als Katharina eine Reise dorthin unternahm, wurde das Gerücht verbreitet, dass er lediglich Dörfer aus bemalten Häuserfassaden aufgestellt habe, um seine erfolgreiche Arbeit zu zeigen.

Außenpolitisch verfolgte Katharina gemeinsam mit ihrem Berater und Günstling Potjomkin das Projekt der Aufteilung des Osmanischen Reiches, wobei Istanbul und die Meerengen an Russland fallen sollten. In diesem Zusammenhang begann sie auch gemeinsam mit Kaiser Joseph II. einen Krieg gegen die Osmanen, der allerdings nicht sehr erfolgreich war. Hingegen vermehrten die Polnischen Teilungen den russischen Besitzstand und rückten das Imperium näher an den Westen heran. Trotz ihrer aufklärerischen Gesinnung dehnte Katharina die Leibeigenschaft auf die Ukraine aus, was 1773 bis 1775 zu einem Aufstand der Bauern und Kosaken unter Jemeljan Iwanowitsch Pugatschow (ca.1742 – 1775) führte. In das verwüstete Land wurden deutsche Siedler geholt.

Aufgaben zum Selbsttest

- Welche Faktoren spielten beim Aufstieg Russlands die wesentliche Rolle?

Literatur

Erich Donnert, **Das russische Zarenreich**. Aufstieg und Untergang einer Weltmacht, München u.a. 1992.
Andreas Kappeler, **Russische Geschichte**, München 7. Auflage 2016.
Andreas Kappeler, **Russland als Vielvölkerreich**. Entstehung – Geschichte – Zerfall, (Beck'sche Reihe 1447) München 2. Auflage 2008.
Walther Mediger, **Moskaus Weg nach Europa**. Der Aufstieg Russlands zum europäischen Machtstaat im Zeitalter Friedrichs des Großen, Braunschweig 1952.
Hans-Heinrich Nolte, **Geschichte Russlands**. Mit zahlreichen Schaubildern und Tabellen, Stuttgart 3. Auflage 2012.
Hans-Heinrich Nolte, **Der Aufstieg Russlands zur europäischen Großmacht** (Quellen- und Arbeitshefte zur Geschichte und Politik 4299), Stuttgart 1981.
Günther Stökl/Manfred Alexander, **Russische Geschichte**. Von den Anfängen bis zur Gegenwart, Stuttgart 7. Auflage 2009.

8.7 | Die Kultur der Barockzeit – Frömmigkeit – repräsentative Verschwendung – bittere Armut

Die kulturelle Situation des 17. und 18. Jahrhunderts ist noch stark durch die Religion beeinflusst, erst am Ende des 18. Jahrhunderts macht sich – zumindest in der Oberschicht – das Gedankengut der Aufklärung bemerkbar. Die Frömmigkeit und der durch sie geprägte Lebensstil der Barockzeit waren natürlich je nach Konfession sehr unterschiedlich. Während das protestantische Europa von der Nüchternheit der Bibelexegese und der strengen Kirchenzucht geprägt war, entfaltete sich der **barocke Katholizismus** in prächtiger Farbigkeit. Zwar gab es im späten 17. und 18. Jahrhundert mit dem **PIETISMUS** bei den Reformierten und den Lutheranern eine Gegenströmung zur Orthodoxie, die sich auf die Glaubenspraxis des Einzelnen auswirkte, aber die zentralen Anliegen (Neuorientierung auf die Bibel) waren ähnlich.

PIETISMUS Eine Reformbewegung im Protestantismus, die sich auf die zentralen Anliegen der Bewegung besann und die Glaubenspraxis des Einzelnen stark beachtete.

Die gegenreformatorische katholische Kirche hingegen prägte das Leben der Menschen in viel weiter gesteckten Bereichen: Heiligenverehrung, Bilder- und Reliquienkult, Marienfrömmigkeit, prunkvolle Prozessionen und Wallfahrten gehörten ebenso zu diesem Lebensstil wie die ständige Konzentration auf Buße und Besserung. Die Orden der Gegenreformation und die vielen frommen Bruderschaften griffen tief ins Leben der Menschen in den katholischen Ländern (wie z. B. im romanischen Süden, in Bayern, Süddeutschland und Österreich, Böhmen und Polen) ein. In der Barockzeit erwies sich die Kirche auch als große Auftraggeberin der Kunst, die mit der Erneuerung und dem Neubau von Kirchen und Klöstern eine Welle der Bautätigkeit auslöste, die ihren Aus-

Abb. 35

Barockkloster im bayerischen Ettal

gangspunkt in Rom nahm und zunächst das katholische Europa, dann aber auch stilistisch den Rest des Kontinents erfasste. Dieser Kunststil, der der Epoche schließlich den Namen gab, stammt aus dem portugiesischen Wort *barocco* für unregelmäßig geformte Perlen, das zunächst in Frankreich abwertend für den neuen Stil verwendet wurde. Die frühe Phase der barocken Kunst beginnt um 1600, um 1720 geht dieser Stil in seine Spätphase (bis ca. 1770), die man auch als Rokoko bezeichnet.

Die bedeutendsten Auftraggeber für die Künstler der Barockzeit waren einerseits die (katholische) Kirche und anderseits die adeligen und dynastischen Familien, die ihre Repräsentation durch die barocke Kunst betrieben.

Die kirchlichen Bauten waren entweder „**Barockisierungen**" alter Kirchen und Klöster – wobei wertvolle Schätze der gotischen Kunst verlorengingen und zerstört wurden – oder völlige Neubauten, besonders in Bayern und Österreich, in denen eine Fülle solcher Bauwerke die Landschaft prägen. Von den unzähligen Bauten seien als Beispiele das Kloster Einsiedeln in der Schweiz, die bayrischen Klöster Neresheim, Ettal, Ottobeuren, Benediktbeuren oder Weltenburg, das Kloster Weingarten (Baden-Württemberg), die österreichischen Klöster in St. Florian, Melk, Göttweig und Klosterneuburg und die vielen barocken Wallfahrtskirchen wie Vierzehnheiligen, die Wieskirche, Maria Taferl oder Sonntagberg genannt. Ähnliche Listen ließen sich auch für die böhmischen Länder und Polen und natürlich für die romanischen Länder im Süden Europas erstellen.

Auch in den Städten wurden Domkirchen (z.B. Salzburg und Fulda) oder Kirchen von Orden (die vielen Jesuitenkirchen oder z.B. die Theatinerkirche in München oder die Karlskirche in Wien) im Barockstil neu erbaut. Im süddeutsch-österreichischen Raum stammte die erste Generation der Architekten, Maler, Stuckateure und Freskanten noch aus Italien (bzw. dem Tessin), dann kamen auch einheimische Künstler zum Zug. Oft entstanden ganze „Dynastien" an Künstlern, wie die Brüder Asam oder die Familie Dientzenhofer, die in Süddeutschland und Böhmen wirkten. Zu großer Berühmtheit brachten es Baumeister wie Balthasar Neumann (1687–1753), Matthäus Daniel Pöppelmann (1662–1736), Johann Bernhard Fischer von Erlach (1656–1723), sein Sohn Joseph Emanuel Fischer von Erlach (1693–1742) oder Lucas von Hildebrandt (1668–1745).

Nicht nur in der kirchlichen Kunst, auch im weltlichen Bereich – und dort noch augenfälliger – herrschte eine **Kultur der Verschwendung**. Allein die Bauwerke, die Dynastien und Adelige in Europa errichten ließen, verschlangen ungeheure Summen. Vorbild war dabei wie in vielem der französische Hof des Sonnenkönigs. Das **Schloss Versailles**, das die Residenzen in Paris ersetzen sollte, wurde ab 1661 von verschiedenen Architekten (am bekanntesten Louis Le Vau, 1612–1670, und Jules Hardouin-Mansart, 1646–1708) ausgebaut. Die Innenausstattung, darunter den berühmten Spiegelsaal, gestaltete Charles Lebrun (1619–1690) und den großzügigen Garten André Le Nôtre (1613–1700). Schloss- und Gartenanlagen in ganz Europa – vom Schloss der neapoletanischen Bourbonen in Caserta, über Karlsruhe, Würzburg, Mannheim, Schleißheim, den Dresdener Zwinger, Sanssouci in Potsdam, Schönbrunn in Wien (um nur einige Beispiele zu nennen) bis zum Peterhof, Schloss Katharinenburg oder die Eremitage in Russland – wetteiferten mit Versailles.

Auch der Adel hatte im Rahmen der höfischen Gesellschaft (→ vgl. S. 21) ein vermehrtes Repräsentationsbedürfnis, und jede Familie stand in Konkurrenz zu den anderen großen Geschlechtern, musste versuchen noch prächtiger zu bauen, noch großartigere Feste zu feiern. Auch der Bau dieser Adelsschlösser war ein wesentliches Aufgabengebiet der Künstler, denn neben den Dynastien und der Kirche waren auch adelige Familien potente Auftraggeber.

GESAMTKUNSTWERK
Ein Werk, an dem verschiedene Künste wie Architektur, Malerei, Musik und Dichtung beteiligt sind.

Die Kirchen und Schlösser der Barockzeit waren **GESAMTKUNSTWERKE**, an denen alle bildenden Künste beteiligt waren. Die Bildprogramme der Fresken und Gemälde, die ein solches Gebäude schmückten, waren reich an allegorischen und mythologischen Anspielungen und erzählten eine „Geschichte", die für die Gebildeten der Oberschicht lesbar war.

Auch die anderen bildenden Künste wie die Plastik und die Malerei der Barockzeit hatten ihren Beginn in Italien, besonders in Rom, verbreiteten sich aber mit einiger Verzögerung in ganz Europa. So war etwa der Bildhauer Gian Lorenzo Bernini (1598–1680) das Vorbild für viele europäische Künstler. Im deutschsprachigen Bereich wären als große Gestalten Balthasar Permoser (1651–1732), der in Dresden, aber auch für den Prinzen Eugen in Wien arbeitete, oder der Österreicher Georg Raphael Donner (1693–1741) zu nennen. In der Malerei war ebenfalls zunächst Italien führend und manche bedeutende Maler wie Giovanni Battista Tiepolo (1696–1770) arbeiteten auch in Deutschland. Daneben waren Spanien, wo Diego Velázquez (1599–1660) und Bartolomé Esteban Murillo (1618–1682) wirkten, oder die spanischen Niederlande und die Generalstaaten, wo Peter Paul Rubens (1577–1640), Rembrandt (1606–1669) und Vermeer (1632–1675) bekannte Werke schufen, Zentren der barocken Malerei.

Die bildenden Künste spielten im Mäzenatentum der Höfe eine zentrale Rolle und hinterließen viele Werke, die heute noch einen Eindruck der barocken Kultur der Eliten vermitteln. Bei den Gebäuden wie (katholischen) Kirchen und Schlössern ist zu bedenken, dass die Strukturen, die wir heute sehen, nur die Kulisse des Schauspiels der Macht und des Überflusses darstellen. Die großen kirchlichen und dynastisch-adeligen Feste mit Theater und Musik, mit Gästen und Akteuren in prachtvollen Gewändern und Accessoires, mit köstlichen Speisen und Getränken gehören ebenfalls zu diesem Phänomen der repräsentativen Verschwendung, das für die barocken Oberschichten charakteristisch war. Auch im bürgerlichen und sogar im bäuerlichen Bereich setzten sich barocke Formen in einem bescheidenen Ausmaß durch. In einem diametralen Gegensatz zur höfischen und adeligen Verschwendung steht die unbeschreibliche **Armut** großer Teile der Bevölkerung. Nicht nur viele Bauern, sondern auch die untere Schicht der städtischen Bevölkerung (Gesellen, Lehrjungen und Lohnarbeiter in der Protoindustrialisierung, Taglöhner) lebten mehr schlecht als recht und besonders dramatisch war die Lage der Bettler, deren Zahl seit dem späten 17. Jahrhundert stetig anstieg und im 18. Jahrhundert den Höhepunkt erreichte.

Die Folgen der Kriege, insbesondere des Dreißigjährigen Krieges, sowohl für die Soldaten, die verroht und häufig genug als „Krüppel“ zurückkehrten, als auch für die Zivilbevölkerung, die von ihren Bauernhöfen fliehen musste, vermehrten das Problem der Armut und die Zahl der Armen, die auf ein Fünftel der Bevölkerung geschätzt wird. Hinzu kamen häufige Hungerkrisen, Seuchen und gleichzeitig eine Zunahme der Bevölkerung. Zudem kam es zu einer Neubewertung von Armut. Waren arme Menschen im Mittelalter noch ein wesentlicher Teil des gesellschaftlichen Systems, der im christlichen Sinne durch Almosen unterstützt wurde, so erfuhren sie in der Neuzeit eine Abwertung, man unterstellte ihnen mangelnden Arbeitseifer, und der absolutistische Staat erzeugte ihnen gegenüber ein Klima der Unbarmherzigkeit, indem er das Armutsproblem nicht durch Mildtätigkeit zu lösen versuchte, sondern durch eine zunehmende Institutionalisierung und Didaktisierung. **Bettler** wurden in Arbeitshäuser (→ vgl. S. 67) eingewiesen, wo sie durch Tätigkeiten wie Weben, Spinnen und Stricken, aber auch durch Beten und Prügel zu „nützlichen Mitgliedern der Gesellschaft" erzogen werden sollten. Eine weitere Verschlechterung brachte dann das Heimatprinzip, das im 18. Jahrhundert im Heiligen Römischen Reich festgelegt wurde – das Schlimmste war es nun „arm und fremd" zu sein.

Das 18. Jahrhundert wurde als „Jahrhundert der Bettler und Gauner" (Gerhard Uhlhorn) bezeichnet, da die Versuche des Staates, die Menschen zu kontrollieren das Phänomen der „Fahrenden" (Pilger, Heilkünstler, Zahnzieher, Possenreißer, Gaukler, Schauspieler und Taschenzieher) ins Zentrum rückte. Verschickungen in unwirtliche Gegenden oder die gewaltsame Rückführung in den Geburtsort waren Folgen dieses Kampfes gegen die unkontrollierbare Armut und Mobilität.

Sieht man die großen Höhepunkte der barocken Kultur, muss man sich immer bewusst machen, dass daneben auch dieses große Elend bestand und einen wesentlichen Teil der damaligen Lebenswelt ausmachte.

Fast ausschließlich mit der Elitenkultur in Zusammenhang stand die **Literatur**, viele der Dichter und Literaten hatten eine enge Beziehungen zum Hofe, etwa in Spanien oder Frankreich. In manchen Ländern entstanden Werke, die heute noch zum Kanon der Bildung gehören. Ihre Schöpfer waren u. a. Miguel de Cervantes, Lope de Vega und Pedro Calderón de la Barca (→ vgl. S. 147) in Spanien, oder Pierre Corneille (1606 – 1684), Jean Racine (1639 – 1699) und Molière (1622 – 1673) in Frankreich. Im deutschen Sprachraum hat die barocke Literatur keinen so großen Stellenwert für die Gegenwart, einzig Johann Jakob Christoffel von Grimmelshausens (1622 – 1676) *Simplicius Simplicissimus*, der ein erschreckendes Bild des Dreißigjährigen Krieges zeichnet, wird noch gelesen. Die Werke von Herzog Anton Ulrich von Braunschweig-Wolfenbüttel (1633 – 1714), Daniel Caspar von Lohenstein (1635 – 1683) oder des wichtigen Erneuerers der deutschen Sprache und Dichtkunst, Martin Opitz (1597 – 1639), werden ebenso nur von wenigen Liebhabern gelesen, wie die Gedichte einer der ersten Frauen in der Literatur der Neuzeit, Catharina Regina von Greiffenberg (1633 – 1694).

Ganz anders ist es in der **Musik**, wo Künstler und Komponisten aus Italien, vor allem Claudio Monteverdi (1567 – 1643) ist zu nennen, an den Höfen Europas bis ins 18. Jahrhundert vorrangig engagiert waren. Zu Ruhm brachten es aber auch die französischen Komponisten Jean-Baptiste Lully (1632 – 1687) und Jean-Philippe Rameau (1683 – 1764) oder der Engländer Henry Purcell (1659 – 1695). Am Habsburgerhof in Wien erreichte die italienische Oper im späten 17. Jahrhundert schließlich ihren Höhepunkt. Nicht nur Musiker wie etwa Antonio Cesti (1623–1669) oder Antonio Draghi (1634–1700) komponierten am kaiserlichen Hof, sondern auch die Habsburger Kaiser Ferdinand III. (1608–1657), Leopold I., Joseph I. und Karl VI. schrieben eigene Werke.

Die Musik spielte auch im Rahmen der Kirche als Ausschmückung des Gottesdienstes eine große Rolle. Dies gilt für beide Konfessionen, nicht nur die feierlichen Messen der Katholiken, sondern auch die protestantische Kirchenmusik war für die Liturgie wichtig. Noch heute ist die Musik deutscher Komponisten der Barockzeit wie Johann Sebastian Bach (1685–1750), Dietrich Buxtehude (1637–1707), Georg Friedrich Händel (1685–1759) oder Georg Philipp Telemann (1681–1767) sehr beliebt.

Im 18. Jahrhundert machten sich Ansätze der Wiener Klassik bemerkbar. Wesentlich war dabei die Mannheimer Schule, die von 1743 bis 1778 existierte und deren Gründer der Tscheche Johann Anton Wenzel Stamitz war (1717–1757). Ein weiterer einflussreicher Vorklassiker war Christoph Willibald Ritter von Gluck (1714–1787), der sich in Wien ansiedelte und hier die Wiener Klassik beeinflusste. Noch im 18. Jahrhundert waren mit Joseph Haydn (1732–1809), der als Kapellmeister der ungarischen Fürsten Esterházy wirkte und dem aus Salzburg stammenden Wolfgang Amadé Mozart (1756–1791) zwei der großen Meister der Klassik tätig. Der dritte große Meister Ludwig van Beethoven (1770–1827) begann seine Karriere erst nach der Französischen Revolution.

Aufgaben zum Selbsttest

- Wer waren die wichtigsten Auftraggeber der barocken Kunst?
- Beschreiben Sie die Polarisierung der Gesellschaft zwischen einer verschwenderisch lebenden Oberschicht und der weit verbreiteten Armut der Unterschichten.

Literatur

Wilhelm Abel, **Massenarmut und Hungerkrisen im vorindustriellen Europa.** Versuch einer Synopsis, Hamburg u. a. 1974.

Beate Althammer (Hg.), **Bettler in der europäischen Stadt der Moderne.** Zwischen Barmherzigkeit, Repression und Sozialreform, Frankfurt am Main u. a. 2007.

Günter Brucher, **Barockarchitektur in Österreich**, Köln 1983.

Pierre Chaunu, **Europäische Kultur im Zeitalter des Barock**, Frankfurt am Main 1989.

Thomas DaCosta Kaufmann, **Höfe, Klöster und Städte.** Kunst und Kultur in Mitteleuropa 1450–1800, Köln 1998.

Wolfram Fischer, **Armut in der Geschichte.** Erscheinungsformen und Lösungsversuche der „sozialen Frage“ in Europa seit dem Mittelalter, Göttingen 1982.

Peter Hersche, **Italien im Barockzeitalter** 1600–1750. Eine Sozial- und Kulturgeschichte, Wien u. a. 1999.

Literatur

Daniel Hess (Hg.), **Renaissance – Barock – Aufklärung**. Kunst und Kultur vom 16. bis zum 18. Jahrhundert (Die Schausammlungen des Germanischen Nationalmuseums 3), Nürnberg 2010.
Christoph Sachße, **Bettler, Gauner und Proleten**. Armut und Armenfürsorge in der deutschen Geschichte. Ein Bild-Lesebuch. Frankfurt am Main 1998.
Peter Schicketanz, **Der Pietismus von 1675 bis 1800** (Kirchengeschichte in Einzeldarstellungen 3, Neuzeit 1), Berlin 2001.
Werner Telesko, **Einführung in die Ikonographie der barocken Kunst**, Köln-Weimar-Wien 2005.

8.8 | Rationalismus und Aufklärung – Wurzeln moderner Staatsauffassungen und der Menschenrechte

Die Entwicklung des modernen Denkens und der modernen Gesellschaft begann nicht erst mit der Aufklärung, sondern hat ihre Wurzeln in der Ideenwelt der Renaissance, des Humanismus und der Reformation, die man manchmal auch als ersten Rationalisierungsschub in Europa bezeichnete. In der zweiten Hälfte des 17. und vor allem im 18. Jahrhundert verstärkte sich die Dynamik des gesellschaftlichen Wandels vor allem im Westen Europas, das auch wirtschaftlich und gesellschaftlich fortschrittlicher war als Mittel- oder Osteuropa. Die Kategorie der „Vernunft" trat in der philosophischen Diskussion in den Mittelpunkt.

NATURRECHT Nach der Auffassung der Anhänger des Naturrechts gibt es ein Recht, das dem „positiven Recht" (geltende Rechtssatzungen) übergeordnet ist.

DEDUKTION Die Schlussfolgerung vom Allgemeinen auf das Besondere und die Ableitung logischer Konsequenzen aus gegebenen Voraussetzungen bezeichnet man als Deduktion.

Die Diskurse der Theologie und die Konzentration auf die Heilslehre standen auch in der Frühen Neuzeit im Mittelpunkt des Interesses, erst Francis Bacon (1561 – 1626) hat im Sinne des **Rationalismus** eine Hinwendung zur technischen Beherrschung der Natur an Stelle der müßigen Spekulationen der Theologie vorgeschlagen. Die Vernunft wurde in allen Bereichen als Grundlage gesehen, welche Moral und **NATURRECHT** erkennen lässt. Diese rationalistische Philosophie ging dabei vom Prinzip der **DEDUKTION** aus. Noch vor der Aufklärung wirkten der Naturrechtsphilosoph Samuel von Pufendorf (1632 – 1694), der als Wegbereiter der aufgeklärten Staatstheorie gelten kann oder der niederländische Rechtsgelehrte Hugo Grotius (1583 – 1645), der als Vater des Völkerrechts bezeichnet wird. Noch weiter ging Thomas Hobbes in seinem *Leviathan* 1651, einem Meilenstein der Aufklärung. Hobbes beschreibt – nicht zuletzt aus dem Erlebnis der Wirren der englischen Revolution heraus – den Kampf der Menschen gegeneinander im „Naturzustand" und den Krieg aller gegen alle, in dem die Menschen nicht mehr den Gesetzen eines zivilisierten Zusammenlebens unterworfen sind. Als Folge entwi-

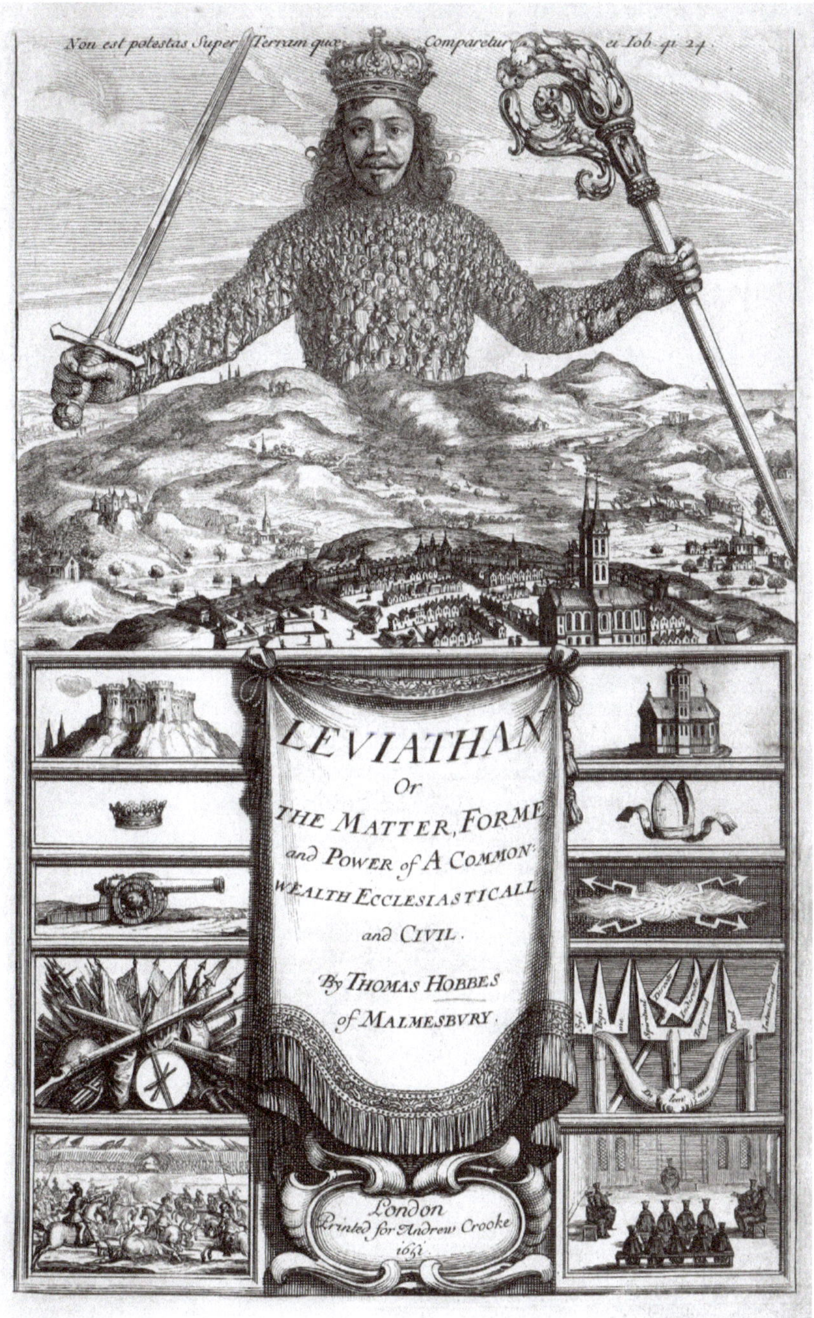

Abb. 36

Frontispiz von Thomas Hobbes „Leviathan", 1651

ckelte er die Theorie des Gesellschaftsvertrages, durch den die Macht an den Herrscher (Souverän) übertragen wird. Diese wirkmächtige Theorie wurde später weiterentwickelt, kann aber auch als Begründung der absoluten Monarchie gesehen werden.

Der klassische Rationalismus findet sich im Gedankengut von René Descartes (1596–1650), der stark von mathematischen Modellen beeinflusst war und dessen methodische Zweifel die Philosophie nachhaltig beeinflussten. Eine weitere Entwicklung erfuhr der Rationalismus durch den deutschen Universalgelehrten und Mathematiker Gottfried Wilhelm Leibniz (1646–1716), der großen Einfluss auf die Aufklärung ausübte. Eine andere, besonders in Großbritannien verbreitete philosophische Richtung (wie z.B. John Locke) war der **Empirismus**, der die Grundlage der Rationalisten, dass Erkenntnis nicht aus der Sinneswahrnehmung kommt, in Frage stellte. Im Zentrum der Empiristen stand die Beobachtung und mit ihr verbunden das Prinzip der empirischen **INDUKTION**. Diese philosophische Strömung hatte vor allem für die Naturwissenschaften große Bedeutung.

INDUKTION Im Gegensatz zur Deduktion schließt die Induktion vom Besonderen auf das Allgemeine.

Auf diesen Grundlagen baute die **Aufklärung** auf, die nicht nur als Bezeichnung einer philosophischen Strömung, sondern auch als Terminus für eine Lebenshaltung und eine historische Epoche dient. Vorläufer und erste Ansätze dieses Denkens, das die Vernunft und die Kritik an überkommenen Vorstellungen ins Zentrum rückte, finden sich zwar schon im 17. Jahrhundert, aber erst im 18. Jahrhundert bildet sich die Vorstellung eines „Zeitalters der Aufklärung" heraus. Die französische Bezeichnung *Siècle des Lumières* („Jahrhundert der Lichter") kommt erstmals 1733 vor, man greift dabei auf alte Lichtsymbole zurück, die den Beginn des Neuen, der Moderne charakterisieren. Die beiden großen Vertreter der aufgeklärten Philosophie Jean-Jacques Rousseau (1712–1778) und Jean-Battiste le Rond d'Alembert (1717–1783) nahmen den Begriff auf und bezeichneten sich als *Les Lumières*. Hingegen ist der englische Begriff *Enlightenment* als Bezeichnung der Epoche erst im 20. Jahrhundert aufgekommen, allerdings waren das Verb *to enlighten* und das Partizip *en-*

Info

Aufklärung

▶ Die Ideen der Aufklärung hat am besten der deutsche Philosoph Immanuel Kant (1724–1804) in einigen oft zitierten Sätzen zusammengefasst: „Aufklärung ist der Ausgang des Menschen aus seiner selbstverschuldeten Unmündigkeit. Unmündigkeit ist das Unvermögen, sich seines Verstandes ohne Leitung eines anderen zu bedienen. Selbstverschuldet ist diese Unmündigkeit, wenn die Ursache derselben nicht am Mangel des Verstandes, sondern der Entschließung und des Mutes liegt, sich seiner ohne Leitung eines anderen zu bedienen. Sapere aude! Habe Mut, dich deines eigenen Verstandes zu bedienen!"

lightened schon im 17. und 18. Jahrhundert verbreitet, das deutsche Wort *Aufklärung* wurde seit den 1770er Jahren verwendet.

Die grundlegenden Gedanken der Aufklärung wurden in Frankreich und England entwickelt, einige der Wegbereiter wie Hugo Grotius oder Baruch de Spinoza finden sich auch in den Niederlanden und auch in Italien gab es eine katholische Aufklärung, die – wie etwa Lodovico Antonio Muratori (1672–1750) mit seinem Buch *Della pubblica felicità* – großen Einfluss vor allem auf die Habsburgermonarchie ausübte. Der Gedanke des Glücks und der allgemeinen Wohlfahrt war auch ein wesentliches Thema im protestantischen Deutschland um 1700.

Die Ideen der aufgeklärten Philosophen griffen tief in die Gesellschaft und auch in das Leben des Einzelnen ein. Reformen, die von den Aufklärern angeregt und von den aufgeklärten Herrschern aufgegriffen und durchgeführt wurden, verbesserten die materielle Lage der Menschen ebenso wie ihre Bildung. Eine Säkularisierung der Gesellschaft und der Erziehungsinstitutionen sollte die Befreiung von Aberglauben und Unwissenheit bringen. Die Bildung war eines der zentralen Anliegen der Aufklärung und ihre Verbesserung nahmen viele Länder in der Reform ihres Schul- und Universitätswesens in Angriff (→ vgl. Kap. 8.10).

Ein Projekt der Aufklärung, das mit der großen Bedeutung des Wissens zusammenhängt, war die *Encyclopédie ou Dictionnaire raisonné des sciences, des arts et des métiers* (Enzyklopädie oder durchdachtes Wörterbuch über die Wissenschaften, Künste und Handwerke), die von Denis Diderot (1713–1784) und d'Alembert gemeinsam in den Jahren 1751–1780 mit 142 Mitarbeitern herausgegeben wurde. Ihre 60.000 Artikel vermitteln das Weltbild der Aufklärung.

Wesentliche Neuerungen im Denken erfolgten auch auf religiösem Gebiet, vor allem der **Gedanke der Toleranz**, der darauf beruhte, dass man keine der Konfessionen als im Besitz der absoluten Wahrheit betrachtete, wurde maßgeblich. John Locke veröffentlichte schon 1686 anonym seinen Brief über Toleranz (*A Letter Concerning Toleration*) und wenige Jahre später schlug Baruch Spinoza in eine ähnliche Kerbe. In vielen europäischen Ländern wurden die nicht-christlichen und mit weniger Enthusiasmus auch die jüdischen Mitbürger toleriert, wenn auch nicht mit der jeweiligen „Staatsreligion" gleichgestellt. Die Frage der religiösen Toleranz ist einer der Parameter für die Beurteilung des Grades der aufgeklärten Haltung der Herrscher, das zweite Zentralthema der aufgeklärten Reformen und ebenfalls ein Gradmesser der Rezeption der Aufklärung war die **Abschaffung der Folter**.

Diese Forderung ist allerdings nur im Gesamtzusammenhang der Einstellung der Aufklärer zum Rechtssystem zu sehen.

Info

Das Rechtssystem der frühen Neuzeit

▶ Das Rechtssystem der Frühen Neuzeit war regional sehr differenziert, da in verschiedenen Gebieten des Reiches verschiedene Rechte herrschten. Für leichtere Vergehen und zivile Streitigkeiten war die niedere Gerichtsbarkeit, die der Grundherr ausübte, zuständig. Eine große Rolle spielten dabei die Ehr- und Schandstrafen, wie etwa das am Pranger stehen.

Schwere Delikte wurden durch das Hochgericht abgeurteilt, wobei hier ein einheitliches Reichsrecht, die Peinliche Gerichtsordnung Karls V. (*Constitutio Criminalis Carolina*) von 1532, zugrunde lag. Diese sah auch Verbrechen wie Zauberei und Hexerei sowie Beweismittel wie das Gottesurteil (Eisen-, Feuer- und Wasserprobe) vor, woran die Aufklärer stark Kritik übten. Die Form und der Ablauf des Prozesses waren geregelt, das Geständnis galt als verlässlichstes Mittel der Wahrheitsfindung. Eine Erzwingung des Geständnisses erfolgte durch die Folter, die man beim Vorliegen von Indizien anwenden durfte, das Geständnis musste dann ohne Folter „freiwillig" wiederholt werden, allerdings wurde bei Widerruf erneute Folter angedroht, sodass es in der Realität keine Möglichkeit des Entkommens gab. Das Blutgericht verkündete das Urteil, eine Berufung war nicht möglich.

Die Strafen waren spezifisch für das Delikt und sollten vor allem der Abschreckung dienen, Menschen wurden durch Verbrennen, Hängen, Ertränken, Rädern oder Enthauptung hingerichtet. Körperstrafen und Verstümmelungen wie Blenden, Auspeitschen, Abschlagen der Hand oder Herausreißen der Zunge wurden ebenfalls angewandt.

Abb. 37

Theater des Schreckens, aus Ulrich Tenglers „Der neue Laienspiegel", 1512

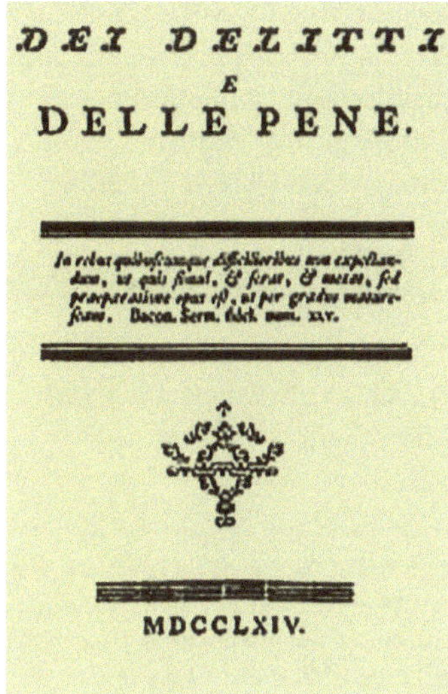

DEI DELITTI
E
DELLE PENE.

In rebus quibuscumque difficilioribus non expectandum, ut quis simul, & serat, & metat, sed praeparatione opus est, ut per gradus maturescant. Bacon. Serm. fidel. num. XLV.

MDCCLXIV.

Abb. 38

Cesare Beccaria (1738 – 1794): Dei delitti e delle pene

Die Aufklärer wandten sich gegen die Todesstrafe und bekämpften vor allem die Folter. Dabei war das Buch des Italieners Cesare Beccaria (1738 – 1794) *Dei delitti e delle pene* (*Von den Verbrechen und von den Strafen*) von 1766, das in viele Sprachen übersetzt wurde, ein wesentlicher Markstein.

Noch viel weiter gingen die allgemeinen Staatsideen der Aufklärer, die eine intellektuelle Voraussetzung für die moderne Staatlichkeit bildeten: der Grundsatz der Gleichheit, die Menschenrechte, der Rechtsstaat und die Gewaltenteilung. Sie bildeten die Grundlage der Entwicklung der Staaten seit der Französischen Revolution. Die Theorie des Gesellschaftsvertrags von Thomas Hobbes wurde weiterentwickelt und vor allem von Jean-Jacques Rousseau in seinem Werk *Du Contract Social ou Principes du Droit Politique* (Vom Gesellschaftsvertrag oder Prinzipien des politischen Rechts) um den Gedanken der Volkssouveränität erweitert, der das Gottesgnadentum als Basis des Herrschaftsverständnisses ablehnte.

Dieses Buch wurde gemeinsam mit dem Werk *De l'esprit des lois* (Vom Geist der Gesetze) 1748 von Montesquieu zu einem der Grundwerke der aufgeklärten Staatsphilosophie. Montesquieu knüpfte an John Locke an und entwickelte die Idee der Gewaltenteilung weiter. Neben der Gesetzgebung (Legislative) stehen die Rechtsprechung (Judikative) und die Regierungsgewalt (Exekutive). Gesetze sollen von einem Parlament beschlossen werden, die Verwaltung der Gesetze sollte beim König und seiner Verwaltung liegen und davon unabhängig sollten Gerichtshöfe bestehen. In der absoluten Monarchie, von der man in dieser Zeit ausging, waren alle drei Gewalten in der Hand des Königs vereint.

Die Ideen von Locke, Montesquieu und Rousseau hatten großen Einfluss auf die Menschenrechte und die Staatsvorstellungen im amerikanischen Unabhängigkeitskrieg und der Französischen Revolution (→ vgl. Kap. 8.11).

Die Aufklärung als grundlegende Veränderung der Ideenwelt geht mit anderen Phänomenen parallel, mit der *Scientific Revolution*, der Bildungs- und Leserevolution, der Entstehung des neuen Bürgertums, der

Veränderung der wirtschaftlichen und gesellschaftlichen Verhältnisse (Protoindustrialisierung). Alle zusammen führen im 18. Jahrhundert zur Ausbildung der „Moderne", die sich aus der Welt der Frühen Neuzeit entwickelt und letztlich zur Neuorientierung Europas mit und nach der Französischen Revolution führt.

Aufgaben zum Selbsttest

- Welche Vorläufer der Aufklärung waren wichtig?
- Welche Ideen bezüglich Staat und Gesellschaft entwickelten die Philosophen der Aufklärung?

Literatur

Ulrich Im Hof, **Das Europa der Aufklärung**, München 2. Auflage 1995.
Annette Meyer, **Die Epoche der Aufklärung**, München 2. Auflage 2017.
Horst Möller, **Vernunft und Kritik**. Deutsche Aufklärung im 17. und 18. Jahrhundert, Frankfurt am Main 1986.
Paul Münch, **Das Jahrhundert des Zwiespalts**. Deutsche Geschichte 1600 – 1700, Stuttgart 1999.
Alan Nelson (Hg.), **A Companion to Rationalism**, Oxford 2005.
Barbara Stollberg-Rilinger, **Europa im Jahrhundert der Aufklärung**, Stuttgart 2000.
Fritz Valjavec, **Geschichte der abendländischen Aufklärung**, Wien u.a 1961.

8.9 Der Aufstieg der Naturwissenschaften

Ähnlich wie auf vielen anderen Gebieten ist seit der Renaissance auch eine zunehmende Beschäftigung mit den Naturwissenschaften zu vermerken. Für das 17. und 18. Jahrhundert spricht man von der ***Scientific Revolution***. Das Wort verwendete erstmals **Alexandre Koyré** (1892 – 1964) im Jahre 1939, doch der Begriff ist durchaus umstritten, wie die Einleitung des Buches von **Steven Shapin** (geb.1943) *The Scientific Revolution* sehr klar macht, es heißt dort: „There was no such thing as the Scientific Revolution, and this book is about it". Das Gegenmodell zu einer sehr raschen Veränderung des Umgangs mit der Natur ist eine Kontinuitätstheorie, die alle diese Entwicklungen schon in der Antike bei Aristoteles beginnen lässt. Auch die mittelalterliche Wissenschaft des 12. Jahrhunderts, die *Muslim Scientific Revolution* und die Erkenntnisse der Araber, Chinesen und Inder (unsere Zahlen stammen von arabischen Hindus) hatten Einfluss auf die Wissenschaften. Man könnte – ähnlich wie beim Gegenmodell zur industriellen Revolution – von einer *Scientific Evolution*, die von der späten Renaissance bis ins 18. Jahrhundert andauerte, sprechen.

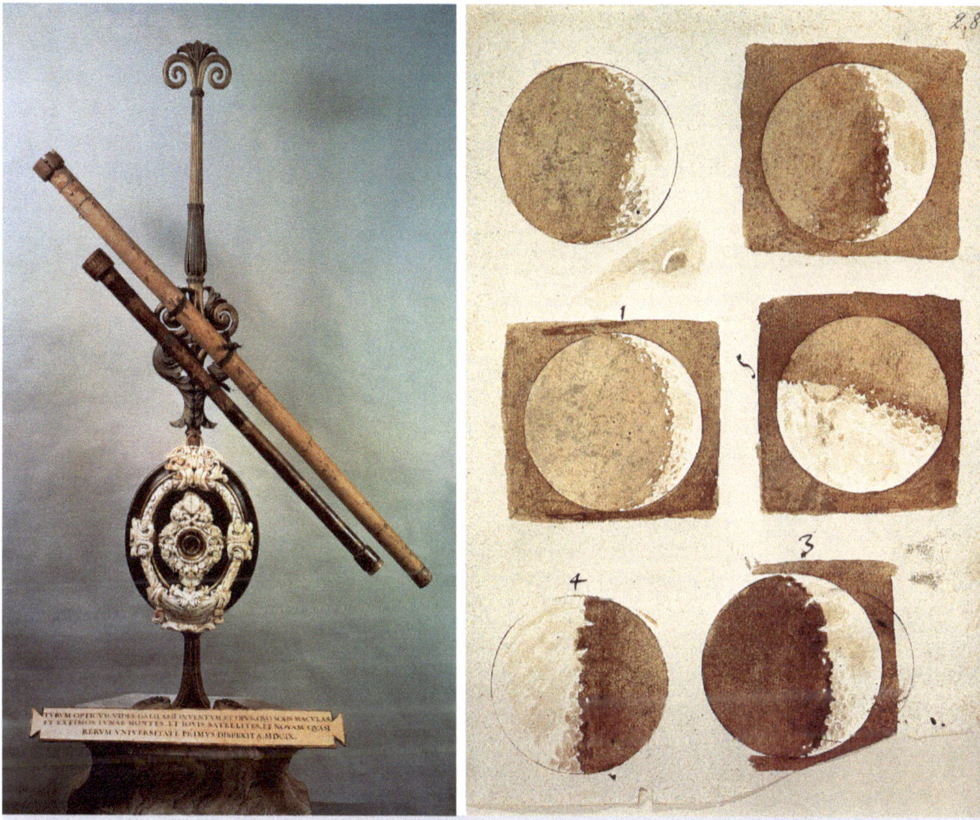

Abb. 39

Die Fernrohre Galileo Galileis. Die Oberflächen des Mondes, gezeichnet von Galileo Galilei

Den Beginn des modernen naturwissenschaftlichen Denkens markieren Namen wie Kopernikus, Brahe, Kepler und Galilei. Die Astronomie war eine Leitwissenschaft des 16. und 17. Jahrhunderts, in der bahnbrechende Erkenntnisse das Weltbild völlig veränderten.

Vor der Entwicklung der modernen Naturwissenschaften war die *Natural Philosophy* dominierend und beschäftigte sich mit der Natur und dem Universum. Auch Isaac Newton (1642–1727) hat sein bahnbrechendes 1687 erschienenes Werk *The Mathematical Principles of Natural Philosophy* (mathematische Prinzipen der Naturphilosophie) genannt. Der Übergang zwischen diesen philosophischen Ansätzen und der modernen Naturwissenschaft ist fließend. Prägend für die Entwicklung in den

Naturwissenschaften des 17. und 18. Jahrhunderts waren die schnelle Akkumulation von Wissen, die Entwicklung mathematischer Modelle und generell eine starke Mathematisierung, Experimente und exakte Instrumente für Messungen.

In der **Mathematik** war René Descartes (1596 – 1650) bahnbrechend, denn er entdeckte, dass man die Geometrie auch mit Zahlen beschreiben kann und entwickelte dazu ein Koordinatensystem. Berühmt ist auch der Schweizer Mathematiker Leonhard Euler (1707 – 1783), von dem ein Großteil der Symbole, die bis heute verwendet werden, stammt. Unabhängig voneinander entwickelten Isaac Newton und Gottfried Wilhelm Leibnitz (1646 – 1716) die Infinitesimalrechnung (Differential- und Integralrechnung), die es ermöglichte Mechanik und Astronomie mit mathematischen Mitteln darzustellen. Pierre de Fermat legte den Grundstein für die Wahrscheinlichkeitsrechnung, die eine hohe Bedeutung für die Ökonomie und die Sozialwissenschaften gewann. Auch viele andere Verfeinerungen in der Algebra, die Berechnung der Logarithmen, das Binarsystem, aber auch Hilfsmittel wie der Rechenschieber und die ersten Rechenmaschinen durch Leibniz und Blaise Pascal (1623 – 1662), waren bahnbrechend.

Bei der **Entwicklung neuer Geräte**, die der Beobachtung der Natur und der Messung und Aufzeichnung natürlicher Vorgänge dienten, seien nur die Entwicklung von Temperaturskalen und den dazugehörigen Messgeräten, wie von Daniel Gabriel Fahrenheit (1686 – 1736) und Anders Celsius (1701 – 1744) oder die Messung des Luftdrucks durch ein Barometer von Evangelista Toricelli (1607 – 1647), der wie viele andere Forscher auf die Erkenntnisse und Versuche von Galileo Galilei zurückgriff, erwähnt. Auch das Teleskop ging auf Galilei und Kepler zurück und wurde dann von Isaac Newton weiterentwickelt. Eine ähnlich lange Vorgeschichte hat auch das Mikroskop, das von Antonie van Leuwenhoeck (1632 – 1723) perfektioniert wurde. Viele Geräte waren auch für die Navigation auf dem Meer notwendig und wurden entsprechend weiter entwickelt (Sextant).

Bei der Ausbildung der modernen Wissenschaften gab es zweifellos einige **Leitfiguren**, die allerdings meist nicht einem Fach klar zuzuordnen sind – so war der große Physiker Newton auch Mathematiker, Astronom und Biologe. Auf dem Gebiet der Chemie gilt Antoine Lavoisier (1743 – 1794) als „Vater der Chemie“. Er entdeckte die Oxidation und schuf – aufbauend auf der Forschung des Russen Michael Wassiljewitsch Lomonossow (1711 – 1765) – das Gesetz von der Erhaltung der Massen. Dabei zeigt sich ein Phänomen, das immer zu berücksichtigen ist, wenn es um Erfindungen oder Entdeckungen geht. Sie entstanden meist nicht spontan und autonom, sondern entwickelten Forschungen davor weiter, häufig kam es auch an mehreren Orten zu ähnlichen Entdeckungen oder Erfindungen. Eine zukunftsweisende Theoriebildung erfolgte durch Robert Boyle (1627–1691), der die Atomtheorie begründete. Im 18.Jahrhundert wurden auch einzelne Elemente wie Stickstoff, Sauerstoff und Wasserstoff entdeckt, allerdings ist das Periodensystem erst eine Entwicklung des 19.Jahrhunderts.

Im 17. und 18.Jahrhundert war die **Alchemie** noch immer von Bedeutung und mit der Entstehung der Chemie ebenso eng verknüpft wie die Astrologie mit der Astronomie. Durch die alchemistischen Experimente, denen eine pansophische Philosophie zugrunde lag und deren Ziel es war unedles Metall in Gold zu verwandeln, wurden auch Entdeckungen gemacht, die ursprünglich nicht angestrebt wurden: So entdeckte z.B. Johann Friedrich Böttger (1682–1719) das Porzellan, das es allerdings in China schon lange davor gab. Eine wissenschaftliche Chemie entstand erst gegen Ende des 18.Jahrhunderts.

Auch in der **Biologie** vermehrte sich das Wissen enorm, wie vor allem Georges Buffon (1707–1788) in seiner monumentalen *Histoire materielle, générale et particulière* (Allgemeinen und speziellen Geschichte der Natur) zeigen konnte. Besonders die Botanik war eine der Lieblingswissenschaften der Aufklärung, weil die Pflanzen sich wunderbar in ein System einordnen ließen. Aufbauend auf einer langen Beschäftigung mit Pflanzen – die ja nicht zuletzt als Heil- und Nutzpflanzen eine große Bedeutung hatten – schuf der Schwede Carl von Linné (1707–1778) eine heute noch gültige Systematik und Nomenklatur, die alle Pflanzen zu systematisieren imstande war. Die praktische Beschäftigung mit Pflanzen reicht schon weiter zurück, erste botanische Gärten wurden seit 1544 in Pisa, Padua, Florenz und Bologna angelegt, doch seit dem späten 16.Jahrhundert vermehrte sich ihre Zahl in Europa enorm. Auch der Zoo war eine solche Einrichtung, die von der repräsentativen Tierhaltung (Löwen, Elefanten, Adler etc.) von Herrschern zu einer wissenschaftlichen Institution wurde. Der älteste heute noch bestehende Zoo wurde 1752 beim Schloss Schönbrunn in Wien eingerichtet. Eine ähnliche Mischung zwischen praktischer Bedeutung und wissenschaftlicher Forschung war die durch den englischen König Karl II. 1675 erfolgte Gründung des *Royal Greenwich Observatory*, durch das dann seit 1884 der Nullmeridian führt.

Im Zuge der Entwicklung der Naturwissenschaften kam es auch zu **praktischen Erfindungen**, die auf das 18.Jahrhundert zurückgehen, aber vor allem während der Industrialisierung des 19.Jahrhunderts zur vollen Bedeutung gelangten. So baute der Brite James Hargreaves (1720–1778) schon 1764 eine mechanische Spinnmaschine (*Spinning Jenny*) und aufbauend auf den Arbeiten von Denis Papin (1647–1712) und Thomas Newcomen (1664–1729) gelang James Watt (1736–1819) im Jahre 1769 eine entscheidende Verbesserung der Dampfmaschine, die zur zentralen Erfindung für die industrielle Revolution wurde.

Ein weiteres Beispiel zeigt, wie eng solche Erfindungen in unterschiedlichen Ländern zeitlich zusammenliegen. Benjamin Franklin (1706–1790), einer der Gründerväter der Vereinigten Staaten, gilt als der Erfinder des Blitzableiters (1752), doch fast zeitgleich hat der tschechische Prämonstratenser-Chorherr Prokop Diviš (1698–1765) eine ganz ähnliche Erfindung gemacht, die heute eher vergessen ist.

Eine wesentliche Rolle in der Vernetzung der Wissenschaften und ihrer Förderung durch die Herrscher spielen die Akademiegründungen. Nach ersten privaten Gründungen in Italien – z.B. die *Accademia dei Lincei* 1603 in Rom – folgten bald andere wie die der *Académie française* 1635, die 1657 in Florenz von den Schülern Galileis ins Leben gerufene *Accademia del Cimento*, die 1660 gegründete *Royal Society* in London oder die von Colbert 1666 gegründete *Académie des Sciences* in Paris. In Deutschland wurde 1652 von privaten Gelehrten die *Academia Naturae Curiosorum* in Schweinfurt gegründet, die dann 1687 von Kaiser Leopold als Reichsakademie privilegiert wurde und heute die nationale Akademie der Wissenschaften in Deutschland ist, im 18. Jahrhundert erfolgten noch die Gründungen der bayrischen und der brandenburgischen Akademie und (durch den englischen König) die Akademie der Wissenschaften in Göttingen.

Eine besondere Stellung nahm die **Medizin** ein, die nicht nur eine abstrakte akademische Wissenschaft war, sondern auch eine große praktische Bedeutung für Gesellschaft und Staat im Zeitalter der Aufklärung hatte. Zwar hatte es schon seit dem 16. Jahrhundert mit der anatomischen Forschung und den Entdeckungen wie etwa dem Blutkreislauf durch William Harvey Fortschritte gegeben, aber die medizinischen Anschauungen gingen immer noch auf die Viersäftelehre oder Humoralpathologie des spätantiken Mediziners Galen zurück.

Viele Mediziner des 16. und besonders des 17. Jahrhunderts fassten den Körper als Maschine auf, die man entsprechend „reparieren" konnte. Im Zeitalter der Aufklärung kam es zu einer „Entzauberung der Krankheit" und zu einer Medikalisierung der Gesellschaft. Die medizinischen Berufe (von der Hebamme bis zum studierten Arzt) wurden professionalisiert und differenziert; durch Seuchenbekämpfung, Hygiene und infrastrukturelle Maßnahmen versuchte man die Gesellschaft gesund zu erhalten. So wurde etwa die Pockenimpfung, die der englische Landarzt Edward Jenner (1749–1823) nach dem Vorbild ähnlicher Versuche im Osmanischen Reich 1796 erstmals durchführte, zu einem Maßstab der aufgeklärten Gesinnung: Wer sich mit den Ideen der Aufklärung identifizierte, ließ sich impfen. Besonders in der Habsburgermonarchie kam es im 18. Jahrhundert zu einem großen Aufschwung

Info

Viersäftelehre

▶ Die vier Säfte waren schwarze Galle und gelbe Galle, Blut, und Schleim, die auch in ein Schema von heiß und kalt, trocken und nass eingeteilt wurden. Die Harmonie dieser Säfte bedeutete Gesundheit. Das Schema war deshalb beliebt, weil es mit anderen Viererschemen, wie den vier Temperamenten, den vier Jahreszeiten und den vier Lebensaltern, aber auch mit den zwölf Sternzeichen (in Dreiergruppen) in Verbindung gesetzt werden konnte.

Eine Unausgewogenheit dieser Körpersäfte führte zur Krankheit gegen die man verschiedene Diäten, chirurgische Eingriffe, Arzneimittel, aber auch magische Praktiken anwandte.

Nur wenige Menschen in der Frühen Neuzeit konnten sich allerdings einen Arzt leisten, der eine universitäre Ausbildung hatte. Der Großteil der medizinischen Versorgung geschah durch Praktiker, wie den Bader, der zur Ader ließ oder Schröpfköpfe ansetzte, die weise Kräuterfrau, die ein durch Generationen vererbtes Wissen anwandte, oder Feldchirurgen, die Amputationen und kleinere chirurgische Eingriffe durchführen konnten.

der Medizin. Der aus den Niederlanden stammende Gerard van Swieten (1700–1772) reformierte die Wiener Universität und schuf die Grundlagen für die erste Wiener medizinische Schule, die sehr praxisorientiert war und eine Reihe von hervorragenden Medizinern hervorbrachte. Ähnliche Entwicklungen waren auch in anderen Territorien des Reiches zu beobachten, und die Gründung von Spitälern wie etwa die Charité in Berlin oder das Allgemeine Krankenhaus in Wien brachten erhebliche Verbesserungen der medizinischen Betreuung.

Aufgaben zum Selbsttest

- Welche grundsätzlichen Entwicklungen der Wissenschaften finden sich in der *Scientific Revolution*?
- Nennen Sie einige der bahnbrechenden Wissenschaftler dieser Zeit.
- Welche Auswirkungen hatten die Fortschritte der Wissenschaft, insbesondere der Medizin, auf die Gesellschaft?

Literatur

Wilbur Applebaum, **The Scientific Revolution and the Foundations of Modern Science**, Westport, Conn. u.a. 2005.

Wolfgang Uwe Eckart/Robert Jütte, **Medizingeschichte**. Eine Einführung, Köln-Wien u.a. 2. Aufl. 2014.

John Henry, **The Scientific Revolution and the Origins of Modern Science**, Basingstoke 2. Aufl. 2002.

Margaret C. Jacob, **The Scientific Revolution**. A Brief History with Documents, Basingstoke 2009.

Lawrence Principe, **Scientific Revolution**. A Very Short Introduction, Oxford 2011.

Steven Shapin, **Die wissenschaftliche Revolution**, Frankfurt am Main 1998.

8.10 | Das neue Bürgertum – Bildung und Leserevolution

Die gesamte Frühe Neuzeit stand in Europa im Zeichen des feudalen Systems. Adel und Klerus als Oberschichten und unfreie Bauern bestimmten die Gesellschaft und dieser Feudalismus hielt bis zur Französischen Revolution, in vielen Gebieten sogar bis weit ins 19. Jahrhundert an. In den Städten bildete sich zwar ein vom feudalen System unabhängiges Bürgertum, das aus zwei Gruppen, den Patriziern, also den großen Handelsherren, und aus den Angehörigen der Zünfte, den Handwerkern, bestand, allerdings keinen Großteil der Bevökerung umfasste. Erst im 18. Jahrhundert wuchsen die Städte in Europa an und es bildete sich dort ein **neues Bürgertum** heraus, das lange Zeit parallel mit dem alten Bürgertum existierte. Diese Veränderungen gingen in Europa nicht zur gleichen Zeit vor sich, sondern hatten ein deutliches West-Ost-Gefälle. Während diese Entwicklungen in England, Frankeich und den Niederlanden früh einsetzten, begannen sie in Mitteleuropa und vor allem in Osteuropa erst viel später. Das lässt sich an vielen Zahlen im wirtschaftlichen und kulturellen Bereich eindeutig ablesen.

Das neue Bürgertum entstand einerseits aus den wirtschaftlichen Veränderungen der Protoindustrialisierung und anderseits aus der neuen Bedeutung der Bildung und der zunehmenden Zahl an Beamten in der Verwaltung des Landes, der Provinzen und der Städte. Die Eigentümer der Fabriken und diejenigen, die Banken, Versicherungsgesellschaften etc. gründeten, bildeten das Besitzbürgertum und die Beamten, Lehrer, Universitätsangehörigen, Juristen, Pastoren etc. das Bildungsbürgertum. Zwar waren ihre materiellen Lebensverhältnisse sehr unterschiedlich, doch definierte sich das Bürgertum als soziokulturelle Gruppe durch „Erziehung und Bildung, Religion und Weltanschauung, Denkgewohnheiten und Lebensstil, psychische Verfassung und sozialen Habitus“ (Peter Hersche). Das Bürgertum grenzte sich von Adel und Klerus, von Bauern und Arbeitern ab, ahmte aber häufig im Lebensstil das Vorbild der Aristokratie nach. Im 18. Jahrhundert war es in seinen sozialen Formen noch sehr offen und experimentierfreudig; die bürgerlichen Tugenden *Leistung, Fleiß und Sparsamkeit* setzten sich erst im 19. Jahrhundert endgültig durch. Sozial gesehen dominierte die Kleinfamilie gegenüber der bäuerlichen Großfamilie, die stark patriarchalisch geprägt war.

Das sehr heterogene Bürgertum zeichnete sich durch einen **gemeinsamen Habitus** – bestimmte Kleidung, demonstrative Muße und die „Gewinnung der Nacht“ durch eine bessere Beleuchtung – aus. Es entwickelte einen streng normierten Verhaltenskodex, der sich in der Erziehung

Abb. 40

Die bürgerliche Familie. Radierung von Daniel Chodowiecki, zweite Hälfte 18. Jahrhundert

und den Anstandsbüchern der Zeit nachvollziehen lässt. In diesem Sinn ist es zu verstehen, dass das erfolgreiche Buch des Freiherrn Adolph von Knigge (1752–1796) im deutschen Sprachraum zu einem Synonym für gutes Benehmen wurde und bis heute blieb.

Dieses neue Bürgertum entwickelte auch neue Kommunikationsstrukturen, die **Jürgen Habermas** (geb. 1929) in seinem Buch *Strukturwandel der Öffentlichkeit* (1962) beschreibt. Während in der feudalen Gesellschaft eine repräsentative Öffentlichkeit bestand, entwickelte das neue Bürgertum des 18. Jahrhundert eine spezifische **bürgerliche Öffentlichkeit**, die ihre Nachwirkungen bis heute zeigt. Zu sehen ist diese Entwicklung im Gesamtzusammenhang mit dem Schutz der Bürger vor dem Zugriff des absolutistischen Staates, wodurch eine Freiheit der Privatsphäre gesichert wurde, die auch für die Ausbildung der Menschenrechte ausschlaggebend werden sollte. Eine öffentliche Meinung im modernen Sinn entstand einerseits durch die technische Weiterentwicklung und steigende Auflagen bei der Presse, die Nachrichten verbreitete und Ausgangspunkt der politischen Diskussion und der Kritik sein konnte, und andererseits durch die Tatsache, dass die Legitimität der Herrschaft zunehmend von öffentlicher Meinung abhing.

Abb. 41

Kaffeehaus in London um 1700

Ab der Mitte des 17. Jahrhundert entstanden in den meisten europäischen Ländern periodisch erscheinende **Tageszeitungen**, die sich aus den Flugschriften des 16. und beginnenden 17. Jahrhunderts entwickelt hatten. Als älteste noch erscheinende Zeitung gilt die seit 1645 in Schweden erscheinende *Post- och Inrikes Tidningar*; viele der davor in den Niederlanden oder in Frankreich erschienenen Blätter waren kurzlebiger. Die älteste noch bestehende Zeitung des deutschen Sprachraums ist die 1703 als *Wienerisches Diarium* (seit 1780 *Wiener Zeitung*) gegründete Hofzeitung Kaiser Leopolds I.

Eine große Rolle bei der Bildung der bürgerlichen Öffentlichkeit kam auch den Clubs in England oder dem Kaffeehaus, das zumindest in England rein männlich dominiert war, oder auch den französischen Salons, in denen auch die Damen der obersten Schichten präsent waren, zu.

Besonders im Zusammenhang mit der Rezeption der Aufklärung waren auch die Freimaurerlogen von Bedeutung, die allerdings keine spezifisch bürgerlichen Institutionen waren, Adelige und Kleriker, Beamte, Bürger und Künstler aus verschiedenen Konfessionen fanden sich in den Logen einträchtig nebeneinander. Die **Freimaurerei** erhielt 1717 mit der Bildung der Großloge in London und 1723 mit der Festlegung der *Alten Pflichten* ihre in den Grundzügen bis heute gültige Gestalt. Die Mitglieder der Logen vertraten das Ideengut der Aufklärung, die Schlagworte ihrer Tätigkeit waren Humanität, Toleranz und Wohltätigkeit.

Die katholische Kirche sah in dieser Gruppierung ein Feindbild und eine Bannbulle von Papst Clemens XII. Corsini (1652–1740) aus dem Jahr 1738 verbot die Logen.

Im Sinne der Aufklärung spielte in dieser bürgerlichen Gesellschaft die **Bildung** eine immer größere Rolle, die auch allgemein in der Einführung der Schul- bzw. Unterrichtspflicht in vielen Ländern an Bedeutung gewann.

Im deutschen Sprachraum wurde – nach einem frühen Fall in Pfalz-Zweibrücken 1592 – im 17. und 18. Jahrhundert in vielen Staaten die Schulpflicht eingeführt, in Sachsen-Gotha 1642, in Braunschweig-Wolfenbüttel 1647, in Württemberg 1649 und in Brandenburg-Preußen 1717. In der Habsburgermonarchie wurde von Maria Theresia 1774 die allgemeine Unterrichtspflicht eingeführt. Durch die Gründung von Schulen wurde die Infrastruktur für eine säkulare Bildung geschaffen, doch wie die Statistiken über Analphabetenraten im 19. Jahrhundert zeigen, war diese Reform allerdings kein durchschlagender Erfolg. Die Zahl der Analphabeten war im Osten der Monarchie höher als im Westen, bei Mädchen höher als bei Burschen und in Städten niedriger als auf dem flachen Land.

Dennoch bildete die Schulpflicht zusammen mit der Entwicklung der bürgerlichen Gesellschaft für das Phänomen der **Leserevolution**, durch die mehr Menschen als je zuvor lasen, eine solide Grundlage. Neben der Fähigkeit zu Lesen, die durch die Schule vermittelt wurde, war auch der Übergang vom intensiven zum extensiven Lesen bemerkenswert. Die Menschen vor der Leserevolution lasen wenige Texte, diese allerdings immer wieder, während danach das Lesen vieler Texte, meist jedoch nur einmal, wichtig wurde. Ähnliches kann man bei der Entwicklung von Kindern beobachten, die auch zunächst einige wenige Geschichten immer wieder hören oder lesen wollen und erst dann viele Texte zu lesen beginnen. Die typische Lektüre des intensiven Lesens war die Bibel oder das Erbauungsbuch, die des extensiven Lesens die Zeitung und der Roman.

Gegen Ende des 17. Jahrhunderts schätzt man, dass im deutschen Sprachraum etwa 80.000 Personen einen Universitätsabschluss hatten, und das tatsächliche Lesepublikum um 1700 taxiert man auf etwa 100.000 Personen. Mitte des 18. Jahrhunderts konnten diesen Schätzungen nach im deutschsprachigen Mitteleuropa etwa 10% der Gesamtbevölkerung lesen, die Zahl stieg um 1800 auf 25%, Ende des 18. Jahrhunderts schätzt man die Zahl der lesenden Menschen im deutschen Sprachraum auf 300.000. Sozial gesehen waren es hauptsächlich bürgerliche Gruppen, die gelesen haben, aber auch Bedienstete übernahmen die Verhaltensweisen ihrer Herrschaften, in der bäuerlichen Gesellschaft war der Anteil der Lesenden gering, hier herrschte auch noch das intensive Lesen vor. Das neue Lesepublikum bestand vor allem aus Professoren und Geistlichen, aus Beamten, Offizieren, Lehrern, Ärzten, Advokaten, Studenten, Kaufleuten, Handelsleuten, Bankiers und Fabrikanten, also zum überwiegenden Teil aus Angehörigen des Besitz- und Bildungsbürgertums, das sich in dieser Zeit ausbildete.

Wesentlich für die Leserevolution waren Verhaltensveränderung bei der potentiellen Leserschicht und vor allem die Veränderung der Lesegewohnheiten bei den Frauen, auch neue Lesemöbel, die Veränderung der Körperhaltung, das Lesen in der Natur, in der Landschaft und im Freien sowie die „Gewinnung der Nacht" (Erich Schön).

Auch die Buchproduktion veränderte sich im Laufe des 18. Jahrhunderts stark, zu Beginn des Jahrhunderts hielten medizinische, juristische und historische Fachbücher noch einen hohen Marktanteil, der bis 1800 ebenso zurückging wie der Anteil der Theologiebücher. Dagegen wurden mehr Werke der Philosophie, Pädagogik und Naturwissenschaften publiziert. Am deutlichsten zeigen die Veränderungen des Leseverhaltens die Zahlen der Bücher mit belletristischen Themen, die von 3,5 Prozent um 1700 auf 27,3 Prozent im Jahre 1800 anstiegen; die Zahl der Romane, die veröffentlicht wurden, hatte sich mehr als vervierfacht. Dass die Literatur vermehrt an ein neues Lesepublikum gerichtet war, zeigt sich auch am Anteil der in lateinischer Sprache gedruckten Werke – er sank im 18. Jahrhundert von rund 30 Prozent auf 3,9 Prozent. Neue Lesestoffe,

Aufgaben zum Selbsttest

- Grenzen Sie das alte Bürgertum und das neue Bürgertum voneinander ab. Wie definiert sich das neue Bürgertum? Welchen Einfluss hat die Bildung auf die gesellschaftliche Entwicklung? Was versteht man unter Leserevolution?

Literatur

Rolf Engelsing, **Der Bürger als Leser.** Lesergeschichte in Deutschland 1500–1800, Stuttgart 1974.
Rolf Engelsing, **Analphabetentum und Lektüre.** Zur Sozialgeschichte des Lesens in Deutschland zwischen feudaler und industrieller Gesellschaft, Stuttgart 1973.
Lothar Gall (Hg.), **Vom alten zum neuen Bürgertum.** Die mitteleuropäische Stadt im Umbruch 1780–1820 (Stadt und Bürgertum 3), München 1991.
Rudolf Schenda, **Volk ohne Buch.** Studien zur Sozialgeschichte der populären Lesestoffe 1770–1910 (Studien zur Philosophie und Literatur des neunzehnten Jahrhunderts 5), Frankfurt am Main 3. Auflage 1988.
Erich Schön, **Der Verlust der Sinnlichkeit oder Die Verwandlung des Lesers.** Mentalitätswandel um 1800, Stuttgart 1993.
Fred E. Schrader, **Die Formierung der bürgerlichen Gesellschaft 1550–1850.** (Fischer-Taschenbücher 60133) Frankfurt am Main 1996.

die durch eine steigende Zahl von Buchhandlungen und die Gründung von unzähligen Leihbibliotheken verbreitet wurden, waren nicht nur die Romane, sondern auch Zeitschriften, insbesondere moralische Wochenschriften, die vor allem vom weiblichen Lesepublikum geschätzt wurden.

Alle diese Veränderungen der Gesellschaft und ihrer Bildung waren Vorboten der „Moderne“, die mit der Französischen Revolution ihren Anfang nahm und in ein neues industrielles, bürgerliches Zeitalter führte.

Die Französische Revolution als Epochengrenze – Der Weg in die Moderne | 8.11

Viele der wirtschaftlichen, gesellschaftlichen und kulturellen Entwicklungen des 18. Jahrhunderts weisen deutlich auf den Weg in die Moderne hin, auf die Entstehung einer industriellen durch das Bürgertum – und auch das Proletariat der Fabriken – geprägten Welt, in der auch neue Formen des politischen Systems angestrebt und erreicht wurden.

Als Beginn dieser epochalen Veränderungen gilt die Französische Revolution 1789, die auch eine weitgehend anerkannte Epochengrenze der Frühen Neuzeit bildet. Außerhalb Europas muss aber die **Entwicklung in Nordamerika** betrachtet werden, bei der wesentliche Teile der neuen politischen Kultur erstmals verwirklicht werden konnten. Der Beginn des Aufstandes der britischen Kolonien, deren Selbstverwaltung und Unabhängigkeit vom Mutterland durch neue Steuern und Gebühren eingeschränkt wurden, wurzelt noch ganz im Gedankengut der Frühen Neuzeit. Der Slogan *no taxation without representation* (keine Besteuerung ohne Vertretung) spiegelt das deutlich. Den Beginn des Aufstands markierte die *Boston Tea Party* 1773, bei der Tee von den Schiffen der *East India Trading Company* von Bostoner Bürgern ins Wasser geworfen wurde. Bald darauf schlossen sich die 13 Neu-England-Staaten (Connecticut, Delaware, Georgia, Maryland, Massachusetts, New Hampshire, New Jersey, New York, North Carolina, Pennsylvania, Rhode Island, South Carolina, Virginia) in Philadelphia gegen die Engländer und die mit ihnen verbündeten Indianerstämme, aber auch gegen die *Loyalists*, die für einen Verbleib der Kolonien bei England eintraten, zusammen. Der Krieg, der daraufhin ausbrach, dauerte von 1775 bis 1783.

Wichtiger als die militärischen Ereignisse, vor allem in ihrem Einfluss auf andere Staaten waren die rechtlichen Veränderungen. Am 4. Juli 1776 gaben die 13 Kolonien in der **Unabhängigkeitserklärung** (*Declaration of Independance)*, verfasst von Thomas Jefferson (1743–1826), ihre

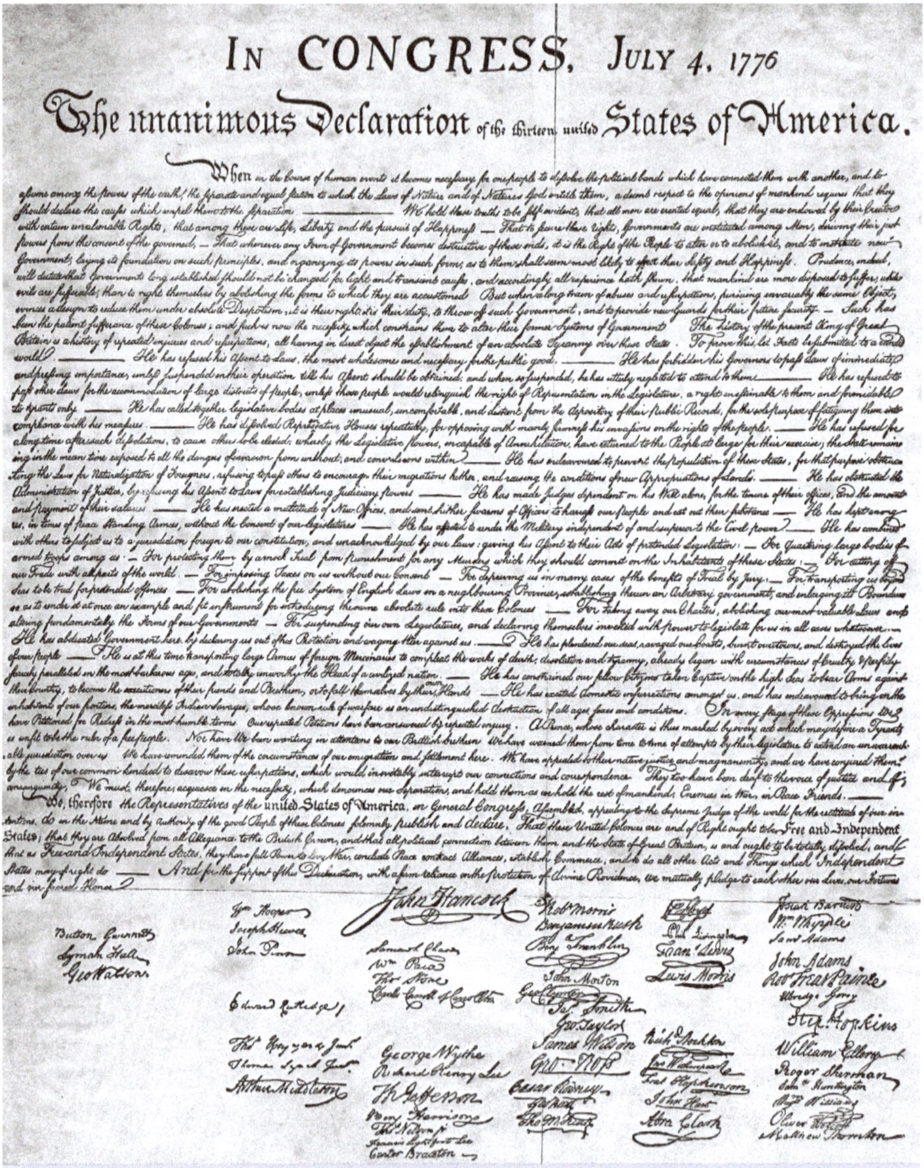

IN CONGRESS, JULY 4, 1776

The unanimous Declaration of the thirteen united States of America.

When in the Course of human events it becomes necessary for one people to dissolve the political bands which have connected them with another, and to assume among the powers of the earth, the separate and equal station to which the Laws of Nature and of Nature's God entitle them, a decent respect to the opinions of mankind requires that they should declare the causes which impel them to the separation. — We hold these truths to be self-evident, that all men are created equal, that they are endowed by their Creator with certain unalienable Rights, that among these are Life, Liberty and the pursuit of Happiness. — That to secure these rights, Governments are instituted among Men, deriving their just powers from the consent of the governed, — That whenever any Form of Government becomes destructive of these ends, it is the Right of the People to alter or to abolish it, and to institute new Government, laying its foundation on such principles and organizing its powers in such form, as to them shall seem most likely to effect their Safety and Happiness. Prudence, indeed, will dictate that Governments long established should not be changed for light and transient causes; and accordingly all experience hath shewn, that mankind are more disposed to suffer, while evils are sufferable, than to right themselves by abolishing the forms to which they are accustomed. But when a long train of abuses and usurpations, pursuing invariably the same Object evinces a design to reduce them under absolute Despotism, it is their right, it is their duty, to throw off such Government, and to provide new Guards for their future security. — Such has been the patient sufferance of these Colonies; and such is now the necessity which constrains them to alter their former Systems of Government. The history of the present King of Great Britain is a history of repeated injuries and usurpations, all having in direct object the establishment of an absolute Tyranny over these States. To prove this, let Facts be submitted to a candid world. — He has refused his Assent to Laws, the most wholesome and necessary for the public good. — He has forbidden his Governors to pass Laws of immediate and pressing importance, unless suspended in their operation till his Assent should be obtained; and when so suspended, he has utterly neglected to attend to them. — He has refused to pass other Laws for the accommodation of large districts of people, unless those people would relinquish the right of Representation in the Legislature, a right inestimable to them and formidable to tyrants only. — He has called together legislative bodies at places unusual, uncomfortable, and distant from the depository of their public Records, for the sole purpose of fatiguing them into compliance with his measures. — He has dissolved Representative Houses repeatedly, for opposing with manly firmness his invasions on the rights of the people. — He has refused for a long time, after such dissolutions, to cause others to be elected; whereby the Legislative powers, incapable of Annihilation, have returned to the People at large for their exercise; the State remaining in the mean time exposed to all the dangers of invasion from without, and convulsions within. — He has endeavoured to prevent the population of these States; for that purpose obstructing the Laws for Naturalization of Foreigners; refusing to pass others to encourage their migrations hither, and raising the conditions of new Appropriations of Lands. — He has obstructed the Administration of Justice, by refusing his Assent to Laws for establishing Judiciary powers. — He has made Judges dependent on his Will alone, for the tenure of their offices, and the amount and payment of their salaries. — He has erected a multitude of New Offices, and sent hither swarms of Officers to harrass our people, and eat out their substance. — He has kept among us, in times of peace, Standing Armies without the Consent of our legislatures. — He has affected to render the Military independent of and superior to the Civil power. — He has combined with others to subject us to a jurisdiction foreign to our constitution, and unacknowledged by our laws; giving his Assent to their Acts of pretended Legislation: — For Quartering large bodies of armed troops among us: — For protecting them, by a mock Trial, from punishment for any Murders which they should commit on the Inhabitants of these States: — For cutting off our Trade with all parts of the world: — For imposing Taxes on us without our Consent: — For depriving us in many cases, of the benefits of Trial by Jury: — For transporting us beyond Seas to be tried for pretended offences — For abolishing the free System of English Laws in a neighbouring Province, establishing therein an Arbitrary government, and enlarging its Boundaries so as to render it at once an example and fit instrument for introducing the same absolute rule into these Colonies: — For taking away our Charters, abolishing our most valuable Laws, and altering fundamentally the Forms of our Governments: — For suspending our own Legislatures, and declaring themselves invested with power to legislate for us in all cases whatsoever. — He has abdicated Government here, by declaring us out of his Protection and waging War against us. — He has plundered our seas, ravaged our Coasts, burnt our towns, and destroyed the lives of our people. — He is at this time transporting large Armies of foreign Mercenaries to compleat the works of death, desolation and tyranny, already begun with circumstances of Cruelty & perfidy scarcely paralleled in the most barbarous ages, and totally unworthy the Head of a civilized nation. — He has constrained our fellow Citizens taken Captive on the high Seas to bear Arms against their Country, to become the executioners of their friends and Brethren, or to fall themselves by their Hands. — He has excited domestic insurrections amongst us, and has endeavoured to bring on the inhabitants of our frontiers, the merciless Indian Savages, whose known rule of warfare, is an undistinguished destruction of all ages, sexes and conditions. In every stage of these Oppressions We have Petitioned for Redress in the most humble terms: Our repeated Petitions have been answered only by repeated injury. A Prince, whose character is thus marked by every act which may define a Tyrant, is unfit to be the ruler of a free people. Nor have We been wanting in attentions to our Brittish brethren. We have warned them from time to time of attempts by their legislature to extend an unwarrantable jurisdiction over us. We have reminded them of the circumstances of our emigration and settlement here. We have appealed to their native justice and magnanimity, and we have conjured them by the ties of our common kindred to disavow these usurpations, which, would inevitably interrupt our connections and correspondence. They too have been deaf to the voice of justice and of consanguinity. We must, therefore, acquiesce in the necessity, which denounces our Separation, and hold them, as we hold the rest of mankind, Enemies in War, in Peace Friends. —

We, therefore, the Representatives of the united States of America, in General Congress, Assembled, appealing to the Supreme Judge of the world for the rectitude of our intentions, do, in the Name, and by Authority of the good People of these Colonies, solemnly publish and declare, That these United Colonies are, and of Right ought to be Free and Independent States; that they are Absolved from all Allegiance to the British Crown, and that all political connection between them and the State of Great Britain, is and ought to be totally dissolved; and that as Free and Independent States, they have full Power to levy War, conclude Peace, contract Alliances, establish Commerce, and to do all other Acts and Things which Independent States may of right do. — And for the support of this Declaration, with a firm reliance on the protection of divine Providence, we mutually pledge to each other our Lives, our Fortunes and our sacred Honor.

John Hancock

Button Gwinnett, Lyman Hall, Geo Walton, Wm Hooper, Joseph Hewes, John Penn, Edward Rutledge, Thos Heyward Junr., Thomas Lynch Junr., Arthur Middleton, Samuel Chase, Wm Paca, Thos Stone, Charles Carroll of Carrollton, George Wythe, Richard Henry Lee, Th Jefferson, Benja Harrison, Thos Nelson jr., Francis Lightfoot Lee, Carter Braxton, Robt Morris, Benjamin Rush, Benja Franklin, John Morton, Geo Clymer, Jas Smith, Geo Taylor, James Wilson, Geo Ross, Caesar Rodney, Geo Read, Thos M:Kean, Wm Floyd, Phil Livingston, Frans Lewis, Lewis Morris, Richd Stockton, Jno Witherspoon, Fras Hopkinson, John Hart, Abra Clark, Josiah Bartlett, Wm Whipple, Saml Adams, John Adams, Robt Treat Paine, Elbridge Gerry, Step Hopkins, William Ellery, Roger Sherman, Saml Huntington, Wm Williams, Oliver Wolcott, Matthew Thornton

Abb. 42

Die Unabhängigkeitserklärung der USA 1776

Trennung von Großbritannien bekannt. Im selben Jahr unterzeichneten Vertreter des Staates Virginia am 12. Juni die erste **Menschenrechtserklärung** (*Virginia Bill of Rights*), der 1789 eine weitere für alle Bundesstaaten der USA folgte, die ebenfalls *Bill of Rights* genannt wurde. Diese beiden Dokumente wurden für alle späteren Menschenrechtserklärungen in der Welt vorbildhaft.

1787 wurde dann noch eine **Verfassung** der Vereinigten Staaten ausgearbeitet, deren Grundgedanke die Verteilung der Macht zwischen der Gesamtregierung (Zentralismus) und den Regierungen der Bundesstaaten (Föderalismus) ebenfalls große Vorbildwirkung für spätere Verfassungsentwürfe in anderen Staaten der Welt hatte. Ein noch bedeutungsvollerer Schritt dieser Verfassung war, dass die aufgeklärte Forderung nach Gewaltenteilung durchgesetzt wurde. Die Väter der amerikanischen Verfassung George Washington (1732–1799) und Benjamin Franklin (1706–1790) schufen im Kongress eine legislative Gewalt, mit der Regierung unter der Führung des gewählten Präsidenten eine exekutive Gewalt und beide wurden von der unabhängigen richterlichen Gewalt des obersten Gerichtshofs kontrolliert. Diese Verfassung von 1789 ist in ihren Grundzügen in den Vereinigten Staaten noch heute gültig.

Dieses Vorspiel in Amerika hatte in mehrfacher Hinsicht auch Einfluss auf die Entwicklung in Frankreich, einerseits war die Durchsetzung aufgeklärter Gedanken in der Realität ein Vorbild, andererseits kämpften auch viele Franzosen auf Seiten der USA gegen Großbritannien und brachten Ideen und militärische Fähigkeiten zurück nach Frankreich.

Die **ökonomische und soziale Situation in Frankreich** war schlechter als in vielen anderen Teilen Europas. In Frankreich hatten keine Reformen stattgefunden, der Merkantilismus hatte den Handwerkerstand zerstört und der Staat war hoch verschuldet. Die gesamte Finanzlast des Staates trugen die Bürger und Bauern, der so genannte *Dritte Stand*, da Adel und Klerus keine direkten Steuern zahlten.

Welche Faktoren schließlich die Revolution von 1789 auslösten, ist in der Forschung umstritten. Der Einfluss der Ideen der Aufklärer, wie Montesquieus Kritik am Absolutismus in seinen *Lettres persanes* (persische Briefe), seine an Locke angelehnte Theorie von der Gewaltenteilung in seinem Werk *De l'esprit des lois* (vom Geist der Gesetze) oder Rousseaus im *Contrat social* (Gesellschaftsvertrag) entworfenes Bild eines demokratischen Staates, hatten sicherlich Einfluss, allerdings waren die Schriften nicht so verbreitet wie häufig angenommen. Das konnte eine gründliche Studie von Robert Darnton (geb. 1939) nachweisen, die zeigt, dass die oft ins pornographische gehenden Pamphlete gegen den König Ludwig XVI. (1754–1793) und seine Frau Marie Antoinette (1755–1793) für die

Abb. 43

Das Erwachen des Dritten Standes, kolorierte Radierung 1789.

GENERALSTÄNDE Versammlung von Vertretern der drei Stände (Klerus, Adel, Dritter Stand), um Gesetze zu bestätigen.

Destabilisierung der Herrschaft eine vermutlich gewichtigere Rolle spielten. Auch Schlagworte wie *Gleichheit und Freiheit*, waren weit verbreitet, der bekannte Wahlspruch Frankreichs *liberté, égalité, fraternité* (Freiheit, Gleichheit, Brüderlichkeit) stammt allerdings erst aus späterer Zeit.

Einen sicher ebenso großen Einfluss hatten auch einige schlechte Ernten, die zu einer enormen Teuerungswelle führten, die die Armen in Paris besonders traf. Da das Problem der Staatsverschuldung nicht mehr gelöst werden konnte, berief der König die **GENERALSTÄNDE**, die seit 1614 nicht mehr zusammengetreten waren, ein.

Von den ersten Ständen im Lande, dem Adel und dem Klerus, waren keine Reformschritte zu erwarten, so übernahm der *Dritte Stand* (95 Prozent der Bevölkerung) die Führung, die Sitze dieser Gruppe wurden verdoppelt, aber erst die Durchsetzung einer Abstimmung nach Köpfen, nicht nach Kurien hätte das politische Klima verändert. Auf Antrag des Abbé Emmanuel Joseph Sieyès (1748 – 1836), der schon in seiner Schrift *Qu'est-ce que le Tiers État?* (Was ist der Dritte Stand?) eine politische Rolle für den Dritten Stand gefordert hatte, erklärten sich die Vertreter dieser Gruppe zur Nationalversammlung, sie zogen gemeinsam mit einigen

Angehörigen des Adels und des Klerus, die sich ihnen angeschlossen hatten, ins Ballhaus und beschlossen, sich ohne eine Verfassung nicht zu trennen. Dieses rechtlich zentrale Ereignis wurde begleitet von Aktivitäten seitens des Volkes, vor allem die Bildung einer Nationalgarde mit blau-weiß-roten Kokarden unter Führung des Marquis Marie-Joseph de Lafayette (1757–1834), der im amerikanischen Unabhängigkeitskrieg gekämpft hatte, wurde langfristig wichtig. Das Ereignis, das man heute noch mit der Französischen Revolution ursächlich verbindet und das auch den französischen Nationalfeiertag konstituiert, der **Sturm auf die Bastille** am 14. Juli, war symbolisch, aber nicht militärisch von Bedeutung. Auch auf dem Lande kam es zu Aufständen gegen den grundbesitzenden Adel und Klerus und man versuchte das Ende der Ausbeutung durch die Feudalherren durchzusetzen. Die Nationalversammlung reagierte darauf am 4./5. August 1789 mit der **Aufhebung der Feudalherrschaft**, ebenfalls ein Schritt, der großen Einfluss auf die spätere Entwicklung in Europa hatte. Am 26. August 1789 erfolgte schließlich die **Erklärung der Menschen- und Bürgerrechte**, in der die Freiheit und Gleichheit der Menschen verkündet wurde. Diese Erklärung bezog sich implizit nur auf die Männer, aber zwei Jahre später veröffentlichte die Schriftstellerin und Revolutionärin Olympe de Gouges (1748–1793) eine *Déclaration des droits de la femme et de la citoyenne*, die erste **Erklärung der Rechte der Frau und Bürgerin**.

Nach der Flucht und anschließenden Gefangensetzung des Königs und seiner Familie verkündete man am 3. September 1791 eine **Verfassung**, die eine konstitutionelle Monarchie schuf. Alle diese rechtlichen Schritte wurden zum Vorbild für die weitere politische Entwicklung im nachrevolutionären Europa.

Seit 1792 war Frankreich im Krieg mit den konservativen Monarchien Europas, den es auf Grund des *Levée en masse* – der Massenaushebung von Truppen mittels einer **allgemeinen Wehrpflicht** für alle unverheirateten Männer zwischen 18 und 25 Jahren – siegreich bestehen konnte. Durch die daraus resultierende Größe der Armee war ein Schritt in die Moderne getan, in der sich die allgemeine Wehrpflicht in den meisten Ländern Europas durchsetzte. Am 22. September 1792 wurde Frankreich zur **Republik** erklärt. Der Führer der gemäßigten Partei der Girondisten Jacques-Pierre Brissot de Warville (1754–1793) begründete das mit dem oft zitierten Satz „Das Volk will es". Auch von diesem politischen Akt gingen Langzeitwirkungen aus.

Neben den politischen, verfassungsrechtlichen Wandlungen des Staates gingen auch auf der **symbolischen Ebene** große Veränderungen vor sich. Ein patriotisches Lied, die *Marseillaise* („Allons enfants de la patrie ... ") wurde zum Symbol nationaler Identität Frankreichs, die „phrygische" Mütze (sie galt den Jakobinern als Zeichen der freigelassenen

Abb. 44

Die Freiheit führt das Volk, Gemälde von Eugène Delacroix, 1830

Sklaven), lange Hosen statt der Kniebundhosen des Adels (daher *Sansculottes*) und die Anrede *Citoyen* (Bürger) setzten sich durch. Auch der neue Kalender, der die Zeitrechnung veränderte und mit dem 22. September 1792 als ersten Tag des Jahres I begann und die Einteilung des Tages in zehn Stunden, sowie die Neubenennung der Monate zeigte das Bewusstsein für eine neue Zeit an. Während der Kalender nicht lang bestand, war die Umstellung der Maße, Münzen und Gewichte auf das Dezimalsystem nicht nur in Frankreich von Dauer. Viele Symbole der Revolution sind in der politischen Kultur und Bildsprache Frankreichs bis heute erhalten geblieben: der **Staatsfeiertag** am 14. Juli, die **TRICOLORE** als französische Flagge, die **Marseillaise** als französische Nationalhymne und die **Marianne,** welche mit der phrygischen Mütze der Jakobiner die Freiheit symbolisiert.

TRICOLORE Die Fahne mit den drei Farben (daher der Name) Blau, Weiß und Rot ist seit 1794 die Nationalflagge Frankreichs.

Auch die weitere Radikalisierung der Revolution mit der Hinrichtung des Königs Ludwigs XVI. (Bürger Capet) und seiner Frau 1793 und der Etablierung der **Schreckensherrschaft** 1793/94 durch die Jakobiner unter Maximilien de *Robespierre* (1758 – 1794) hatte Einfluss auf das Denken Europas. Die Jakobiner bildeten zwar eine kleine, aber dennoch nicht zu vernachlässigende Gruppe von Anhängern der Französischen Revolution in Europa. Ihre Herrschaft mit vielen Hinrichtungen und Massakern in den Provinzen, die Abschaffung des Christentums und des allgemein gebräuchlichen Kalenders sowie der Einführung eines *Kults der Vernunft* führten schließlich dazu, dass Robespierre und seine Anhänger am 27. Juli oder 9. *Thermidor* des Jahres II. (nach dem Revolutionskalender) gefangengenommen und tags darauf hingerichtet wurden. Nach einigen kurzfristigen Regierungen und politischen Experimenten (Direktorium) kam es 1797 zu einem Staatstreich, in dem der militärisch erfolgreichste General der Armee, Napoléon Bonaparte, an die Macht kam. Die Revolution war damit beendet, aber viele der Errungenschaften blieben unter der Herrschaft des Korsen bestehen und wurden mit der Ausdehnung des französischen Einflusses auf Europa weiter verbreitet. Nicht zuletzt das und die Vorbildhaftigkeit der Verfassungsentwicklung in Frankreich rechtfertigen zweifellos die Auffassung, dass die Französische Revolution 1789 eine Epochengrenze darstellt, an der die Frühe Neuzeit endet und die Moderne beginnt.

Aufgaben zum Selbsttest

- Welche „modernen" Elemente der Verfassung und der Menschenrechte finden sich in der Amerikanischen und der Französischen Revolution?
- Nennen Sie einige der bleibenden Symbole der Neuordnung des Staates in den USA und Frankreich.
- Worin besteht der Beitrag der Revolutionen des 18. Jahrhunderts zur Ausbildung moderner Staatswesen?

Literatur

Angela Adams/Willi Paul Adams (Hg.), **Die Entstehung der Vereinigten Staaten und ihrer Verfassung**. Dokumente 1754–1791 (Periplus-Texte 2), Münster 1995.

Robert Darnton, **The Forbidden Best-Sellers of Pre-Revolutionary France**, New York 1995.

William Doyle, **The Oxford History of the French Revolution**, Oxford 1989.

François Furet/Denis Richet, **Die Französische Revolution**, Frankfurt am Main 1989.

Jack P. Greene (Hg.), **A Companion to the American Revolution**, Malden, Mass. 2000.

Gary Kates, **The French Revolution. Recent Debates and New Controversies,** New York, N.Y. u. a. 2. Auflage 2006.

Susanne Lachenicht, **Die Französische Revolution**, Darmstadt 2. Auflage 2016.

Georges Lefebvre, **1789. Das Jahr der Revolution**, München 1989.

Helmut Reinalter, **Die Französische Revolution und Mitteleuropa**. Erscheinungsformen und Wirkungen des Jakobinismus, seine Gesellschaftstheorien und politischen Vorstellungen, Frankfurt am Main 1988.

Roman Schnur (Hg.), **Zur Geschichte der Erklärung der Menschenrechte** (Wege der Forschung 11), Darmstadt 1964.

Ernst Schulin, **Die Französische Revolution**, München 4. Auflage 2004.

Albert Soboul, **Kurze Geschichte der Französischen Revolution**, Berlin 2. Auflage 2004.

Jonathan I. Israel, **Die Französische Revolution – Ideen machen Politik,** Ditzingen 2017.

Hans-Ulrich Thamer, **Die Französische Revolution**, München 5. Auflage 2019.

Michel Vovelle, **Die Französische Revolution. Soziale Bewegung und Umbruch der Mentalitäten**, Frankfurt am Main 1989.

Gordon S. Wood, **The American Revolution**. A History (A Modern Library Chronicles Book 9), New York, NY 2002.

Stammbaum des Hauses Habsburg-Österreich

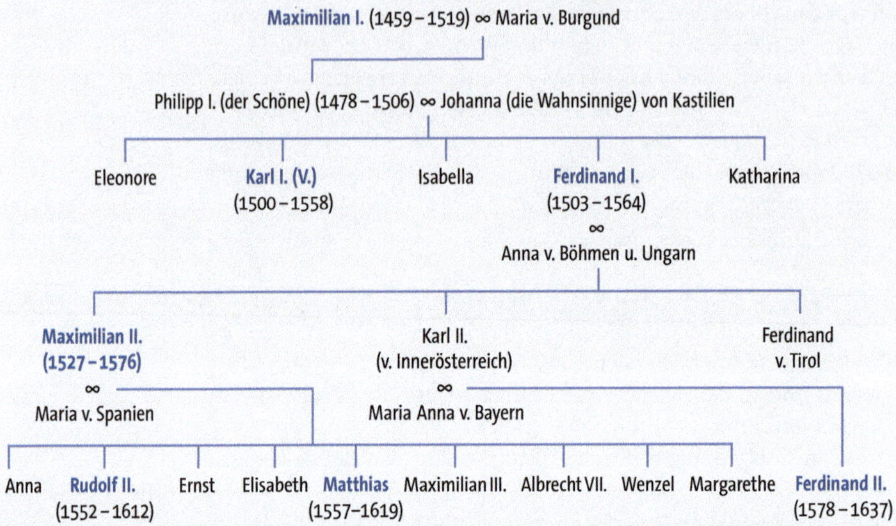

Die spanische Erbfolge

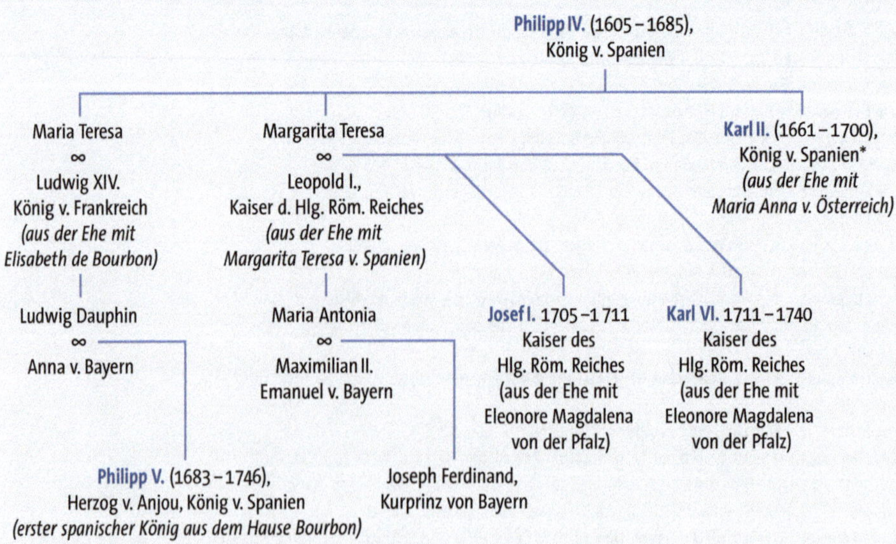

* (kinderlos, mit seinem Tod erlosch der spanische Zweig der Habsburger, Beginn des Erbfolgestreites zwischen Österreich und Frankreich um Spanien)
Die nicht in Klammern stehenden Jahreszahlen geben die Regierungszeiten an.

Könige von Frankreich

Charles, d'Orléans (1459–1496), Herzog von Angoulême ∞ Louise von Savoyen

- **Franz I.** 1515–1547 ∞ Claude de France
  - **Heinrich II.** 1547–1559 ∞ Katharina von Medici
    - **Franz II.** 1559–1560 ∞ Maria Stuart, Königin von Schottland
    - **Karl IX.** 1560–1574
    - **Heinrich III.** 1574–1589
- Margarethe ∞ Heinrich II., König von Navarra
  - Jeanne d'Albret ∞ Anton von Bourbon
    - Margarete ∞ **Heinrich IV.** 1589–1610

Die nicht in Klammern stehenden Jahreszahlen geben die Regierungszeiten an.

Könige von England

Heinrich VII. 1457–1509 ∞ Elisabeth von York

- **Heinrich VIII.** 1509–1547
  - **Edward VI.** 1547–1553 *(aus der Ehe mit Jane Seymour)*
  - **Maria I.** 1553–1558 *(die Blutige/ die Katholische) (aus der Ehe mit Katharina v. Aragon)*
  - **Elisabeth I.** 1558–1603 *(aus der Ehe mit Anna Boleyn)*
- Margaret Tudor ∞ **Jakob IV. Stuart** König der Schotten 1488–1513
  - **Jakob V.** 1513–1542 König der Schotten ∞ Maria von Guise
    - **Maria Stuart** 1542–1567 Königin der Schotten ∞ Henri Stuart Lord Darnly
      - **Jakob VI.** 1567–1625 König von Schottland, ab 1603 als **Jakob I.** König von England

Die Jahreszahlen geben die Regierungszeiten an.

Literaturempfehlungen

Epochenüberblicke und Nachschlagewerke

Jeremy Black/Roy Porter (Hg.), **A Dictionary of Eighteenth-Century World History**, Oxford-Cambridge, Mass. 1994.
Timothy C.W. Blanning (Hg.), **The Short Oxford History of Europe**, Oxford 2000ff.
Peter Blickle (Hg.), **Handbuch der Geschichte Europas**, 5.–8. Bd., Stuttgart 2002/2003.
Peter Blickle, **Das Alte Europa**. Vom Hochmittelalter bis zur Moderne, München 2008.
Wim Blockmans, **Geschichte der Macht in Europa**. Völker – Staaten – Märkte, Frankfurt am Main u.a. 1998.
Johannes Burkhardt, **Deutsche Geschichte in der Frühen Neuzeit**, (Beck'sche Reihe 2462) München 2009.
Eberhard Büssem/Michael Neher (Hg.), **Arbeitsbuch Geschichte** Neuzeit 1. (16.–18. Jahrhundert). Repititorium, Tübingen–München 7. Auflage 1999.
The New Cambridge Modern History, 13 Bde., Cambridge 1957–1979.
Norman Davies, **Europe**. A History, Oxford 1996.
Heinz Duchhardt, **Europa am Vorabend der Moderne 1650–1800** (Handbuch der Geschichte Europas 6), Stuttgart 2003.
Heinz Duchhardt, **Balance of Power und Pentarchie**. Internationale Beziehungen 1700–1785 (Handbuch der Geschichte der internationalen Beziehungen 4), Paderborn u.a. 1997.
Heinz Duchhardt, **Gleichgewicht der Kräfte, Convenance, europäisches Konzert**. Friedenskongresse und Friedensschlüsse vom Zeitalter Ludwigs XIV. bis zum Wiener Kongress (Erträge der Forschung 56), Darmstadt 1976.
Jeroen Duindam, **Vienna and Versailles**. The Courts of Europe's Dynastic Rivals 1550–1780, Cambridge u.a. 2003.
Friedrich Edelmayer, **Globalgeschichte der Frühen Neuzeit 1450–1620**. Stuttgart 2017.
Reinhard Elze/Konrad Repgen, **Studienbuch Geschichte**. Eine europäische Weltgeschichte, 2 Bde., Stuttgart 5. Auflage 2000.
Robert von Friedeburg, **Europa in der Frühen Neuzeit** (Neue Fischer Weltgeschichte 5), Frankfurt am Main 2012.
Bruno Gebhardt/Herbert Grundmann, **Handbuch der deutschen Geschichte**, 4 Bde., Stuttgart 1955–60, auch dtv-Taschenbuch 17 Bde., München 10. Auflage 2010.
Friedrich Jaeger (Hg.), **Enzyklopädie der Neuzeit**, 16 Bde., Stuttgart 2005–2012.
Hermann Kinder/Werner Hilgemann (Hg.), **Dtv-Atlas zur Weltgeschichte**. Karten und chronologischer Abriss, 2 Bde., München 42. Auflage 2015.
Harm Klueting, **Das Konfessionelle Zeitalter 1525–1648**, Stuttgart 2. Auflage 2007.
Bea Lundt, **Europas Aufbruch in die Neuzeit 1500–1800.** Eine Kultur- und Mentalitätsgeschichte, Darmstadt 2009.
Thomas Maissen, **Geschichte der frühen Neuzeit**, (Beck'sche Reihe 2760) München 2013.
Ilja Mieck, **Europäische Geschichte der Frühen Neuzeit**. Eine Einführung, Stuttgart 6. Auflage 1998.
Der große Ploetz. Die Enzyklopädie der Weltgeschichte. Daten, Fakten, Zusammenhänge, Göttingen 35. Auflage 2008.
Wolfgang Reinhard, **Geschichte der europäischen Expansion**, 4 Bde., Stuttgart 1983–1990 (Nachdruck 2009).
Wolfgang Schmale, **Geschichte und Zukunft der Europäischen Identität**, Stuttgart 2008.
Wolfgang Schmale, **Geschichte Europas**, Köln u.a. 2001.
Luise Schorn-Schütte, **Geschichte Europas in der Frühen Neuzeit.** Studienhandbuch 1500–1789, Paderborn u.a. 2. Auflage 2013.
Winfried Schulze, **Einführung in die Neuere Geschichte**, Stuttgart 5. Auflage 2010.
Gerhard Taddey/Michael Behnen (Hg.), **Lexikon der deutschen Geschichte**. Ereignisse, Institutionen, Personen, 2 Bde., Stuttgart 3. Auflage 2002.
Rudolf Vierhaus, **Staaten und Stände**. Vom Westfälischen bis zum Hubertusburger Frieden 1648 bis 1763 (Propyläen-Geschichte Deutschlands 5), Berlin 1984.
Karl Vocelka, **Geschichte der Neuzeit 1500–1789**, Wien u.a. 2009.
Günter Vogler, **Europas Aufbruch in die Neuzeit 1500–1650** (Handbuch der Geschichte Europas 5), Stuttgart 2003.

Grundlegende Paradigmen und zentrale Begriffe der Frühneuzeitforschung

Wolfgang Behringer / Sönke Lorenz / Dieter R. Bauer, **Späte Hexenprozesse**. Der Umgang der Aufklärung mit dem Irrationalen, Gütersloh 2016.
Francisco Bethencourt / Robert Muchembled (Hg.), **Correspondance and cultural exchange in Europe 1400–1700** (Cultural exchange in early modern Europe 3, Cambridge 2007).
Arndt Brendecke (Hg.), **Praktiken der Frühen Neuzeit**. Akteure, Handlungen, Artefakte (Frühneuzeit-Impulse 3), Köln-Wien 2015.
Donatella Calabri / Robert Muchembled (Hg.), **Cities and cultural exchange in Europe 1400–1700** (Cultural exchange in early modern Europe 2, Cambridge 2007).
Anton Grabner-Haider / Klaus S. Davidowicz / Karl Prenner, **Kulturgeschichte der frühen Neuzeit von 1500 bis 1800**, Göttingen 2014.
Heinz Schilling / Robert Muchembled (Hg.), **Religion and cultural exchange in Europe 1400–1700** (Cultural exchange in early modern Europe 1, Cambridge 2006)
Herman Roodenburg / Robert Muchembled (Hg.), **Forging European identities 1400–1700** (Cultural exchange in early modern Europe 4, Cambridge 2010).

Wirtschaft und Gesellschaft

Wilhelm Abel, **Geschichte der deutschen Landwirtschaft vom frühen Mittelalter bis zum 19. Jahrhundert** (Deutsche Agrargeschichte 2), Stuttgart 3. Auflage 1978.
Wilhelm Abel, **Agrarkrisen und Agrarkonjunktur**. Eine Geschichte der Land- und Ernährungswirtschaft Mitteleuropas seit dem hohen Mittelalter, Hamburg 3. Auflage 1978.
Walter Achilles, **Landwirtschaft in der Frühen Neuzeit** (Enzyklopädie deutscher Geschichte 10), München 1991.
Wolfgang Behringer, **Kulturelle Konsequenzen der „Kleinen Eiszeit"**, Göttingen 2005.
Wolfgang Behringer, **Kulturgeschichte des Klimas. Von der Eiszeit bis zur globalen Erwärmung**, München 5. Auflage 2010.

Literaturempfehlungen

Knut Borchardt, **Grundriss der deutschen Wirtschaftsgeschichte**, Göttingen 2. Auflage 1985.
Carlo M. Cipolla/Knut Borchardt (Hg.), **Europäische Wirtschaftsgeschichte**, 5 Bde., Stuttgart 1983–1986.
Erich Landsteiner/Friedrich Edelmayer und Renate Pieper, **Die Geschichte des europäischen Welthandels und der wirtschaftliche Globalisierungsprozess,** Köln–Göttingen Reprint 2017.
Rolf Engelsing, **Sozial- und Wirtschaftsgeschichte Deutschlands**, Göttingen 3. Auflage 1983.
Hans-Jürgen Goertz, **Deutschland 1500–1648**. Eine zertrennte Welt. Sozial- und Kulturgeschichte im Überblick, Paderborn u.a. 2004.
Mark Häberlein (Hg.), **Praktiken des Handels**. Geschäfte und soziale Beziehungen europäischer Kaufleute in Mittelalter und früher Neuzeit, (Irseer Schriften N.F. 6, Konstanz 2010
Friedrich-Wilhelm Henning, **Landwirtschaft und ländliche Gesellschaft in Deutschland, 1. Bd. 800 bis 1750**, Paderborn–Wien 3. Auflage 1996.
Henry Kamen, **Early Modern European Society**, London u.a. 2000.
Viktor Karády, **The Jews of Europe in the Modern Era.** A Socio-Historical Outline, Budapest u.a. 2004.
Elke-Vera Kotowski/Julius H. Schoeps/Hiltrud Wallenborn (Hg.), **Handbuch zur Geschichte der Juden in Europa**, 2. Bde., Darmstadt 3. Auflage 2012.
Friedrich Lütge: **Deutsche Sozial- und Wirtschaftsgeschichte**. Ein Überblick, Berlin 3. Auflage 1976.
Michael Mitterauer/Reinhard Sieder (Hg.), **Historische Familienforschung**, Frankfurt am Main 1982.
Reinhold Reith, **Umweltgeschichte der Frühen Neuzeit**, München 2015.
Wolfgang Ruppert, **Bürgerlicher Wandel**. Die Geburt der modernen deutschen Gesellschaft im 18. Jahrhundert, Frankfurt am Main 1984.
Heinz Schilling, **Die Stadt in der Frühen Neuzeit** (Enzyklopädie deutscher Geschichte 24), München 3. Auflage 2015.
Kurt Schubert: **Jüdische Geschichte**, München 5. Auflage 2002.
Immanuel Maurice Wallerstein, **Das moderne Weltsystem**, 3 Bde., Wien 1986–2004.
Rolf Walter, **Geschichte der Weltwirtschaft**. Eine Einführung, Köln u.a. 2006.
Hans-Ulrich Wehler, **Deutsche Gesellschaftsgeschichte**, 4 Bde., München 1987–2003.

Verfassung und Recht

Heinz Duchhardt: **Deutsche Verfassungsgeschichte 1495–1806** (Urbantaschenbücher 417), Stuttgart 1991
Olwen Hufton (Hg.) **Menschenrechte in der Geschichte** (Fischer-Taschenbücher 13135), Frankfurt am Main 2. Auflage 1999.
Gabriele Haug-Moritz (Hg.), **Verfassungsgeschichte des Alten Reiches** (Basistexte Frühe Neuzeit 1), Stuttgart 2014.
Christian-Friedrich Menger, **Deutsche Verfassungsgeschichte der Neuzeit**. Eine Einführung in die Grundlagen, Heidelberg 8. Auflage 1993.
Dietmar Willoweit, **Deutsche Verfassungsgeschichte**. Vom Frankenreich bis zur Wiedervereinigung Deutschlands. Ein Studienbuch, München 6. Auflage 2009.

Kultur und Geistesleben

Johannes Burkhardt, **Kommunikation und Medien in der Frühen Neuzeit** (Historische Zeitschrift Beihefte N.F. 41), München 2005.
Virginia Cox, **A short history of the Italian Renaissance**, London u.a. 2016.
Irene Dingel / Volker Leppin (Hg.), **Reformatorenlexikon**, Darmstadt 2. Auflage 2016.
Peter Dinzelbacher, **Europäische Mentalitätsgeschichte**. Hauptthemen in Einzeldarstellungen, Stuttgart 2. Auflage 2008.
Richard van Dülmen, **Kultur und Alltag in der Frühen Neuzeit**, 3 Bde., München 2. Auflage 1995–1999.
Suraiya Faroqhi, **Kultur und Alltag im Osmanischen Reich**. Vom Mittelalter bis zum Anfang des 20. Jahrhunderts, München 1995.
Günter Frank / Albert Käuflein / Tobias Licht (Hg.), **Von der Reformation zur Reform**. Neue Zugänge zum Konzil von Trient, Freiburg 2015.
Gastgeber, Christian / Elisabeth Klecker, **Geschichte der Buchkultur** Bd. 7 Barock, Graz 1915.
Gastgeber Christian / Noe, Alfred, **Geschichte der Buchkultur** Bd. 6 Renaissance, Graz 2008.
Peter Gay, **The Enlightenment**. An Interpretation, London 1967.
Frank Grunert / Anette Syndikus, **Wissensspeicher der Frühen Neuzeit**. Formen und Funktionen, Berlin 2015.
Peter Claus Hartmann, **Kulturgeschichte des Heiligen Römischen Reiches 1648 bis 1806**. Verfassung, Religion und Kultur (Studien zu Politik und Verwaltung 72), Wien-Graz u.a. 2. Auflage 2011.
Paul Hazard, **Die Herrschaft der Vernunft**. Das europäische Denken im 18. Jahrhundert, Hamburg 1949.
Paul Hazard, **Die Krise des europäischen Geistes**, Hamburg 5. Auflage 1965.
Leslie Howsam, **The Cambridge companion to the history of the book**, Cambridge 2015.
Ulrich Köpf, Martin Luther. **Der Reformator und sein Werk**, Stuttgart 2015.
Maren Lorenz, **Leibhaftige Vergangenheit**. Einführung in die Körpergeschichte, Tübingen 2000
Paul Münch, **Lebensformen in der Frühen Neuzeit**, Berlin 1998.
Massimo Montanari, **Der Hunger und der Überfluss**. Kulturgeschichte der Ernährung in Europa, München 1993.
Roy Porter, **Enlightenment**. Britain and the Creation of the Modern World, London 2001.
Hans-Georg Pott, **Kurze Geschichte der europäischen Kultur**, Paderborn 2005.
Heinz Schilling, **Martin Luther. Rebell in einer Zeit des Umbruchs**. Eine Biographie, München 2013.
Robert W. Scribner / Lyndal Roper (Hg.), **Religion und Kultur in Deutschland 1400–1800** (Veröffentlichungen des Max-Planck-Instituts für Geschichte 175), Göttingen 2002.
Michael Sikora, **Der Adel in der frühen Neuzeit**, Darmstadt 2009.
František Šmahel, **A companion to Jan Hus** (Brill's companions to the Christian tradition 54), Leiden u.a. 2015.

Literaturempfehlungen

Pavel Soukup, **Jan Hus** (Kohlhammer Urban-Taschenbücher 737) Stuttgart 2014.
Siegrid Westphal, **Der Westfälische Frieden** (Beck'sche Reihe 2851), München 2015

Herrscher – Stände – Untertanen

Arlette Farge / Georges Duby / Michelle Perrot (Hg.), **Geschichte der Frauen**, 3. Bd. Frühe Neuzeit, Frankfurt/Main 1997.
Hans-Albrecht Koch, **Die Universität**. Geschichte einer europäischen Institution, Darmstadt 2008.
Aurelio Musi, **Il feudalesimo nell' Europa moderna**, Bologna 2007.
Gabriela Signori (Hg.); **Die lesende Frau** (Wolfenbütteler Forschungen 121), Wiesbaden 2009.
Barbara Stollberg-Rilinger, **Maria Theresia. Die Kaiserin in ihrer Zeit.** Eine Biographie, München 4. Auflage 2017.
Andreas Weigl, **Bevölkerungsgeschichte Europas**. Von den Anfängen bis in die Gegenwart, Wien u.a. 2012.

Das Zeitalter des Absolutismus

Michael J. Braddick (Hg.), **The Oxford handbook of the English Revolution**, Oxford 2015.
David Eltis, **The Cambridge world history of slavery**. 3. Bd. AD 1420 AD 1804, Cambridge 2011.
Peter-Michael Hahn, **Friedrich II. von Preußen.** Feldherr, Autokrat und Selbstdarsteller (Kohlhammer-Urban-Taschenbücher 658). Stuttgart 2012.
Matthias Schnettger, **Der Spanische Erbfolgekrieg 1701–1713/14** (Beck'sche Reihe 2826), München 2014.

Regionen Europas

Volker Depkat, **Geschichte Nordamerikas**. Eine Einführung. (Geschichte der Kontinente 2), Köln – Wien 2008.
Ekatarina Emeliantseva / Arié Malz / Daniel Ursprung, **Einführung in die Osteuropäische Geschichte**, Zürich 2008.
Michael Erbe, **Belgien, Niederlande, Luxemburg.** Geschichte des niederländischen Raumes, Stuttgart 1993.
Jörg-Peter Findeisen, **Dänemark**. Von den Anfängen bis zur Gegenwart, Regensburg 2. Auflage 2008.
Jörg-Peter Findeisen, **Schweden**. Von den Anfängen bis zur Gegenwart, Regensburg 3. Auflage 2008.
Stefan Grüner / Andreas Wirsching, **Frankreich**: Daten, Fakten, Dokumente, Tübingen-Basel 2003.
Jörg K. Hoensch, **Geschichte Polens**, Stuttgart 3. Auflage 1998.
Jörg K. Hoensch, **Geschichte Böhmens**. Von der slawischen Landnahme bis ins 20. Jahrhundert, München 3. Auflage 1997.
Edgar Hösch, **Geschichte des Balkan** (Beck'sche Reihe 2356), München 3. Auflage 2011.
Edgar Hösch, **Lexikon zur Geschichte Südosteuropas**, Köln-Weimar-Wien 2004.
Wolfgang Schmale, **Geschichte Frankreichs**, Stuttgart 2000.
Harm G. Schröter, **Geschichte Skandinaviens** (Beck'sche Reihe 2422), München 2. Auflage 2015.
Ralph Tuchtenhagen, **Kleine Geschichte Norwegens** (Beck'sche Reihe 1905), München 2009.
Ralph Tuchtenhagen, **Kleine Geschichte Schwedens**, München 2008.
Ralph Tuchtenhagen, **Geschichte der baltischen Länder** (Beck'sche Reihe 2355), München 3. Auflage 2016.
Karl Vocelka, **Geschichte Österreichs**. Kultur – Gesellschaft – Politik, München 7. Auflage 2013.
Karl Vocelka, **Österreichische Geschichte,** (Beck'sche Reihe 2369), München 5. Auflage 2019.
Peter Wende, **Großbritannien 1500–2000** (Oldenbourg Grundriss der Geschichte 32), München 2001.

Wien

Peter Csendes, **Stadt und Prosopographie**: zur quellenmäßigen Erforschung von Personen und sozialen Gruppen in der Stadt des Spätmittelalters und der frühen Neuzeit (Forschungen zur Geschichte der Städte und Märkte Österreichs 6), Linz 2002.
Rudolf Leeb (Hg.), **Staatsmacht und Seelenheil**. Gegenreformation und Geheimprotestantismus in der Habsburgermonarchie (Veröffentlichungen des Instituts für Österreichische Geschichtsforschung 47), Wien u.a. 2007.
Noe Alfred (Hg.), **Giambattista Marinos Wort-Zucht-Peitschen und die Gegenreformation in Wien um 1655**. Textedition und Kommentar Wien u.a. 2016
Andrea Iseli, **Gute Policey**. Öffentliche Ordnung in der frühen Neuzeit, Stuttgart 2009.

Dynastien und Adel

Gerhard Ammerer u.a. (Hg.), **Präzedenz, Netzwerke und Transfers**. Kommunikationsstrukturen von Herrscherhöfen und Adelsresidenzen in der Frühen Neuzeit, Leipzig 2016.
Hans-Georg Aschoff, **Die Welfen. Von der Reformation bis 1918** (Urban-Taschenbücher 649), Stuttgart 2010.
Bettina Braun, Katrin Keller und Matthias Schnettger **Nur die Frau des Kaisers? Kaiserinnen in der Frühen Neuzeit** (Veröffentlichungen des Instituts für Österreichische Geschichtsforschung 64), Wien 2016.
Reiner Groß, **Die Wettiner** (Kohlhammer-Urban-Taschenbücher 621), Stuttgart 2007.
Brigitte Hamann (Hg.), **Die Habsburger.** Ein biographisches Lexikon, Wien 4. Auflage 1988.
Fritz Kallenberg, **Hohenzollern** (Schriften zur politischen Landeskunde Baden-Württembergs 23) Stuttgart 1996.
John E. Morby und Uwe Ludwig, **Handbuch der deutschen Dynastien**, Düsseldorf 2006.
Rainer A. Müller, **Der Fürstenhof in der Frühen Neuzeit** (Enzyklopädie deutscher Geschichte 33), München 2. Auflage 2004.
Eberhard Straub, **Die Wittelsbacher**, Berlin 1994.
Karl Vocelka / Lynne Heller, **Die Lebenswelt der Habsburger**. Kultur- und Mentalitätsgeschichte einer Familie, Graz-Wien-Köln 1997.
Monika Wienfort, **Adel in der Moderne**. Eine Einführung, (UTB 2857) Göttingen 2006.

Geschichte der Frauen

Maria Ågren, **Making a living, making a difference**. Gender and work in early modern European society, New York 2017.
Julie Campbell, **Literary circles and gender in early modern Europe**. A cross-cultural approach, Aldershot 2006.

Literaturempfehlungen

James Daybell and Svante Norrhem, **Gender and political culture in early modern Europe 1400–1800**, London-New York 2017.

Jonathan B. Durrant, **Witchcraft, gender and society in early modern Germany**, Leiden 2007.

Arlette Farge, und Natalie Zemon (Hg.), **Geschichte der Frauen**, 3. Bd. Frühe Neuzeit, Berlin 2012.

Naomi J. Miller, **Gender and early modern constructions of childhood**, Farnham 2011.

Allyson M. Poska, u.a (Hg.), **The Ashgate research companion to women and gender in early modern Europe**, Farnham 2013.

Penny Richards and Jessica Munns, **Gender, power and privilege in early modern Europe**, London-New York 2014.

Glossar

ABSOLUTION Vergebung der Sünden in der Beichte.

ALLMENDE Darunter verstand man das gemeinschaftliche Eigentum der (dörflichen) Gemeinschaft, z.B. den Wald, in den das Vieh getrieben wurde etc.

ANSPRUCHSTITEL sind Titel, die man führte, ohne das betreffende Land zu besitzen, z.B. führten die Habsburger und spanischen Könige den Titel „König von Jerusalem". Dasselbe gibt es auch bei den Wappen (Anspruchswappen).

ARMADA Aus dem spanischen Wort *armada* für „die Bewaffnete", bezeichnet die spanische Flottenstreitmacht.

ASTROLABIUM Scheibenförmiges astronomisches Instrument, das die Sterne und die Jahresbahn der Sonne darstellt. Man kann damit die Position der Sterne ablesen und die Himmelsrichtung sowie die Uhrzeit bestimmen.

AUTARKIE Griechisch für „Selbstgenügsamkeit", bedeutet, dass die betreffenden Bauern oder auch Staaten (fast) alles selbst erzeugen, was sie zum Leben brauchen.

AUTOKEPHAL Vom griechischen Wort für „eigenständig"; Diözesen der orthodoxen Kirche, die keinem übergeordneten Metropolitansitz unterstehen, sind autokephal. Meist waren sie nach sprachlichen Kriterien gegliedert.

BALLEI Bezeichnung der Provinz eines Ritterordens (z.B. Deutscher Ritterorden).

BANNBULLE Päpstliche Urkunde, in der über eine Person Sanktionen verhängt werden, meist der Ausschluss vom Empfang der Sakramente, die Exkommunikation.

BERGREGAL Vom König beanspruchtes Verfügungsrecht über alle, auch die noch nicht gehobenen Bodenschätze.

BLUTGERICHTSBARKEIT Die Blutgerichtsbarkeit oder Hochgerichtsbarkeit richtet über jene Verbrechen, die mit Verstümmelungen oder der Hinrichtung bestraft werden, also solche die „Blut oder Leben" kosten.

BOURGEOISIE Französisch für „Bürgertum", wurde und wird in der marxistischen Theorie für das neue, am Kapitalismus orientierte Bürgertum verwendet.

BUNDSCHUH Die Bewegung nannte sich nach der bäuerlichen Fußbekleidung, die zum Symbol der Bewegung wurde.

CHILIASMUS Stammt vom griechischen Wort für Tausend und bezeichnet die erwartete tausendjährige Herrschaft Christi auf Erden am Ende der Weltgeschichte.

COMUNEROS Der Ausdruck kann sowohl Mitglied einer städtischen Gemeinschaft als auch Rebell bedeuten.

CORTES heißt die Ständeversammlung in Spanien.

DEDUKTION Die Schlussfolgerung vom Allgemeinen auf das Besondere und die Ableitung logischer Konsequenzen aus gegebenen Voraussetzungen bezeichnet man als Deduktion.

DEMOGRAPHIE Die Bevölkerungswissenschaft beschäftigt sich mit der Entwicklung der Bevölkerungszahlen und den davon abzuleitenden Faktoren, wie Alterspyramide, Struktur der Bevölkerung etc.

DESPOTISMUS Uneingeschränkte Herrschaft eines Staatsoberhauptes.

DISPENS ist die nach dem Kirchenrecht mögliche Befreiung von einem Verbot oder Gebot.

DISPUTATION Wissenschaftliches Streitgespräch, das an den Universitäten auch als Prüfungsform üblich war.

DOGE Das Wort ist abgeleitet von lateinisch *dux* (Anführer) und bezeichnet das gewählte Staatsoberhaupt der Republik Venedig.

DOMESTIZIERUNG Der Begriff, der sonst für Wildtiere angewandt wird, wird in diesem Fall auf Menschen übertragen.

DOPPELTE BUCHFÜHRUNG Die geordnete Aufzeichnung aller Geschäftsvorgänge mit Belegen gibt es seit dem Mittelalter. 1494 erstellte der venezianische Mönch Luca Pacioli (um 1445–1514/1517) ein Lehrbuch der doppelten Buchführung.

EMBLEMATISCH Sinnbildlich, ein Teil steht für das Ganze.

ENDEMISCH nennt man das gehäufte, aber auf ein bestimmtes Gebiet begrenzte Auftreten einer Krankheit.

ERZÄMTER waren die höchsten Ämter zunächst bei Hof, später im Reich, die mit zeremoniellen Funktionen verknüpft waren. Nach der Erzämtertheorie waren die Inhaber dieser Ämter Kurfürsten.

ETATISTISCH bezeichnet die Anschauung, dass der Staat die überragende Rolle im wirtschaftlichen und sozialen Leben spielt.

EUROZENTRISMUS Man versteht darunter die Beurteilung anderer Kulturen aus dem Blickwinkel Europas, das als Zentrum des Denkens und der Werte angesehen wird.

EXOTISMUS Beeinflussung der (europäischen) Kultur durch „Fremdes", meist Elemente von außereuropäischen Kulturen.

FAKTOREI bezeichnet eine Handelsniederlassung von Kaufleuten in Europa und Übersee, vor allem in der Zeit des Kolonialismus.

FEUDALISMUS Lehenswesen. War zunächst vorwiegend auf das Mittelalter bezogen. Im Marxismus eine wesentliche Vorstufe des Kapitalismus.

Glossar

GENDER bezeichnet die soziale oder psychologische Seite des Geschlechts im Unterschied zum biologischen Geschlecht (*sex*). Da im Deutschen „Geschlecht" beides bedeutet, übernahm man den englischen Terminus.

GENERALSTÄNDE Versammlung von Vertretern der drei Stände (Klerus, Adel, Dritter Stand), um Gesetze zu bestätigen.

GESAMTKUNSTWERK Ein Werk, an dem verschiedene Künste wie Architektur, Malerei, Musik und Dichtung beteiligt sind.

GHETTO bezeichnet ein bestimmtes Stadtviertel, in dem die Juden zu leben gezwungen waren. Das erste Ghetto entstand in Venedig, daher stammt auch das Wort.

GLOBALISIERUNG meint die zunehmende weltweite Verflechtung von Wirtschaft, Politik, Kultur und Kommunikation und bezieht sich meist auf die Gegenwart.

GRAVAMINA Beschwerden (Einzahl Gravamen), im historischen Kontext die Beschwerden gegen die Obrigkeiten, Kirche und Adel.

GREAT AWAKENING Aus dem Englischen für „Große Erweckung", Sammelbezeichnung für Erweckungsbewegungen in Nordamerika in den 1730er Jahren.

GUTENBERG-GALAXIS Der Begriff von Marshall McLuhan bezeichnet die Welt nach der Erfindung des Buchdrucks, die vom Buch als Leitmedium geprägt ist.

HEGEMONIE Vorherrschaft eines Staates in politischer, wirtschaftlicher und kultureller Hinsicht.

HELIOZENTRISCH Das heliozentrische Weltbild geht von der heute wissenschaftlich gesicherten Annahme aus, dass die Planeten und auch die Erde sich um die Sonne bewegen. Davor war das geozentrische Weltbild, das die Erde im Mittelpunkt des Universums sah, allgemein verbreitet.

HETMANAT Staatswesen im Gebiet der Ukraine, die unter der Führung eines Hetmans standen. Der Hetman war der zweithöchste Feldherr nach dem König in Polen und Litauen.

IMPEACHMENT ist ein spezielles Amtsenthebungsverfahren zunächst durch das englische Parlament.

INDIGEN heißt eingeboren, gemeint sind in unserem Zusammenhang jene Völker (oft auch Ureinwohner genannt), die durch die Eroberung und Kolonisation marginalisiert wurden.

INDUKTION Im Gegensatz zur Deduktion schließt die Induktion vom Besonderen auf das Allgemeine.

INQUISITION Diese Institution der katholischen Kirche hielt Gerichtsverfahren ab, die sich in erster Linie mit der Verfolgung von „Ketzern" auseinandersetzten.

KAMERALISMUS ist eine Variante des Merkantilismus, der Wirtschaftsdoktrin des Absolutismus, die versuchte, die Staatseinnahmen zu vermehren (Export der Güter aus Manufakturen und Einschränkung von Importen). Die finanziellen Mittel wurden vor allem für das Militär und die Repräsentation des Herrschers genutzt.

KAVALIERSTOUR oder Grand Tour bezeichnet die Reise junger Adeliger der Neuzeit meist nach Italien und Spanien, manchmal auch ins Heilige Land, durch die ihre Bildung gefördert werden sollte.

KLEINE EISZEIT Bezeichnet eine lange Periode eines kühlen Klimas vom beginnenden 15. bis ins 19. Jahrhundert.

KOMMUNALISMUS Theorie der Geschichte, in der die Rolle der Gemeinden im späten Mittelalter und der Frühen Neuzeit besonders betont wird, nicht die des Herrschers und der Fürsten. Es handelt sich um eine „Geschichte von unten".

KONGREGATIONALISTEN Für die Kongregationalisten hat die einzelne Kirchengemeinde Priorität, es gibt keine Hierarchie, weder eine Synode der Gemeindeältesten, noch einen Bischof.

KONKLAVE Versammlung der Kardinäle der römisch-katholischen Kirche, um einen neuen Papst zu wählen.

KONZIL Versammlung katholischer kirchlicher Würdenträger, vor allem der Kardinäle, um Beschlüsse über die Gesamtkirche zu fallen.

KONKUBINAT bezeichnet eine längerfristige, nicht verheimlichte sexuelle Beziehung, die nicht ehelich ist oder dem Gelübde der Ehelosigkeit von Klerikern widerspricht.

KONQUISTADOR Eroberer der neu entdeckten Länder in Lateinamerika, die mit großer Brutalität vorgingen.

KONSENSPRINZIP Danach werden Entscheidungen (auf Grund von Kompromissen) ohne Gegenstimmen getroffen, es ist das Gegenteil des Mehrheitsprinzips.

KONZILIARISMUS Der Konziliarismus des 15. Jahrhunderts behauptete, dass die Entscheidung eines Konzils eine höhere Autorität hat, als die des Papstes.

KOSAKEN waren freie Verbände von Reitertruppen, die von flüchtigen russischen und ukrainischen Leibeigenen und Abenteurern gebildet wurden und in der südlichen Steppe Russlands und der Ukraine lebten.

KULTURTRANSFER Darunter versteht man den Prozess der Übernahme kultureller Phänomene zwischen verschiedenen

Glossar

Kulturen, wobei nicht die Einseitigkeit der Übernahme betont wird, sondern die Wechselbeziehung der Kulturen.

KUMULATION oder KUMULIERUNG Vom lateinischen „Anhäufen, Ansammeln", bezeichnet in diesem Zusammenhang die Tatsache, dass Menschen mehr als einen Bischofssitz innehatten.

KURIATSSTIMME Stimme einer Kurie, die am Reichstag oder auf dem Landtag nur geschlossen abgegeben werden konnte.

KURIE Eine sozial definierte Gruppe auf dem Landtag oder Reichstag, die gemeinsam abstimmt.

KURUZEN Ursprüngliche Bezeichnung für die Kreuzzugsteilnehmer, die 1514 den Bauernkrieg führten, später dann für die antihabsburgischen Aufständischen im 17. und beginnenden 18. Jahrhundert.

LANGES 19. JAHRHUNDERT umfasst die Zeit von der Französischen Revolution 1789 bis zum Ende des Ersten Weltkrieges 1918.

LIBERTINAGE Ein ausschweifendes Verhalten, das sich nicht an moralische, speziell sexuelle Normen gebunden fühlt.

LIBERUM VETO Im polnischen Landtag (Sejm) stand durch das *liberum veto* im 17. Jahrhundert jedem Abgeordneten das Recht zu, durch einen Einspruch (Veto) jeden Beschluss zu verhindern.

LOBBYISMUS Form der Interessensvertretung in Politik und Gesellschaft durch Beeinflussung von Politikern.

LONGUE DURÉE (lange Dauer) bezeichnet gesellschaftliche, politische und wirtschaftliche Verhältnisse, die sich nur langsam ändern. Der Begriff kommt aus der Annales-Schule.

MANUFAKTUR Von lat. *manus* = Hand und *facere* = herstellen. Bezeichnet einen Vorläufer der modernen Fabrik. Manufakturen produzieren (Massen)Waren zwar mit Hilfe des arbeitsteiligen Prozesses, aber noch ohne Maschinen.

MENTALITÄT bezeichnet die nicht individuellen Denk- und Verhaltensweisen einer Person oder einer sozialen Gruppe (eines Kollektivs).

NATURRECHT Nach der Auffassung der Anhänger des Naturrechts gibt es ein Recht, das dem „positiven Recht" (geltende Rechtssatzungen) übergeordnet ist.

NEPOTISMUS Vetternwirtschaft, die Besetzung wichtiger Funktionen durch Familienangehörige, war besonders bei den Päpsten des Mittelalters und der Frühen Neuzeit sehr verbreitet.

NUNTIATUR Die Nuntiatur ist die diplomatische Vertretung des Papstes (Heiligen Stuhles) bei einem Staat.

OLIGARCHIE Das aus dem Griechischen stammende Wort bezeichnet die Herrschaft von wenigen, einer klar definierten, aus sich selbst legitimierten Oberschicht.

PARADIGMA ist eine bestimmte wissenschaftliche Denkweise oder ein Denkmuster, das oft zu einer Art von Weltanschauung wird, die alles zu erklären scheint.

PARAMETER Kenngröße oder Kennzahl.

PATRIMONIUM PETRI (Vermögen des Apostels Petrus) entstand im frühen Mittelalter aus der Pippinschen Schenkung. Der Kirchenstaat als weltlicher Herrschaftsbereich der Päpste bestand bis 1870.

PENTARCHIE Darunter versteht man die fünf (daher der Name) führenden Großmächte des 18. Jahrhunderts: England, Frankreich, die Habsburgermonarchie, Russland und Preußen.

PESTKORDON Die frühere Militärgrenze gegen das Osmanische Reich wurde von Seiten der Habsburgermonarchie seit 1728 in ein Quarantänegebiet umgewandelt, das ein Eindringen der Pest aus dem Osmanischen Reich verhindern sollte.

PFRÜNDE bezeichnet das Einkommen aus einem weltlichen oder kirchlichen Amt. Der Begriff wurde auch für das Amt selbst verwendet.

PIETAS AUSTRIACA Eine spezielle habsburgische Form der gegenreformatorischen Frömmigkeit mit einer starken Kreuzes-, Eucharistie-, Heiligen- und speziell Marienverehrung. Diese von den Habsburgern gepflegten Formen beeinflussten die volkstümliche Frömmigkeit stark.

PIETISMUS Eine Reformbewegung im Protestantismus, die sich auf die zentralen Anliegen der Bewegung besann und die Glaubenspraxis des Einzelnen stark beachtete.

PLANTAGEN sind landwirtschaftliche Großbetriebe, die durch billige Arbeitskräfte, oft Sklaven bewirtschaftet werden.

POGROM In der Vergangenheit wurde der Begriff, dessen Bedeutung sich heute ausgedehnt hat, nur für gewaltsame Ausschreitungen gegen Juden verwendet.

POLITISCHE PARTIZIPATION bezeichnet die Teilhabe der Bürgerinnen und Bürger des Staates an den politischen Entscheidungsprozessen.

PONTIFIKAT Amtszeit eines Papstes, der Name leitet sich von seinem Titel *Pontifex maximus*, der aus der Antike übernommen wurde, ab.

POSITIVISMUS Erkenntnistheoretische philosophische Richtung, die in der Geschichtswissenschaft jede Interpretation vermeidet und sich oft auf faktenreiche Darstellungen und Texteditionen beschränkt.

PRÄDESTINATION Diese Lehre geht von der Annahme aus, dass Gott das Schicksal der Welt und auch jedes einzelnen Menschen vorherbestimmt hat.

Glossar

PRÄLAT bezeichnet einen Würdenträger der katholischen Kirche (Bischof, Abt).

PRESBYTERIANER Eine Kirchenverfassung, bei der die Kirche von Gremien von Ältesten und Pastoren geleitet wird.

PRIMAT Das von lat. *primus* (der Erste) abgeleitete Wort bezeichnet die Vormachtstellung des Papstes in der katholischen Kirche.

PROKURATOR war in Venedig der Verwalter des Vermögens der Republik.

PROLETARIAT Ursprünglich marxistische Bezeichnung für die lohnabhängigen Arbeiter in der Industrialisierung.

PROPOSITION meint in unserem Zusammenhang die vom Kaiser vorgeschlagene Tagesordnung des Reichstages.

PURITANER. Sammelname für verschiedene religiöse Richtungen, die eine weitreichende Reformation unter dem starken Einfluss des Kalvinismus vertreten.

QUADRANT Astronomisches Gerät mit dem die Höhenwinkel und Positionen der Gestirne bestimmt wurden.

QUORUM Die festgelegte Zahl der Stimmberechtigten, die für eine gültige Abstimmung erforderlich sind.

RECONQUISTA Spanisch und portugiesisch für Rückeroberung, bezeichnet die Eroberung der im Mittelalter arabisch beherrschten Gebiete auf der Pyrenäenhalbinsel durch die christlichen Staaten.

REICHSABSCHIED Dieses am Ende eines Reichstages vom Kaiser verlesene Dokument fasste alle beschlossenen Bestimmungen, die damit zum Reichsrecht wurden, zusammen.

REICHSMATRIKEL Die Reichsmatrikel verzeichnet alle reichsunmittelbaren Reichsstände des Heiligen Römischen Reiches, wobei die Zahl der Truppen, die sie zu stellen hatten, oder die entsprechenden finanziellen Leistungen angeführt wurden.

REICHSVIKAR Der Reichsvikar führte in der Zeit zwischen dem Tod des Kaisers und der Wahl bzw. Krönung seines Nachfolgers die laufenden Geschäfte.

RESTITUTION Betrifft in diesem Zusammenhang die Rückgabe der enteigneten Kirchengüter der katholischen Kirche.

RÖMISCHE KURIE Darunter versteht man seit dem Mittelalter die gesamte Verwaltung der Heiligen Stuhles, also des Papsttums der katholischen Kirche.

RÖMISCHES RECHT Das antike Recht der Römer verbreitete sich im ganzen römischen Reich und wurde im *Corpus Iuris Civilis* gesammelt. Seit dem Mittelalter wurde es wieder entdeckt und in Europa als maßgebliche Quelle des Rechts gesehen.

SÄKULAR bedeutet weltlich, profan, alles was nicht der Kirche, sondern den Laien zugehört.

SCHOLASTIK Diese Denkrichtung war eine wissenschaftliche Methode der Beweisführung, die von den Theologen des Mittelalters in ihren lateinischen Schriften angewandt wurde.

SCHISMA bezeichnet die Spaltung einer Religionsgemeinschaft ohne die Ausbildung einer neuen theologischen Auffassung. Wichtig sind das morgenländische Schisma ab 1054 und das abendländische Schisma von 1378 bis 1417.

SIMONIE Kauf oder Verkauf von kirchlichen Ämtern und Pfründen.

SKRIPTORIUM Schreibstuben der Klöster des Mittelalters, in denen geistliche, aber auch profane Texte abgeschrieben und damit für die Nachwelt erhalten wurden.

STOLGEBÜHR Die Vergütung für vorgenommene kirchliche Handlungen (Taufe, Trauung, Begräbnis) heißt Stolgebühr und leitet sich von der Stola ab, die der Priester dabei anlegt.

SUBSIDIEN sind (finanzielle) Unterstützungen für jemanden, der Leistung im Sinne des Geldgebers vollbringen soll. Meist unterstützt ein Staat den anderen auf diese Weise im Krieg.

THEOKRATIE Aus dem Griechischen für „Gottesherrschaft", bezeichnet einen Staat, dessen Gewalt ausschließlich religiös legitimiert ist.

TRANSSUBSTANTIATION bezeichnet nach christlichem Verständnis die Wandlung von Brot und Wein in den Leib und das Blut Christi während der Messe.

TRICOLORE Die Fahne mit den drei Farben (daher der Name) Blau, Weiß und Rot ist seit 1794 die Nationalflagge Frankreichs.

TYRANNEI Herrschaft eines Tyrannen, also eines Herrschers, der keine Legitimität hat.

UTILITARISMUS Grundlage der Bewertung jeder Handlung ist in dieser Anschauung das Nützlichkeitsprinzip.

VERLAGSWESEN Das Verlagswesen war eine Form der dezentralen Produktion durch Heimarbeit in der (Proto)Industrialisierung. Meist wurden Textilien vom Verleger ausgegeben und von ihm dann zentral vermarktet.

VIRILISTEN sind Menschen, die auf Grund von Besitz oder eines Amtes (z.B. Bischof, Abt etc.) ex officio automatisch einen Sitz in einer legislativen Körperschaft (Landtag, Parlament etc.) innehaben.

VITA Beschreibung des Lebens einer hervorragenden Persönlichkeit.

VORDERÖSTERREICH auch Vorlande, bezeichnet den Streubesitz der Habsbur-

Glossar

ger westlich von Tirol in Vorarlberg, der Schweiz, dem Elsass, Baden-Württemberg und Schwaben.

WELTGERICHT oder jüngstes Gericht steht den Vorstellungen der Christen nach am Ende der Welt als göttliches Gericht (Christus als Weltenrichter) und ist mit der Idee der Auferstehung verbunden.

XENOPHOBIE ist Fremdenfeindlichkeit.

ZION Die Turmburg Zion galt den Juden als Sitz Gottes, das beeinflusste auch die Endzeiterwartung der Christen.

ZÖLIBAT Verpflichtung von geistlichen Personen (Priester, Mönche, Nonnen) zur Ehelosigkeit.

Register

Sachregister

Register

Register

Register

Register

Ortsregister

Register

Register

Register

Personenregister

Register

Register

Register

Register

Register

Register

Bildnachweis

Umschlagmotiv: Foto: akg-images / Joseph Martin
Abb. 1: Westermann © Bildungshaus Schulbuchverlage GmbH, Braunschweig
Abb. 2: bpk / Kupferstichkabinett, SMB / Jörg P. Anders
Abb. 3: Hermann Kinder / Werner Hilgemann: dtv-Atlas Weltgeschichte Bd. 1 Grafische Gestaltung der Abbildungen: Harald und Ruth Bukor. © 1964 Deutscher Taschenbuch Verlag, München
Abb. 4: Großer Atlas zur Weltgeschichte, Braunschweig 1997, S. 92/93. Westermann © Bildungshaus Schulbuchverlage GmbH, Braunschweig
Abb. 5: Großer Atlas zur Weltgeschichte, Braunschweig 1997, S. 100 / 101. Westermann © Bildungshaus Schulbuchverlage GmbH, Braunschweig
Abb. 6: bpk, SBB, Ruth Schacht
Abb. 7: schreiberVIS, Bickenbach
Abb. 8: schreiberVIS, Bickenbach
Abb. 9: Österreichisches Museum für Volkskunde, Wien
Abb. 10: Germanisches Nationalmuseum, Nürnberg HB 24590, Foto: Monika Runge
Abb. 11: bpk
Abb. 12: aus: Willi Flemming, Deutsche Kultur im Zeitalter des Barock (Handbuch der Kulturgeschichte), Potsdam 1937, S. 507
Abb. 13: Thesaurus Picturarum des Marcus zum Lamm, Heidelberg, Ende 16. Jahrhundert, ULB Darmstadt, HS 1971, Bd. 23 fol. 121/122
Abb. 14: Jacob Rueff, Hebammenbuch, Zürich 1554
Abb. 15: Germanisches Nationalmuseum, Nürnberg (HB 6338 / 1328)
Abb. 16: akg-images / Jérôme da Cunha
Abb. 17: akg-images
Abb. 18: akg-images / Gerard Degeorge
Abb. 19: akg-images
Abb. 20: Martin Luther, Von der Freiheit eines Christenmenschen, Denkschrift 1520
Abb. 21: Atlas zur Kirchengeschichte. Die christlichen Kirchen in Geschichte und Gegenwart. Hrsg. von Hubert Jedin, Kenneth Scott Latourett und Jochen Martin © Verlag Herder GmbH, Freiburg i. Br. 2004, S. 73
Abb. 22: bpk, Holzstich 19. Jh.
Abb. 23: Atlas zur Kirchengeschichte. Die christlichen Kirchen in Geschichte und Gegenwart. Hrsg. von Hubert Jedin, Kenneth Scott Latourett und Jochen Martin © Verlag Herder GmbH, Freiburg i. Br. 2004, S. 93
Abb. 24: Großer Atlas zur Weltgeschichte, Braunschweig 1997, S. 86. Westermann © Bildungshaus Schulbuchverlage GmbH, Braunschweig
Abb. 25: Kunsthistorisches Museum, Wien
Abb. 26: SLUB Dresden / Deutsche Fotothek, Hist.eccles. E 302,40
Abb. 27: bpk / Kupferstichkabinett, SMB / Jörg P. Anders
Abb. 28: akg-images
Abb. 29: Theatrum Europaeum / Universitätsbibliothek Augsburg, Sign. 02 / IV.13.2.26-1, S. 16
Abb. 30: Herzog August Bibliothek Wolfenbüttel
Abb. 31: akg-images
Abb. 32: bpk / RMN – Grand Palais / Gérard Blot
Abb. 33: schreiberVis, Bickenbach
Abb. 34: bpk / Staatsbibliothek zu Berlin / Ruth Schacht
Abb. 35: bpk / Bayerische Staatsbibliothek / Archiv Heinrich Hoffmann
Abb. 36: bpk
Abb. 37: akg-images
Abb. 38: Courtesy Rare Book Collection, Lillian Goldman Law Library, Yale Law School
Abb. 39: akg-images (links); bpk, Biblioteca Nazzionale Centrale, Florenz / Scala (rechts)
Abb. 40: akg-images
Abb. 41: Bridgeman Art Library, BAL 12236, British Museum, London, UK
Abb. 42: akg-images
Abb. 43: akg-images
Abb. 44: akg-images / Erich Lessing

Stammbäume S. 232 – 233: © schreiberVIS, Bickenbach